深圳律师实务丛书

企业IPO全流程实务问答

主　编　饶晓敏
副主编　戴余芳

IPO Q&A FROM A PRACTICAL PERSPECTIVE

法律出版社
LAW PRESS · CHINA
北京

图书在版编目(CIP)数据

企业 IPO 全流程实务问答 / 饶晓敏主编 ; 戴余芳副主编. -- 北京 : 法律出版社, 2024
(深圳律师实务丛书)
ISBN 978 -7 -5197 -8969 -5

Ⅰ. ①企… Ⅱ. ①饶… ②戴… Ⅲ. ①上市公司-公司法-中国-问题解答 Ⅳ. ①D922.291.914

中国国家版本馆 CIP 数据核字(2024)第 064462 号

企业 IPO 全流程实务问答
QIYE IPO QUANLIUCHENG SHIWU WENDA

饶晓敏 主 编
戴余芳 副主编

策划编辑 朱轶佳
责任编辑 朱轶佳
装帧设计 鲍龙卉

出版发行 法律出版社
编辑统筹 司法实务出版分社
责任校对 王晓萍
责任印制 胡晓雅
经　　销 新华书店

开本 710 毫米×1000 毫米 1/16
印张 18.5　**字数** 290 千
版本 2024 年 8 月第 1 版
印次 2024 年 8 月第 1 次印刷
印刷 三河市龙大印装有限公司

地址:北京市丰台区莲花池西里 7 号(100073)
网址:www.lawpress.com.cn
投稿邮箱:info@lawpress.com.cn
举报盗版邮箱:jbwq@lawpress.com.cn

销售电话:010-83938349
客服电话:010-83938350
咨询电话:010-63939796

书号:ISBN 978-7-5197-8969-5
定价:68.00 元

凡购买本社图书,如有印装错误,我社负责退换。电话:010-83938349

深圳律师实务丛书
编委会

本书编委会

主　　编：饶晓敏

副 主 编：戴余芳

顾　　问：吕成龙

编写组成员（按本书撰写章节顺序）：

陈超明　唐申秋　陈栋强

张　炯　陈秀盈　张　晗

饶晓敏　范琳琳　陈金凤

王清清　林敏睿　龙梓滔

戴余芳　吴碧虹　杨嘉华

唐永生　周　俊

回归专业　潜心钻研
促进高质量发展

斗转星移，继往开来。深圳市律师协会自2012年启动“深圳律师实务丛书”（以下简称丛书）出版工作以来，至今已出版实务专著39部，内容涵盖诸多专业领域，全面展现了深圳律师业务的研究成果和实务经验，已成为深圳市律师协会推进行业专业化建设的品牌项目。

鼓励和引导律师著书立说是深圳市律师协会推动律师专业化的一项长期性的重点工作。丛书旨在充分发挥深圳市律师协会的业务指导作用，通过鼓励深圳律师和深圳市律师协会各专业委员会撰写实务专著，可以有效提升律师业务水平，增强律师业务能力，保证律师服务质量，以专业引领和成果共享助推深圳律师行业高质量发展。

本套丛书凝集着深圳律师的心血与经验，展现了深圳律师的专业水平。本套丛书在律师业务的众多领域，汇集了深圳律师的业务成果，总结了深圳律师的执业经验，体现了深圳律师的专业能力，彰显了深圳律师的职业精神。这一本本专著必将成为深圳律师专业化发展史上一颗颗璀璨的明珠，永远镶嵌在深圳律师专业化发展的史册上。

2023年是全面贯彻落实党的二十大精神的开局之年，深圳律师要深学细悟笃行党的二十大精神，让党的二十大精神在深圳律师行业落地生花，要以习近平法治思想为指引，大兴专业研究之风，切实回归专业，潜心研究，深挖专业和实务问题，以高品质的法律服务保障行业的高质量发展。开展业务和实务研究不能脱离实际，必须密切关注经济社会发展和法治建设，聚焦其中的热点、难点、堵点问题，深入开展有针对性的研究，进而提出应用对策与实践指引，也期待深圳律师能输出更多的法律实务研究成果，并能形成专著与同行共享，这本身也是律师业务领域的一种先行示范。

希望本套丛书成为广大实习人员、执业律师期待、必备的好工具，也希望未来能够出版更多、更好的供律师们学习提高、掌握律师实务知识与技能的好专著！

张　斌

深圳市律师协会会长

2023 年 1 月 9 日

前　言

中国资本市场正从“量变”向“质变”发展。2023 年 2 月 17 日，主板股票发行注册制主要制度规则发布实施，关于股票发行注册的制度规则共计 165 部，其中中国证监会发布的制度规则有 57 部，证券交易所、全国中小企业股份转让系统有限责任公司（以下简称全国股转公司）、中国证券登记结算有限责任公司（以下简称中国结算公司）、中国证券金融股份有限公司、中国证券业协会相应的配套制度规则有 108 部。在规制的具体内容方面，除了首次公开募股（Initial Public Offerings，IPO），还有上市公司再融资、并购重组，也涵盖了交易、信息披露、投资者保护等方面。2024 年 4 月 12 日，国务院印发《关于加强监管防范风险推动资本市场高质量发展的若干意见》。此意见共九个部分，是中国资本市场继 2004 年、2014 年迎来的第三个“国九条”，充分体现了党中央、国务院对我国资本市场发展的高度重视和殷切期望。为贯彻落实新“国九条”，2024 年 4 月 30 日，中国证监会修改《科创属性评价指引（试行）》，自公布之日起实施。同日，按照中国证监会统一部署，上交所、深交所分别正式发布《股票发行上市审核规则》等 9 项配套业务规则。

现行制度充分贯彻以信息披露为核心的理念，发行上市条件更加多元包容，发行上市全过程更加规范、透明、可预期。首先，监管部门不再对企业的投资价值作出判断，而是在提高企业发行上市财务指标，完善科创板、创业板定位与评价标准的同时，将实质条件门槛尽可能地转化为信息披露要求。其次，监管严格把握信息披露质量关，审核把关更加严格，审核工作主要根据问询来进行，督促发行人真实、准确、完整披露信息，综合运用多要素校验、现场督导、现场检查、投诉举报核查、监管执法等多种方式，压实发行人的信息披露第一责任、中介机构的“看门人”责任。最后，坚持开门搞审核，审核发行的标准、程序、内容、过程、结果全部向社会公开，公权力运行全程透明、严格制衡、全过程接受社会监督。因此，发行人需要将企业真实情况完整地呈现清楚，中介机构需要勤勉尽责地将发行人情况核实清楚，投资者则需要在获取企业信息的基础上予以考量而后自行作出投资决策。

现阶段，强监管、防风险、促高质量发展是资本市场的主线。总言之，围绕严把上市准入关、严格持续监管的指导政策及上市审核规则，前端提高主板、创业板上市标准，完善科创板科创属性评价标准，必须坚守板块定位，严把上市公司质量关，坚持“申报即担责”原则，科学合理保持新股发行常态化，保持投融资动态平衡；中端加强发行监管与上市公司监管的联动，强化上市公司信息披露监管，深化退市制度改革，加快形成应退尽退、及时出清的常态化退市格局；后端强化发行上市全链条责任，保持“零容忍”执法高压态势，严厉打击欺诈发行、财务造假等严重违法行为，严肃追究发行人、中介机构及相关人员责任。

本书正写作于资本市场走向高质量发展、资本市场赋能新质生产力的关键阶段，以期更好地落实党中央、国务院提出的未来 5 年、2035 年和 21 世纪中叶资本市场发展的目标，适应现有制度下的各项要求，推动发行人、中介机构、投资者等观念的转变，促进我国资本市场走向新发展、新阶段，并以资本市场自身高质量发展更好地服务经济社会高质量发展的大局。

本书以问答的形式呈现，共收录了 49 个与企业 IPO 相关的问题。这些问题涵盖了从现行制度对企业 IPO 的影响、监管审核流程、IPO 流程及关键节点到现行制度背景下的 IPO 各项审核要点等方方面面。上编是对企业 IPO 规则制度与主要流程的全面解读，下编结合实务中具体问题的核查要点、监管案例对企业 IPO 中面临的重点、难点一一解答。此外，本书还具有以下几个突出的特点：首先，本书的作者都是资本市场领域专业人士，具有丰富的实践经验和深厚的理论功底。作者对于企业 IPO 的全流程实务非常熟悉，并希望能将复杂的问题简单明了地解释清楚。其次，本书的内容全面而系统，不仅包含了基本的理论知识，还涉及了最新的政策法规和实务操作。读者通过阅读本书，可以及时了解最新的政策动态和市场变化。最后，本书的语言简练易懂，注重实用性。无论是从事证券行业的专业人士，还是对企业 IPO 感兴趣的普通读者，都能够轻松地理解和应用书中的知识。基于此，本书既是为拟上市企业高级管理人员等与企业上市相关人员提供的了解注册制下企业 IPO 的有效途径，亦可为资本市场律师等专业中介机构人员提供可借鉴的核查思路与方法。

目　录

上编　现行规则体系与企业 IPO 全流程

下编　IPO 审核要点

上编

现行规则体系与企业IPO全流程

一、现行规则体系及其对企业 IPO 的影响

IPO 第 1 问　现行制度体系如何构成?

一、问题提出

2023 年 2 月 17 日,中国证监会发布股票发行的相关制度规则,自公布之日起施行。证券交易所、全国中小企业股份转让系统有限责任公司(以下简称全国股转公司)、中国证券登记结算有限责任公司(以下简称中国结算公司)、中国证券金融股份有限公司、中国证券业协会相应的配套制度规则亦同步发布并施行。本次关于股票发行注册的规则共计 165 部,其中中国证监会发布的制度规则 57 部,证券交易所、全国股转公司、中国结算公司等发布的配套制度规则 108 部。内容涵盖发行条件、注册程序、保荐承销、重大资产重组、监管执法、投资者保护等各个方面。[1]

2024 年 4 月 12 日,国务院印发《关于加强监管防范风险推动资本市场高质量发展的若干意见》。为贯彻前述文件,2024 年 4 月 30 日,中国证监会修改《科创属性评价指引(试行)》,自公布之日起实施。同日,按照中国证监会统一部署,上交所、深交所分别正式发布《股票发行上市审核规则》等 9 项配套业务规则。

二、政策解读

(一)体系构成

此次系列规则发布,从中国证监会层面整合主板、科创板、创业板、北交

〔1〕 参见《全面实行股票发行注册制制度规则发布实施》,载中国证券监督管理委员网 2023 年 2 月 17 日,http://www.csrc.gov.cn/csrc/c100028/c7123213/content.shtml。

所原有规定,形成统一的上位制度;从证券交易所层面在上位制度下围绕各板块形成了分层的配套规则。在制度规则层级方面,既有中国证监会规章、规范性文件,也包括证券交易场所、证券登记结算机构等方面的业务规则,以及规则适用指引、业务指南等具体操作性文件,具体如表 1 所示。

表 1　现行制度体系构成

效力位阶	内容
法律法规	《公司法》《证券法》等
部门规章	发行上市审核部门规章:《首次公开发行股票注册管理办法》《优先股试点管理办法》《存托凭证发行与交易管理办法(试行)》《中国证券监督管理委员会行政许可实施程序规定》等 上市公司持续监管部门规章:《上市公司证券发行注册管理办法》《上市公司重大资产重组管理办法》《上市公司信息披露管理办法》等
规范性文件	各项配套信息披露、文件申报格式指引等共 11 件 包含招股说明书、募集说明书、发行情况报告书、年度报告、中期报告、权益变动报告书、收购报告书、重组报告书等信息披露文件的披露内容和格式
证券交易所自律规则	1. 上交所主板 《证券法》要求:《上海证券交易所股票上市规则》《上海证券交易所交易规则》 制度所需:《上海证券交易所股票发行上市审核规则》《上海证券交易所上市公司证券发行上市审核规则》《上海证券交易所上市公司重大资产重组审核规则》 配套细则、指引、指南等:包含保荐、承销、交易、公司监管等方面 2. 深交所主板 《证券法》要求:《深圳证券交易所股票上市规则》《深圳证券交易所交易规则》 制度所需:《深圳证券交易所股票发行上市审核规则》《深圳证券交易所上市公司证券发行上市审核规则》《深圳证券交易所上市公司重大资产重组审核规则》 配套细则、指引、指南等:包含保荐、承销、交易、公司监管等方面 3. 上交所科创板 《证券法》要求:《上海证券交易所股票上市规则》《上海证券交易所交易规则》《上海证券交易所科创板股票上市规则》 制度所需:《上海证券交易所股票发行上市审核规则》《上海证券交易所上市公司证券发行上市审核规则》《上海证券交易所上市公司重大资产

续表

效力位阶	内容
	重组审核规则》 配套细则、指引、指南等:包含保荐、承销、交易、公司监管等方面 4. 深交所创业板 《证券法》要求:《深圳证券交易所股票上市规则》《深圳证券交易所交易规则》《深圳证券交易所创业板股票上市规则》 制度所需:《深圳证券交易所股票发行上市审核规则》《深圳证券交易所上市公司证券发行上市审核规则》《深圳证券交易所上市公司重大资产重组审核规则》 配套细则、指引、指南等:包含保荐、承销、交易、公司监管等方面 5. 北交所 《证券法》要求:《北京证券交易所股票上市规则(试行)》《北京证券交易所交易规则(试行)》 制度所需:《北京证券交易所向不特定合格投资者公开发行股票并上市审核规则》《北京证券交易所上市公司证券发行上市审核规则》《北京证券交易所上市公司重大资产重组审核规则》 配套细则、指引、指南等:包含保荐、承销、交易、公司监管等方面

(二)主要内容

在规制内容方面,除了 IPO,还有再融资、并购重组,也涵盖了交易、信息披露、投资者保护等内容。

1. 精简优化发行上市条件

坚持以信息披露为核心,将核准制下的发行条件尽可能转化为信息披露要求。各市场板块设置多元包容的上市条件。

2. 完善审核注册程序

坚持证券交易所审核和中国证监会注册各有侧重、相互衔接的基本架构,进一步明晰证券交易所和中国证监会的职责分工,提高审核注册效率和可预期性。证券交易所审核过程中发现重大敏感事项、重大无先例情况、重大舆情、重大违法线索的,及时向中国证监会请示报告。中国证监会同步关注发行人是否符合国家产业政策和板块定位。同时,取消中国证监会发行审核委员会(以下简称发审委)和上市公司并购重组审核委员会。

3. 优化发行承销制度

对新股发行价格、规模等不设任何行政性限制,完善以机构投资者为参与主体的询价、定价、配售等机制。

4. 完善上市公司重大资产重组制度

各市场板块上市公司发行股份购买资产统一实行注册制,完善重组认定标准和定价机制,强化对重组活动的事中、事后监管。

5. 强化监管执法和投资者保护

依法从严打击证券发行、保荐、承销等过程中的违法行为,细化责令回购制度安排。

此外,全国股转公司股票发行有关安排与证券交易所总体一致,并基于中小企业特点作出差异化安排。

IPO 第 2 问 现行发行政策与核准制发行政策相比有哪些差异?

一、问题提出

对比核准制,现行规则具有大幅度优化发行上市条件、提高信息披露质量要求、审核注册全程公开透明等特点,相关制度规范差异明显。

对比由《首次公开发行股票注册管理办法》、《北京证券交易所向不特定合格投资者公开发行股票注册管理办法》、《全国中小企业股份转让系统分层管理办法》(以下简称《分层管理办法》)、《北京证券交易所向不特定合格投资者公开发行股票并上市业务规则适用指引第 1 号》等组成的注册制相关发行政策与由《首次公开发行股票并上市管理办法》(已失效)规定的核准制规则,目前各板块发行上市条件与核准制在主体资格及业务要求、公司治理及独立性、合法合规、发行基本条件、财务指标方面存在明显差异。

二、政策解读

(一)主体资格及业务要求

在主体资格及业务要求方面,各板块发行规则与主板核准制的对比如表 2 所示。

表 2　主体资格及业务要求对比

主要发行条件	主板(核准制)	主板	创业板	科创板	北交所
基础条件	1. 具备健全且运行良好的组织机构; 2. 具有持续经营能力; 3. 最近 3 年财务会计报告被出具无保留意见审计报告; 4. 发行人及其控股股东、实际控制人最近 3 年不存在贪污、贿赂、侵占财产、挪用财产或者破坏社会主义市场经济秩序的刑事犯罪; 5. 经国务院批准的国务院证券监督管理机构规定的其他条件				
主体资格	依法设立且有效存续的股份有限公司				全国中小企业股份转让系统连续挂牌满 12 个月以上的创新层公司
存续要求	持续经营 3 年以上(整体变更连续)				
主营业务	最近 3 年内主营业务没有发生重大不利变化	最近 3 年/2 年内主营业务没有发生重大不利变化			现行有效的法律法规以及规则已明确,实务中需要依照"最近 24 个月内主营业务没有发生重大不利变化"的标准
持续经营	发行人的注册资本已足额缴纳,发起人或者股东用作出资的资产的财产权转移手续已办理完毕,发行人的主要资产不存在重大权属纠纷; 不存在重大偿债风险,不存在影响持续经营的担保、诉讼以及仲裁等重大或有事项	不存在涉及主要资产、核心技术、商标等的重大权属纠纷,重大偿债风险,重大担保、诉讼、仲裁等或有事项; 不存在经营环境已经或者将要发生重大变化等对持续经营有重大不利影响的事项			需满足《北京证券交易所向不特定合格投资者公开发行股票并上市业务规则适用指引第 1 号》第 1－6 部分规定要求
会计内控	发行人会计基础工作规范,财务报表的编制符合企业会计准则和相关会计制度的规定,在所有重大方面公允地反映了发行人的财务状况、经营成果和现金流量,并由注册会计师出具了无保留意见的审计报告;	会计基础工作规范,财务报表的编制和披露符合企业会计准则和相关信息披露规则的规定,在所有重大方面公允地反映了发行人的财务状况、经营成果和现金流量,最近 3 年财务会计报告由注册会计师出具无保留意见的审计报			最近三年财务会计报告无虚假记载,被出具无保留意见审计报告

续表

主要发行条件	主板（核准制）	主板	创业板	科创板	北交所
	发行人编制财务报表应以实际发生的交易或者事项为依据；在进行会计确认、计量和报告时应当保持应有的谨慎；对相同或者相似的经济业务，应选用一致的会计政策，不得随意变更	告； 发行人内部控制制度健全且被有效执行，能够合理保证公司运行效率、合法合规及财务报告的可靠性，并由注册会计师出具无保留结论的内部控制鉴证报告			

（二）公司治理及独立性

在公司治理及独立性方面，各板块发行规则与主板核准制的对比如表 3 所示。

表 3 公司治理及独立性对比

主要发行条件	主板（核准制）	主板	创业板	科创板	北交所
实际控制人	发行人最近 3 年内实际控制人没有发生变更	最近 3 年内实际控制人没有发生变更	最近 2 年内实际控制人没有发生变更		现行有效的法律法规以及规则已明确，实务中需要依照“最近 24 个月内实际控制人未发生变更”的标准
董事、高管及核心技术人员	发行人最近 3 年内董事、高级管理人员没有发生重大变化	最近 3 年内董事、高级管理人员均没有发生重大不利变化	最近 2 年内董事、高级管理人员均没有发生重大不利变化	最近 2 年内董事、高级管理人员及核心技术人员均没有发生重大不利变化	《首次公开发行股票注册管理办法》及配套规则要求需要满足“最近 24 个月内董事、高级管理人员未发生重大不利变化”的标准
公司治理	具备健全且运行良好的组织机构，相关机构和人员能够依法履行职责				具备健全且运行良好的组织机构

续表

<table>
<tr><th>主要发行条件</th><th>主板(核准制)</th><th>主板</th><th>创业板</th><th>科创板</th><th>北交所</th></tr>
<tr><td>独立性</td><td colspan="4">资产完整,业务及人员、财务、机构独立</td><td>现行有效的法律法规以及规则已明确,实务中需要满足“发行人业务、资产、人员、财务、机构独立”的标准</td></tr>
<tr><td>股权权属清晰</td><td>发行人的股权清晰,控股股东和受控股股东、实际控制人支配的股东持有的发行人股份不存在重大权属纠纷</td><td colspan="4">发行人股份权属清晰,不存在导致控制权可能变更的重大权属纠纷</td></tr>
<tr><td>同业竞争</td><td>发行人的业务与控股股东、实际控制人(自然人,含直系亲属)及其控制的其他企业间不存在同业竞争</td><td colspan="3">与控股股东、实际控制人及其控制的其他企业间不存在对发行人构成重大不利影响的同业竞争</td><td rowspan="2">与主板、创业板、科创板要求一致</td></tr>
<tr><td>关联交易</td><td>关联交易价格公允,不存在通过关联交易操纵利润的情形</td><td colspan="3">与控股股东、实际控制人及其控制的其他企业间不存在严重影响公司独立性或显失公允的关联交易</td></tr>
</table>

(三)合法合规

在合法合规方面,各板块发行规则与主板核准制的对比如表4所示。

表4　合法合规对比

<table>
<tr><th>主要发行条件</th><th>主板(核准制)</th><th>主板</th><th>创业板</th><th>科创板</th><th>北交所</th></tr>
<tr><td>发行人</td><td>生产经营符合法律、行政法规和公司章程的规定,符合国家产业政策。</td><td colspan="3">生产经营符合法律、行政法规的规定,符合国家产业政策。</td><td>依法规范经营。</td></tr>
</table>

续表

主要发行条件	主板(核准制)	主板	创业板	科创板	北交所
	发行人不得有下列情形: 1. 最近 36 个月内未经法定机关核准,擅自公开或者变相公开发行过证券;或者有关违法行为虽然发生在 36 个月前,但目前仍处于持续状态; 2. 最近 36 个月内违反市场监管、税收、土地、环保、海关以及其他法律、行政法规,受到行政处罚,且情节严重; 3. 最近 36 个月内曾向中国证监会提出发行申请,但报送的发行申请文件有虚假记载、误导性陈述或重大遗漏;或者不符合发行条件以欺骗手段骗取发行核准;或者以不正当手段干扰中国证监会及其发行审核委员会审核工作;或者伪造、变造发行人或其董事、监事、高级管理人员的签字、盖章; 4. 本次报送的发行申请文件有虚假记载、误导性陈述或者重大遗漏; 5. 涉嫌犯罪被司法机关立案侦查,尚未有明确结论意见; 6. 严重损害投资者合法权益和社会公共利益的其他情形	最近 3 年内,发行人不存在贪污、贿赂、侵占财产、挪用财产或者破坏社会主义市场经济秩序的刑事犯罪,不存在欺诈发行、重大信息披露违法或者其他涉及国家安全、公共安全、生态安全、生产安全、公众健康安全等领域的重大违法行为			发行人存在下列情形之一的,不得公开发行股票: 1. 最近 3 年内存在贪污、贿赂、侵占财产、挪用财产或者破坏社会主义市场经济秩序的刑事犯罪; 2. 最近 3 年内存在欺诈发行、重大信息披露违法或者其他涉及国家安全、公共安全、生态安全、生产安全、公众健康安全等领域的重大违法行为; 3. 最近 1 年内受到中国证监会行政处罚等

续表

主要发行条件	主板(核准制)	主板	创业板	科创板	北交所
控股股东、实际控制人	最近3年内不存在贪污、贿赂、侵占财产、挪用财产或者破坏社会主义市场经济秩序的刑事犯罪	相关要求同发行人			
董事、监事和高级管理人员	董事、监事和高级管理人员符合法律、行政法规和规章规定的任职资格,且不得有下列情形: 1. 被中国证监会采取证券市场禁入措施尚在禁入期的; 2. 最近36个月内收到中国证监会行政处罚,或者最近12个月内收到证券交易所公开谴责; 3. 因涉嫌犯罪被司法机关立案侦查或者涉嫌违法违规被中国证监会立案调查,尚未有明确结论意见	董事、监事和高级管理人员不存在最近3年内受到中国证监会行政处罚,或者因涉嫌犯罪正在被司法机关立案侦查,或者涉嫌违法违规正在被中国证监会立案调查且尚未有明确结论意见等情形			1. 最近12个月内不存在董事、监事、高级管理人员被中国证监会及其派出机构采取行政处罚;或因证券市场违法违规行为受到全国股转公司等自律监管机构公开谴责; 2. 不存在董事、监事、高级管理人员因涉嫌犯罪正被司法机关立案侦查或涉嫌违法违规正被中国证监会及其派出机构立案调查,尚未有明确结论意见
失信被执行人	—				挂牌公司或其控股股东、实际控制人不得存在被列入失信被执行人名单且情形尚未消除的情形

(四)发行基本条件

在发行基本条件方面,各板块发行规则与主板核准制的对比如表5所示。

表 5　发行基本条件对比

<table>
<tr><th>主要发行条件</th><th>主板（核准制）</th><th>主板</th><th>创业板</th><th>科创板</th><th>北交所</th></tr>
<tr><td>发行要求</td><td>1. 股票已公开发行；
2. 具备健全且运行良好的组织机构；
3. 具有持续经营能力；
4. 公司及其控股股东、实际控制人最近 3 年内不存在贪污、贿赂、侵占财产、挪用财产或者破坏社会主义市场经济秩序的刑事犯罪；
5. 最近 3 年财务会计报告被出具无保留意见审计报告</td><td colspan="4">符合《证券法》、中国证监会规定的发行条件</td></tr>
<tr><td>股本要求</td><td>公司股本总额不少于 5000 万元</td><td colspan="3">发行后的股本总额不低于 5000 万元</td><td>发行后的股本总额不低于 3000 万元</td></tr>
<tr><td>发行结果</td><td>公开发行的股份达到公司发行股份总数的 25% 以上；公司股本总额超过 4 亿元的，公开发行股份的比例为公司发行股份总数的 10% 以上</td><td colspan="3">公开发行的股份达到公司发行股份总数的 25% 以上；公司股本总额超过 4 亿元的，公开发行股份的比例为公司发行股份总数的 10% 以上</td><td>1. 公开发行的股份不少于 100 万股，发行对象不少于 100 人；
2. 公开发行后，公司股东人数不少于 200 人，公众股东持股比例不低于公司股本总额的 25%；
3. 公司股本总额超过 4 亿元的，公众股东持股比例不低于公司股本总额的 10%</td></tr>
</table>

（五）财务指标

在财务指标方面，各板块发行规则与主板核准制的对比如表 6 所示。

表6 财务指标对比

主要发行条件	主板（核准制）	主板	创业板	科创板	北交所
净资产	最近一期末无形资产占净资产的比例不高于20%； 最近一期末不存在未弥补亏损	删除无形资产、净资产标准，允许尚未盈利或存在累计未弥补亏损的企业上市； 尚未盈利或最近一期存在累计未弥补亏损的发行人，应充分披露相关风险因素			最近1年期末净资产不低于5000万元
审计报告与内部控制鉴证报告	注册会计师应出具：标准无保留的审计报告和无保留结论的内部控制鉴证报告				
核心财务指标*	同时符合： 1. 净利润标准：最近3个会计年度净利润均为正数且累计超过3000万元，净利润以扣除非经常性损益前后较低者为计算依据； 2. 现金流或营业收入标准：最近3个会计年度经营活动产生的现金流量净额累计超过5000万元；或者最近3个会计年度营业收入累计超	三套标准（择一）： 1. 最近3年净利润均为正，且最近3年净利润累计不低于2亿元，最近一年净利润不低于1亿元，最近3年经营活动产生的现金流量净额累计不低于2亿元或营业收入累计不低于15亿元； 2. 预计市值不低于50亿元，且最近1年净利润为正，最近1年营业收入不低于6亿元，	三套标准（择一）： 1. 近2年盈利：最近2年净利润为正，且累计净利润不低于1亿元，且最近1年净利润不低于6000万元； 2. 近1年盈利：预计市值不低于15亿元，最近1年净利润为正，且营业收入不低于4亿元；	五套标准（择一）： 1. 预计市值≥10亿元，最近2年净利润均为正，且累计净利润≥5000万元，或者预计市值≥10亿元，最近1年净利润为正且营业收入≥1亿元； 2. 预计市值≥15亿元，最近1年营业收入≥2亿元，且最近3年累计研发投入占最近3年累计营业收入的比例≥15%； 3. 预计市值≥20亿元，最近1年营业收入≥3亿元，且最近3年经营活动产生的现金流量净额累计≥1亿元； 4. 预计市值≥30亿元，且最近1年营业收入≥3亿元； 5. 预计市值≥40亿	四套标准（择一）： 1. 市值≥2亿元，最近2年净利润均≥1500万元且加权平均净资产收益率平均≥8%，或者最近一年净利润≥2500万元且加权平均净资产收益率≥8%； 2. 市值≥4亿元，最近2年营业收入平均≥1亿元，且最近1年营业收入增长率≥30%，最近1年经营活动产生的现金流量

续表

主要发行条件	主板（核准制）	主板	创业板	科创板	北交所
	过 3 亿元	最近 3 年经营活动产生的现金流量净额累计不低于 2.5 亿元； 3. 预计市值不低于 100 亿元，且最近 1 年净利润为正，最近 1 年营业收入不低于 10 亿元	3. 未盈利标准：预计市值不低于 50 亿元，且最近 1 年营业收入不低于 3 亿元	元，主要业务或产品须经国家有关部门批准，市场空间大，目前已取得阶段性成果；医药行业企业需至少有一项核心产品获准开展二期临床试验，其他符合科创板定位的企业须具备明显的技术优势并满足相应条件	净额为正； 3. 市值≥8 亿元，最近 1 年营业收入≥2 亿元，最近 2 年研发投入合计占最近 2 年营业收入合计比例≥8%； 4. 市值≥15 亿元，最近 2 年研发投入合计≥5000 万元

* 净利润以扣除非经常性损益前后的低者为准，净利润、营业收入、经营活动产生的现金流量净额均指经审计的数值。预计市值，是指股票公开发行后按照总股本乘以发行价格计算出来的发行人股票名义总价值。

IPO 第 3 问　新三板企业如何实现北交所 IPO？

一、问题提出

北交所以新三板精选层为基础组建，总体平移精选层各项基础制度。北交所的上市公司来源于创新层，它是新三板的“龙头”，基础层与创新层是其基础，为北交所提供源源不断的优质后备军，同时北交所又对基础层和创新层形成“反哺”作用，并与它们构成了“层层递进”的市场结构，组成了“升级版”的新三板。为更好地优化新三板的内部结构，切实提高创新层与北交所的联动效应，2022 年 3 月 4 日，全国股转公司第四次修订了《分层管理办法》，可选进层标准一，即最近 2 年净利润不低于 1000 万元保持不变，最近 2 年加权平均净资产收益率的规定有所降低，由平均不低于 8% 降低至 6%；标准二，即最近 2 年营业收入由平均不低于 6000 万元提高至 8000 万元，年均复合增长率由不低于 50% 降低至 30%；标准三，即平均市值要求从不低于 6 亿元大幅降低至 3 亿元；新增了标准四，即最近 2 年研发投入不低于 2500 万元。必选进层标准一对于发行融资金额累计不低于 1000 万元保持不变；标准二对于最近一年期末净资产不为负，标准三对于公司治理部分要求均保持不变；删除了原有符合投资者适当性条件的合格投资者人数不少于 50 人的要求。2023 年 9 月 1 日，《分层管理办法》进行了第五次修订，可选进层四套标准均保持不变，必选进层标准由三套变成两套，修订亮点为不再要求挂牌同时或挂牌后发行融资的要求。

经过两次修订，整体而言适当放松了盈利要求，对营业收入要求略微增加，有利于更多优质企业进入创新层。形成了四套可选进层标准及两个必选进层条件，使创新层进层标准与北交所上市标准进一步接轨，形成了层层递进的发展格局。

2023 年 8 月 31 日，在北交所设立两周年之际，中国证监会发布《关于高质量建设北京证券交易所的意见》，提出 19 条改革措施，为北交所送上一个远超预期的政策“大礼包”。提升市场活跃度、强化市场功能、提高投资预期、营造良性生态，被市场称为“深改 19 条”的《关于高质量建设北京证券交易所的意见》出台，对北交所堪称一次系统全面的改革，北交所站上了高质量建设的新阶段、新起点。

二、《分层管理办法》[1]解读

（一）降低创新层“进层条件一”中对加权平均净资产收益率（ROE）的门槛值要求，与北交所第一套上市标准形成梯度

创新层“进层条件一”中，将 ROE 由 8% 降为 6%；调整后创新层的“进层条件一”要求为“近两年净利润均 ≥ 1000 万元，ROE ≥ 6%，股本总额≥2000 万元”，与北交所上市标准中的第一套上市标准（市值≥2 亿元，最近 2 年净利润均≥1500 万元或近一年净利润≥2500 万元，且 ROE≥8%）形成梯度，板块分层建设体系更为明确。

---

〔1〕《分层管理办法》已于 2023 年 9 月 1 日第五次修订。第五次修订相较于 2022 年 3 月 4 日的第四次修订，修改幅度较小。本篇解读为第四次修订对比 2021 年 7 月 30 日的第三次修订。因第四次修订相较于第三次修订，修改幅度较大、意义重大，为帮助读者更好地了解《分层管理办法》修订的历史沿革，本书对该次修订予以重点说明。

（二）提高创新层“进层条件二”中对营业收入的门槛值要求，适当降低营业收入复合增速要求

创新层“进层条件二”中，将最低 2 年营业收入平均数由“不低于 6000 万元”增加到“不低于 8000 万元”，年均营业收入复合增长率由“不低于 50%”降为“不低于 30%”；创新层这一进层条件与北交所的第二套上市标准中对营业收入复合增速的要求保持一致，而收入指标略低于北交所“近 2 年平均营业收入≥1 亿元”的要求，同时创新层企业要求营业收入持续增长而没有现金流要求（北交所要求现金流为正），体现出创新层公司同样强调企业的成长性，但对处于成长期的中小企业的包容度进一步提升，并与北交所上市标准形成梯度。

（三）增设研发类条件，接轨北交所，鼓励企业研发创新

新增“进层条件三”标准（近 2 年研发投入≥2500 万元、市值≥3 亿元、累计融资额≥4000 万元），引入研发类标准，并匹配适当的融资金额和市值要求后，与北交所的第三套上市标准（其中研发要求为近 2 年研发投入占营业收入比重不低于 8%）、第四套上市标准（其中研发要求为近 2 年研发投入不低于 5000 万元）对接并形成梯度，鼓励创新创业型中小企业寻求早期融资并注重其市场认可度及研发创新能力的提高，使创新层与北交所上市标准进一步接轨，体现出北交所对于创新型中小企业融资需求的高度支持。

（四）降低市值及做市商数量要求，新增股票交易量要求，注重实质流动性情况

创新层“进层条件四”中，市值由 6 亿元下调为 3 亿元，做市商家数由 6 家减为 4 家，采取集合竞价的，近 60 个交易日股票累计成交额≥100 万股。市值要求的放宽将极大程度提升申报企业转层的可能性，同时股票交易量条件的增加则可以筛选出市场中实际交易活跃度更高的企业。截至 2022 年 1 月 28 日，5684 家新三板基础层公司中仅有 402 家市值在 6 亿元以上，而市值不高于 3 亿元的企业有 4816 家，市值介于 3 亿元至 6 亿元的企业有 488 家。单从调低市值这一项来看，符合市值条件的基础层公司数量比之前翻了一倍多，极大地扩大了服务创新层中小企业的覆盖面；同时做市商的数量要求减少和股票成交量要求的提出，更能充分发挥市场引导效应，提高中小企业创新研发动力及做市交易意愿，进一步激发市场活力。

(五)“必选条件”中取消“合格投资者不少于 50 人”的规定，可转债纳入累计发行融资金额的统计范围，创新层进层条件整体要求小幅放松

自 2017 年《分层管理办法》第一次修订后，“合格投资者不少于 50 人”被纳入创新层进层标准；但由于新三板投资者数量及交易活跃度较其他板块相对较差，这一标准也成了诸多公司退层的原因。根据全国中小企业股份转让系统(以下简称股转系统)公告，2020 年、2021 年发生即时降层的 55 家、60 家公司中分别有 6 家、7 家是因为合格投资者数量不足 50 人。本次规则修订后进层标准增设了累计交易量指标而删减了合格投资者人数要求，对于挂牌公司交易活跃度更注重实际交易考核。此外，将可转债纳入累计发行融资金额的认定范围，使企业股权融资统计范围更为完整全面，对于股权相对集中而融资难度较大的基础层中小企业更为友好，更能鼓励企业用好多元化的融资工具。

(六)优化“时间条件”，平滑后续北交所申报的密度

由“每年 4 月 30 日启动定期调入创新层”改为“每年 1 月、2 月、3 月、4 月、5 月和 8 月的最后一个交易日为进层启动日”，其中，下半年进层仅对当年中期审计报告的审计意见为标准无保留意见，同时营业收入、净利润同比均未下滑的公司适用。原本 1 年 1 次的进层机会提升为 1 年 6 次，考虑财务指标考量的均为年度财报数据，在 6 个考察频次中至多有先后两年的财务数据可作为考察样本，而增设的市值、定增融资累计额、累计成交量等交易类指标的变化可能性相对更高，增加的考察窗口期次数使得挂牌企业有了更多的达标机会。

进层调节频次的增加可以使公司申报的灵活性提升，可选择机会增多，从而全年的企业申报数量可以得到平滑，避免原先集中在 4 月末申报所带来的集中审核压力。创新层进层申报量的平滑也可以在一定程度上缓解后续北交所 IPO 集中申报的压力，为北交所形成稳定有序增加的项目储备资源。

优化“连续挂牌满 12 个月”的执行标准，明确发行条件中“已挂牌满 12 个月”的计算口径为证券交易所上市审核委员会(以下简称上市委)审议时已挂牌满 12 个月，允许挂牌满 12 个月的摘牌公司二次挂牌后直接申报北交所上市，进一步加大对优质企业的支持力度，降低市场成本，加快企业上市进程，明确各方预期。

笔者将《分层管理办法》对于进层的要求归纳如表 7 所示。

表 7　进层要求

<table>
<tr><th>类别</th><th>基础层挂牌公司
进入创新层</th><th>申请挂牌同时
进入创新层</th><th>北交所 IPO</th></tr>
<tr><td>基础条件</td><td colspan="2">1. 依法设立且存续满 2 年；
2. 业务明确，具有持续经营能力；
3. 公司治理机制健全，合法规范经营；
4. 股权明晰，股票发行和转让行为合法合规；
5. 主办券商推荐并持续督导</td><td>1. 具备健全且运行良好的组织机构；
2. 具有持续经营能力，财务状况良好；
3. 最近 3 年财务会计报告无虚假记载，被出具无保留意见审计报告；
4. 依法规范经营</td></tr>
<tr><td>时间条件</td><td>基础层挂牌公司披露最近一个会计年度的财务报告后，符合创新层进层条件的，通过主办券商提交进入创新层的材料；股转公司每年设置 6 次创新层进层实施安排，进层启动日分别为每年 1 月、2 月、3 月、4 月、5 月和 8 月的最后一个交易日</td><td>挂牌同时申请进入创新层</td><td>发行人应当为在股转系统连续挂牌满 12 个月的创新层挂牌公司</td></tr>
<tr><td rowspan="2">财务条件（任选其一）</td><td colspan="2">进层条件一：净利润 + 加权平均净资产收益率 + 股本总额
最近 2 年：净利润均 ≥1000 万元，加权平均净资产收益率平均 ≥6%，截至进层启动日的股本总额 ≥2000 万元</td><td>上市标准一：市值 + 净利润 + 加权平均净资产收益率
市值 ≥2 亿元，近 2 年净利润均 ≥1500 万元，且加权平均净资产收益率的均值 ≥8%；或近 1 年净利润 ≥ 2500 万元，且加权平均净资产收益率 ≥8%</td></tr>
<tr><td colspan="2">进层条件二：营业收入 + 营业收入复合增长率 + 股本总额
最近 2 年：营业收入平均 ≥8000 万元，且持续增长，年均复合增长率 ≥30%，截至进层启动日的股本总额 ≥2000 万元</td><td>上市标准二：市值 + 营业收入 + 营业收入增长率 + 现金流量
市值 ≥4 亿元，近 2 年平均营业收入 ≥1 亿元，且近 1 年营业收入增长率 ≥30%、经营活动产生的现金流量净额为正</td></tr>
</table>

续表

类别	基础层挂牌公司进入创新层	申请挂牌同时进入创新层	北交所 IPO
	进层条件三：研发投入 + 定向融资 + 股票市值 最近 2 年：研发投入累计≥2500 万元；截至进层启动日的 24 个月内，定向发行普通股融资金额累计≥ 4000 万元（不含以非现金资产认购的部分）；每次发行后股票市值均≥3 亿元	进层条件三：研发投入 + 定向融资 + 股票市值 最近 2 年：研发投入累计≥2500 万元；完成挂牌同时定向发行普通股后，融资金额≥4000 万元（不含以非现金资产认购的部分）；公司股票市值≥3 亿元	上市标准三：市值 + 营业收入 + 研发占比 市值≥8 亿元，近 1 年营业收入≥2 亿元，近 2 年研发投入合计占最近 2 年营业收入合计比例≥8%
	进层条件四：平均市值 + 做市商家数/股票累计成交量 + 股本总额 截至进层启动日的 120 个交易日内，最近有成交的 60 个交易日股票市值≥3 亿元；采取做市交易方式的做市商家数≥4 家，采取集合竞价的前述 60 个交易日通过集合竞价交易方式实现的股票累计成交额≥100 万股；截至进层启动日股本总额≥5000 万元	进层条件四：平均市值 + 做市商家数/股票累计成交量 + 股本总额 在挂牌同时做市交易的，定向发行普通股后股票市值≥3 亿元；做市商家数≥4 家，且做市商做市库存股均通过本次定向发行取得；股本总额≥5000 万元	上市标准四：市值 + 研发投入 市值≥15 亿元，要求近 2 年研发投入累计≥5000 万元
必选条件	1. 挂牌同时或挂牌后已完成定向发行股票（含优先股）或可转债，且截至进层启动日，发行融资金额累计≥1000 万元（不含以非现金资产认购的部分）； 2. 最近 1 年期末净资产不为负值； 3. 公司治理健全，截至进层启动日，已制定并披露经董事会审议通过的股东大会、董事会和监事会制度，对外投资管理制度，对外担保管理制度，关联交易管理制度，投资者关系管理制度，利润分配管理制度和	1. 挂牌同时定向发行股票（含优先股）或可转债，且融资金额累计≥1000 万元（不含以非现金资产认购的部分）； 2. 最近一年期末净资产不为负值； 3. 公司治理健全，截至进层启动日，已制定并披露经董事会审议通过的股东大会、董事会和监事会制度，对外投资管理制度，对外担保管理制	1. 近 1 年的期末净资产≥5000 万元； 2. 公开发行的股份≥100 万股，发行对象≥100 人； 3. 公开发行后，公司股本总额≥3000 万元； 4. 公开发行后，公司股东人数≥200 人，公众股东持股比例≥公司股本总额的 25%；公司股本总额超过 4 亿元的，公众股东持股比例≥公司股本总额的 10%

续表

类别	基础层挂牌公司进入创新层	申请挂牌同时进入创新层	北交所 IPO
	承诺管理制度;已设董事会秘书作为信息披露负责人并公开披露; 4. 每年 8 月最后一个交易日为进层启动日的还需满足: (1)当年中期审计报告的审计意见为标准无保留意见; (2)中期报告载明的营业收入和净利润均不低于上年同期水平	度,关联交易管理制度,投资者关系管理制度,利润分配管理制度和承诺管理制度;已设董事会秘书作为信息披露负责人并公开披露; 4. 每年 8 月最后一个交易日为进层启动日的还需满足: (1)当年中期审计报告的审计意见为标准无保留意见; (2)中期报告载明的营业收入和净利润均不低于上年同期水平	
除外条件	截至进层启动日的 12 个月内或进层实施期间出现下列情形之一的,挂牌公司不得进入创新层;挂牌同时进入创新层的除下述第三项外其他均适用: 1. 挂牌公司或其控股股东、实际控制人: (1)因贪污、贿赂、侵占财产、挪用财产或者破坏社会主义市场经济秩序的行为被司法机关作出有罪判决,或刑事处罚未执行完毕; (2)因欺诈发行、重大信息披露违法或者其他涉及国家安全、公共安全、生态安全、生产安全、公众健康安全等领域的重大违法行为被处以罚款等处罚且情节严重,或者导致严重环境污染、重大人员伤亡、社会影响恶劣等情形; (3)被列入失信被执行人名单且情形尚未消除。 2. 挂牌公司或其控股股东、实际控制人、董事、监事、高级管理人员: (1)被中国证监会及其派出机构采取行政处罚,或因证券市场违法违规行为受到股转公司等自律监管机构公开谴责; (2)因涉嫌犯罪正被司法机关立案侦查或涉嫌违法违规正被中国证监会及其派出机构立案调查,尚未有明确结论意见。		发行人申请公开发行并上市,不得存在下列情形: 1. 发行人及其控股股东、实际控制人: (1)最近 36 个月内,存在贪污、贿赂、侵占财产、挪用财产或者破坏社会主义市场经济秩序的刑事犯罪;存在欺诈发行、重大信息披露违法或者其他涉及国家安全、公共安全、生态安全、生产安全、公众健康安全等领域的重大违法行为; (2)被列入失信被执行人名单且情形尚未消除。

续表

类别	基础层挂牌公司进入创新层	申请挂牌同时进入创新层	北交所 IPO
	3. 未按相关规定在每个会计年度结束后 4 个月内编制并披露年度报告,或者未在每个会计年度的上半年结束后 2 个月内编制并披露中期报告,不可抗力除外(申请挂牌同时进入创新层的不适用此项情形)。 4. 最近 2 年,财务会计报告被出具非标准审计意见的审计报告;仅根据“进层条件二”(最近 2 年:营业收入平均≥8000 万元,且持续增长;年均复合增长率≥30%;截至进层启动日的股本总额≥2000 万元)进入创新层的,最近 3 年财务会计报告被出具非标准审计意见的审计报告。 5. 中国证监会和股转公司规定的其他情形		2. 发行人及其控股股东、实际控制人、董事、监事、高级管理人员: (1)最近 12 个月内,受到中国证监会及其派出机构行政处罚,或因证券市场违法违规行为受到股转公司、证券交易所等自律监管机构公开谴责; (2)因涉嫌犯罪正被司法机关立案侦查或涉嫌违法违规正被中国证监会及其派出机构立案调查,尚未有明确结论意见。 3. 最近 36 个月内,未按相关规定在每个会计年度结束后 4 个月内编制并披露年度报告,或者未在每个会计年度的上半年结束后 2 个月内编制并披露中期报告。 4. 存在中国证监会和上交所、深交所规定的,对发行人经营稳定性、直接面向市场独立持续经营的能力具有重大不利影响的情形,或者发行人利益受到损害等其他情形

(七)优化做市交易制度和配套完善做市商队伍

允许做市商使用做市专用证券账户参与战略配售,进一步便利做市商获取券源;调整做市商豁免报价安排与超额配售选择权机制的衔接,主承销商在披露回购完毕的公告后即可开展做市报价,引导做市商在新股上市后尽快提供报价服务,为新股提供基础流动性,提升新股价格稳定性。

引入更多新三板优质做市商和积极开展北交所保荐业务的证券公司参与北交所做市。为落实好做市商队伍扩容,北交所完善了证券公司申请参与北交所做市业务流程,进一步健全了做市商业务管理和风险防范机制,确保做市业务顺利开展、稳步发展、风险可控。

IPO 第 4 问　北交所退市与其他板块的规定有何差异?

一、问题提出

维持"有进有出""能进能出"的市场生态,构建多元化的退市指标体系,强化市场出清功能,是现行规则的基本要求之一。北交所明确了主动退市、强制退市(分为交易类、财务类、规范类、重大违法类强制退市)、转板和重新上市等安排,其中主动退市和财务类、规范类、重大违法类强制退市与目前实施注册制的科创板、创业板、沪深主板基本相同;但在交易类强制退市、转板和重新上市等具体内容上,北交所与科创板、创业板退市制度有所区别,这些区别也体现了北交所制度的包容性以及构建多层次资本市场的设计理念。

二、政策解读

(一)交易类强制退市

在交易类强制退市规定中,四大板块都强化了股价、股东人数、市值等因素在退市制度中的权重,丰富了市场类指标在退市中的作用,均衡了市场与行政退市条例的比例。但北交所因上市标准及市场活跃度相对较低,对交易类强制退市的要求也相对宽松,具体如下:

(1)在连续交易日要求中,科创板和创业板要求连续 10 个交易日出现交易类强制退市情形的，需在次一交易日披露公司可能被终止上市的风险提示，以后每个交易日披露一次；连续至 20 个交易日尚未消除的，证券交易所决定终止公司股票上市。北交所要求连续 30 个交易日出现此类情形的，需在次一交易日披露公司可能被终止上市的风险提示，以后每 5 个交易日披露一次；直至 60 个交易日尚未消除的，北交所决定终止公司股票上市。在交易时间的要求上，北交所给予了较长的宽限期。

（2）在交易类强制退市情形对股东人数的要求中，科创板和创业板、主板（含沪、深证券交易所）的要求是连续 20 个交易日每日股东人数均低于 400 人，而北交所的要求为连续 60 个交易日每日股东人数均低于 200 人。

（3）在市值低于 3 亿元的情形中，北交所只要求按第四套上市标准上市的企业适用此情形；科创板和创业板企业均要适用此要求。

（4）科创板、创业板和沪深主板还规定有股票成交量相关要求：连续 90 个交易日股票成交量低于 150 万股，应披露可能被终止上市的风险提示，此后每个交易日披露一次，直至连续 120 个交易日，当股票累计成交量低于 200 万股时，科创板、创业板和沪深主板将作出终止股票上市决定。根据《北京证券交易所股票上市规则（试行）》（2024 修订），北交所已对退市制度予以完善。

（二）"非一退到底"规则

有别于科创板、创业板和沪深主板的"一退到底"（企业终止上市后直接转入股转系统等证券交易场所进行转让），北交所对退市公司去向的规定更能体现新三板分层架构的优势及北交所对创新型中小企业"试错"的包容性：退市公司符合股转系统基础层挂牌条件或创新层条件的，转入相应层级挂牌交易；不符合挂牌条件且股东人数超过 200 人的，才转入股转公司代为管理的退市公司板块。

（三）重新上市

在重新上市规定中，四大板块对于因 IPO 或并购重组上市涉嫌欺诈发行被中国证监会行政处罚或被法院作出有罪判决而强制退市的公司均不再受理其再次上市申请，主动退市的企业均可以随时申请再次上市；除上述情形外，北交所规定终止上市情形已消除，符合重新上市条件的企业可以随时申请重新上市。而科创板、创业板、沪深主板对于重新申请上市的企业规定了比较严格的条件：

(1)因除欺诈发行外的其他重大违法情形退市的，需同时满足证券交易所规定的5个条件(参见表8“重新上市”部分)，并且在其股票转入股转系统后5个完整会计年度内，证券交易所不再受理其重新上市申请。

(2)公司股票被强制终止上市后不配合或不履行退市相关义务的，自其股票转入股转系统后36个月内，证券交易所不受理其再次上市申请。

(3)因交易类指标被强制终止上市的，自其股票转入股转系统后3个月内，证券交易所不受理其重新上市申请。

(4)因市场交易类指标、重大违法强制退市情形之外的其他情形，其股票被强制终止上市的，自其股票转入股转系统后12个月内，证券交易所不受理其重新上市申请。

四大板块退市、转板及重新上市的具体规定如表8所示。

表8　四大板块退市、转板及重新上市的具体规定

类别	北交所	科创板/创业板	沪深主板
交易类强制退市警示(*ST)	上市公司连续30个交易日出现下列情形之一的，应当在次一交易日披露公司股票可能被终止上市的风险提示公告，其后每1个交易日披露一次，直至相关的情形消除或者北交所作出公司股票终止上市的决定： 1.股票每日收盘价均低于每股面值； 2.股东人数均少于200人； 3.按照《北京证券交易所股票上市规则(试行)》第2.1.3条第1款第4项(第四套上市标准：预计市值不低于15亿元，近2年研发投入合计不	1.上市公司连续90个交易日股票通过证券交易所交易系统实现的股票累计成交量低于150万股的，应当在次一交易日披露公司股票可能被终止上市的风险提示公告，其后每个交易日披露一次，直至达到200万股以上或者证券交易所作出公司股票终止上市的决定(以在先者为准)。 2.上市公司连续10个交易日出现下列情形之一的，应当在次一交易日披露公司股票可能被终止上市的风险提示公告，其后每个交易日披露一次，直至相应的情形消除或者证券交易所作出公司股票终止上市的决定(以在先者为准)： (1)每日股票收盘价均低于1元；	1.上市公司连续90个交易日通过证券交易所交易系统实现的累计股票成交量低于375万股(此为上交所要求，深交所要求为500万股)的，应当在次一交易日发布公司股票可能被终止上市的风险提示公告，其后每个交易日披露一次，直至成交量达到500万股以上或者交易所作出公司股票终止上市的决定之日止(以先达到的日期为准)。 2.上市公司连续10个交易日出现下列情形之一的，应当在次一交易日披露公司股票可能被终止上市的风险提示公告，其后每个交

续表

类别	北交所	科创板/创业板	沪深主板
	低于 5000 万元)规定上市的公司,股票交易市值均低于 3 亿元; 4. 连续 120 个交易日累计股票成交量低于 100 万股	(2)每日股票收盘市值均低于 3 亿元; (3)每日股东人数均少于 400 人	易日披露一次,直至相应的情形消除或者证券交易所作出公司股票终止上市的决定(以在先者为准): (1)每日股票收盘价均低于 1 元; (2)每日股票收盘市值均低于 5 亿元; (3)每日股东人数均少于 2000 人
交易类强制退市	上市公司连续 60 个交易日出现下列情形之一的,北交所决定终止其股票上市: 1. 股票每日收盘价均低于每股面值; 2. 每日股东人数均少于 200 人; 3. 按照《北京证券交易所股票上市规则(试行)》第 2.1.3 条第 1 款第 4 项规定上市的公司,股票交易市值均低于 3 亿元; 4. 连续 120 个交易日累计股票成交量低于 100 万股	上市公司出现下列情形之一的,证券交易所决定终止其股票上市: 1. 连续 120 个交易日通过证券交易所交易系统实现的股票累计成交量低于 200 万股; 2. 连续 20 个交易日每日股票收盘价均低于 1 元; 3. 连续 20 个交易日在证券交易所的每日股票收盘市值均低于 3 亿元; 4. 连续 20 个交易日每日股东数量均低于 400 人; 5. 证券交易所认定的其他情形、红筹企业发行存托凭证的,不适用第 4 项的规定	上市公司出现下列情形之一的,证券交易所决定终止其股票上市: 1. 连续 120 个交易日通过证券交易所交易系统实现的股票累计成交量低于 500 万股; 2. 连续 20 个交易日每日股票收盘价均低于 1 元; 3. 连续 20 个交易日在证券交易所的每日股票收盘市值均低于 5 亿元;* 4. 连续 20 个交易日每日股东数量均低于 2000 人
财务类强制退市警示(*ST)	上市公司出现下列情形之一的,证券交易所对其股票交易实施退市风险警示: 1. 最近一个会计年度经审计的利润总额、净利润或者扣除非经常性损益后的净利润孰低者为负值且营业收入低于 3 亿元,或追溯重述后最近一个会计年度利润总额、净利润或者扣除非经常性损益后的净利润孰低者为负值且营业收入低于 3 亿元(主板适用)/最近一个会计年度经审计的净利润或追溯重述后最近一个会计年度的净利润为负值且营业收入低于 1 亿元(科创板和创业板适用)/5000 万元(北交所按第一套上市标准上市的企业适用); 2. 最近一个会计年度经审计的期末净资产或追溯重述后最近一个会计年度的期末净资产为负值; 3. 最近一个会计年度的财务会计报告被出具无法表示意见或者否定意见的审计报告; 4. 中国证监会行政处罚决定表明公司已披露的最近一个会计年度财务报告		

续表

<table>
<tr><th>类别</th><th>北交所</th><th>科创板/创业板</th><th>沪深主板</th></tr>
<tr><td></td><td colspan="3">存在虚假记载、误导性陈述或者重大遗漏，导致该年度相关财务指标实际已触及上述第 1 项、第 2 项情形；
5. 证券交易所认定的其他情形</td></tr>
<tr><td>规范类强制退市警示（*ST）</td><td colspan="3">上市公司出现下列情形之一的，证券交易所对其股票实施退市风险警示：
1. 因财务会计报告存在重大会计差错或者虚假记载，被中国证监会及其派出机构责令改正但公司未在规定期限内改正，此后公司在股票停牌 2 个月内仍未改正；
2. 未在法定期限内披露年度报告或者半年度报告，此后公司在股票停牌 2 个月内仍未披露；
3. 因半数以上董事无法保证公司所披露半年度报告和年度报告的真实性、准确性和完整性，且未在法定期限内改正，此后股票停牌 2 个月内仍有半数以上董事无法保证；
4. 因信息披露或者规范运作等方面存在重大缺陷，被证券交易所限期改正但公司未在规定期限内改正，此后公司在股票停牌 2 个月内仍未改正；
5. 因公司股本总额或者公众股东持股比例（北交所要求）/股权分布（创业板、科创板要求）发生变化，导致连续 20 个交易日（创业板、科创板要求）/60 个交易日（北交所要求）不再具备上市条件，此后公司在股票停牌 1 个月内仍未解决；
6. 公司可能被依法强制解散；
7. 法院依法受理公司重整、和解和破产清算申请；
8. 公司被控股股东（无控股股东的则为第一大股东）或者控股股东关联人非经营性占用资金的余额达到 2 亿元以上或者占公司最近一期经审计净资产绝对值的 30% 以上，被中国证监会责令改正但未在要求期限内完成整改，且在公司股票停牌两个月内仍未完成整改（主板、创业板、科创板要求）；
9. 连续两个会计年度财务报告内部控制被出具无法表示意见或者否定意见的审计报告，或者未按照规定披露财务报告内部控制审计报告（主板、创业板、科创板要求）；
10. 证券交易所认定的其他情形</td></tr>
<tr><td>规范类强制退市</td><td colspan="3">上市公司存在下列情形之一时，证券交易所决定终止其股票上市交易：
1. 因上述规范类强制退市警示第 1 ~ 4 项、第 8 项被实施退市风险警示之日起的 2 个月内仍未解决或因上述规范类强制退市警示第 9 项，最近一个会计年度公司财务报告内部控制仍未被出具无保留意见的审计报告；
2. 因上述规范类强制退市警示第 5 项被实施退市风险警示之日起的 6 个月内仍未解决股本总额或公众股东持股比例（北交所要求）/股权分布（创业板、科创板要求）问题；
3. 因上述规范类强制退市警示第 6 项被实施退市风险警示的，公司被依法吊销营业执照、被责令关闭或者被撤销等依法强制解散条件成就时；
4. 因上述规范类强制退市警示第 7 项被实施退市风险警示的，法院裁定公司破产时；</td></tr>
</table>

续表

类别	北交所	科创板/创业板	沪深主板
	5. 未在规定期限内向证券交易所申请撤销退市风险警示； 6. 因不满足撤销退市风险警示的条件，证券交易所决定不予撤销的； 7. 证券交易所认定的其他情形		
重大违法强制退市	重大违法强制退市，包括下列情形： 1. 欺诈发行、重大信息披露违法或其他严重损害证券市场的重大违法行为，其股票应当被终止上市的情形： （1）上市公司 IPO 或发行股份购买资产并构成重组上市中，申请或者披露文件存在虚假记载、误导性陈述或重大遗漏，被中国证监会及其派出机构依据《证券法》第 181 条作出行政处罚决定，或者被法院依据《刑法》第 160 条（欺诈发行证券罪）作出有罪生效判决； （2）根据中国证监会行政处罚决定认定的事实，公司披露的年度报告存在虚假记载、误导性陈述或者重大遗漏，导致连续会计年度财务类指标已实际触及财务类强制退市标准； （3）根据中国证监会行政处罚决定认定的事实，公司披露的营业收入、利润总额或者净利润任一年度虚假记载金额达到 2 亿元以上，且超过该年度披露的相应科目金额绝对值的 30%；或者资产负债表中资产和负债科目任一年度虚假记载金额合计达到 2 亿元以上，且超过该年度披露的期末净资产金额绝对值的 30%（本项情形适用于 2024 年度及以后年度的虚假记载行为）； （4）根据中国证监会及其派出机构行政处罚决定载明的事实，公司披露的营业收入、利润总额或者净利润连续 2 年虚假记载金额合计达到 3 亿元以上，且超过该 2 年披露的相应科目合计金额的 20%，或者资产负债表中资产和负债科目连续 2 年虚假记载金额合计达到 3 亿元以上，且超过该 2 年披露的年度期末净资产合计金额的 20%（本项情形适用于 2024 年度及以后年度的虚假记载行为）； （5）根据中国证监会及其派出机构行政处罚决定载明的事实，公司披露的年度报告财务指标连续 3 年存在虚假记载，前述财务指标包括营业收入、利润总额、净利润、资产负债表中的资产或者负债科目（本项情形适用于主板、科创板、创业板 2020 年度及以后年度的虚假记载行为，适用于北交所 2021 年度及以后年度的虚假记载行为）； （6）根据中国证监会行政处罚决定载明的事实，公司披露的营业收入连续 2 年均存在虚假记载，虚假记载的营业收入金额合计达到 5 亿元以上，且超过该 2 年披露的年度营业收入合计金额的 50%，或者公司披露的净利润连续 2 年均存在虚假记载，虚假记载的净利润金额合计达到 5 亿元以上，且超过该 2 年披露的年度净利润合计金额的 50%，或者公司披露的利润总额连续 2 年均存在虚假记载，虚假记载的利润金额合计达到 5 亿元以上，且超过该 2 年披露的年度利润总额合计金额的 50%，或者公司披露的资产负债表连续 2 年均存在虚假记载，资产负债表虚假记载金额合计达到 5 亿元以上，且超过该 2 年披露的年度期末净资产合计金额的 50%（本项情形适用于 2020		

续表

类别	北交所	科创板/创业板	沪深主板
	年度至2024年度的虚假记载行为，北交所不适用此条） 2. 存在涉及国家安全、公共安全、生态安全、生产安全和公众健康安全等领域的重大违法行为被追究法律责任，情节恶劣，严重损害国家利益、社会公共利益，或者严重影响上市地位的，其股票应当被终止上市的情形： （1）上市公司或其主要子公司被依法吊销营业执照、被责令关闭或者被撤销； （2）上市公司或其主要子公司被依法吊销主营业务生产经营许可证，或存在丧失继续生产经营法律资格的其他情形； （3）证券交易所根据上市公司重大违法行为损害国家利益、社会公共利益的严重程度，结合公司承担法律责任类型、对公司生产经营和上市地位的影响程度等情形，认为公司股票应当终止上市的（北交所不适用此条）		
主动终止上市	上市公司出现下列情形之一的，应当向北交所申请终止其股票上市： 1. 上市公司股东大会决议解散公司； 2. 上市公司因新设合并或者吸收合并，将不再具有独立主体资格并被注销； 3. 上市公司因回购或要约收购导致公众股东持股比例（股本总额4亿元以下的公开发行25%，以上的10%）、股东人数（≥200人）等发生变化，不再具备上市条件； 4. 转板申请已获同意； 5. 北交所认定的其他申请终止上市的情形	上市公司出现下列情形之一的，可以向证券交易所申请主动终止上市： 1. 上市公司股东大会决议主动撤回其股票在证券交易所的交易，并决定不再在该所交易； 2. 上市公司股东大会决议主动撤回其股票在证券交易所的交易，并转而申请在其他交易场所交易或转让； 3. 上市公司以终止上市为目的向所有股东发出回购全部股份或部分股份的要约，导致公司股本总额、股权分布等发生变化，不再具备上市条件； 4. 上市公司股东以终止上市为目的向所有其他股东发出收购全部股份或部分股份的要约，导致公司股本总额、股权分布等发生变化，不再具备上市条件； 5. 除上市公司股东外的其他收购人以终止公司上市为目的向所有股东发出收购全部股份或部分股份的要约，导致公司股本总额、股权分布等发生变化，不再具备上市条件； 6. 上市公司因新设合并或者吸收合并，不再具有独立法人资格并被注销； 7. 上市公司股东大会决议公司解散； 8. 中国证监会和证券交易所认可的其他主动终止上市情形	

续表

类别	北交所	科创板/创业板	沪深主板
终止上市后的转入股转系统	1. 北交所作出终止上市决定后，股票进入退市整顿期，退市整理期的交易期限为15个交易日，对股票进行特殊标识，证券简称为“××退”； 2. 上市公司股票终止上市后，符合股转系统挂牌条件或创新层条件的，转入相应层级挂牌交易； 3. 不符合挂牌条件且股东人数超过200人的，转入股转公司代为管理的退市公司板块	1. 因触及交易类强制退市情形被终止上市的股票，不进入退市整理期，证券交易所自上市公司公告股票终止上市决定之日起5个交易日（科创板）/15个交易日（创业板）内对其予以摘牌，公司股票终止上市，并转入股转系统等证券交易场所转让。 2. 因触及重大违法类、财务类或者规范类情形被终止上市的，自公告后5个交易日后的次一交易日起复牌进入15个交易日的退市整理期，股票简称应当变更为“××退”，证券交易所于该退市整理期届满的次一交易日（创业板要求）/5个交易日内（科创板要求）对其予以摘牌，公司股票终止上市，并转入股转系统等证券交易场所转让。 3. 公司应当在证券交易所作出终止其股票上市决定后，立即安排股票转入股转系统等证券交易场所转让的相关事宜，保证公司股票在摘牌之日起45个交易日内可以转让。 4. 上市公司主动终止上市的，不进入退市整理期，证券交易所在公司公告股票终止上市决定之日起5个交易日内对其予以摘牌，公司股票终止上市；公司可以选择在股转系统等证券交易场所转让其股票，或者依法作出其他安排	—

续表

类别	北交所	科创板/创业板	沪深主板
重新上市	1. 上市公司因 IPO 或发行股份购买资产并构成重组上市，申请或者披露文件存在虚假记载、误导性陈述或重大遗漏，被中国证监会作出行政处罚决定，或者被法院作出有罪生效判决而被实施的重大违法类强制退市，其股票终止上市后，除上述行政处罚决定、司法裁判被依法撤销、确认无效或者因对违法行为性质、违法事实等的认定发生重大变化被依法变更的外，不得向北交所申请重新上市。 2. 除上述情形外，上市公司股票终止上市后，其终止上市情形已消除，符合重新上市条件的可以向北交所申请重新上市。上市委对股票重新上市申请进行审议；北交所结合上市委员会的审议意见，作出是否同意公司股票重新上市的决定	1. 公司存在因重大违法行为被中国证监会行政处罚或被法院作出有罪判决而强制退市的欺诈发行的情形，其股票被终止上市的，证券交易所不再受理其再次上市申请。 2. 存在除上述欺诈发行外的其他重大违法情形，其股票被终止上市的，在其股票转入股转系统 5 个完整会计年度内，不再受理再次上市，再次申请上市应当同时符合下列条件： (1)已全面纠正重大违法行为； (2)已撤换与重大违法行为有关的责任人员； (3)已对相关民事赔偿承担做出妥善安排； (4)不存在对应板块股票上市规则规定的终止上市情形； (5)公司聘请的再次上市保荐机构、律师事务所对上述情形核查验证并出具专项核查意见。 3. 股票被强制终止上市后，公司不配合退市相关工作，或者未履行股票上市规则规定的相关义务的，自股票进入股转系统后 36 个月内不受理其再次上市申请。 4. 主动退市的，公司可以随时提出再次上市申请。 5. 因交易类指标被强制终止上市的，首次提出上市申请的时间与其进入股转系统等其他交易场所的时间间隔不少于 3 个月。 6. 因市场交易类指标、重大违法强制退市情形之外的其他情形，股票被强制终止上市的，首次提出重新上市申请的时间与其进入股转系统等证券交易场所的时间间隔应当不少于 12 个月	—

* 自 2024 年 10 月 30 日起计算相关期限。在此之前，按照原规则“连续 20 个交易日在证券交易所的每日股票收盘市值均低于 3 亿元”的标准继续执行。

IPO 第 5 问 企业如何选择 IPO 上市板块?

一、问题提出

企业因阶段性发展的需要、生产运营与资本运营双轮驱动发展的内在需求、完善现代企业法人治理和提升企业管理水平的自主需求以及企业选聘和留用优秀人才的内部需求,并受到企业之间激烈竞争的影响、金融市场上间接融资难而贵的影响等原因,存在上市需求。IPO 后,企业通常获得如下有利影响:推动企业完善公司治理结构,夯实企业发展的基础,促进企业合规运营,提升管理水平;获得直接融资,大幅度降低企业融资成本;全方面提升企业形象,提高品牌价值和市场影响力;实现股东股权价值的最大化;吸引和留用高端人才;提高企业的资源整合能力,增强公司的竞争优势。

在上市条件设计层面,与核准制下主要关注企业营业收入、净利润、资产三项财务指标相比,现行规则强调以市值为中心,并结合净利润、营业收入、研发投入等指标,设立了多套更具包容性和精准性的发行上市标准供企业选择;在发行审核层面,与核准制下监管层重点把关企业盈利能力的审核理念相比,现行规则更强调企业的持续经营能力和自主信息披露的质量。

现行规则体系下上市标准层级丰富,各有侧重。从各板块上市标准设置来看,更为多元、包容的条件全方面覆盖了不同行业、不同类型、不同成长阶段的企业。其中,主板上市条件设置同样综合考虑了预计市值、收入、净利润、现金流等组合指标,制定了多元化、差异化的上市条件。新增"预计市值 + 收入 + 现金流""预计市值 + 收入"两套指标;优化盈利上市标准,取消最近一期末不存在未弥补亏损、无形资产占净资产的比例限制等要求,进一步提升了包容性。此外,本次《深交所创业板股票上市规则》修订创业板结合市场运行实践,删除了红筹企业及特殊股权结构企业上市标准中"最近一年净利润为正"的要求,更具灵活性。那么,面对现行新规以及新的审核理念,企业应如何选择上市板块呢?

二、政策解读

（一）沪深主板

主板突出“大盘蓝筹”特色。《首次公开发行股票注册管理办法》表明了官方对主板定位的态度，即主板突出“大盘蓝筹”特色，重点支持业务模式成熟、经营业绩稳定、规模较大、具有行业代表性的优质企业。主板与科创板、创业板相比，不似科创板、创业板有鲜明的“个性特征”，也没有“定制化”的发行条件，可以使得其深受某特定行业偏好，从而有明显的板块集群效应。截至本书写作时，主板未能和科创板、创业板一样圈画出所谓的“正面清单”或“负面清单”。未划所谓的“红线”“蓝线”是否与支持方向有关，值得合理推敲，亦可观望日后是否发布具体的行业指引来分化行业。

（二）科创板

根据《首次公开发行股票注册管理办法》的规定，科创板面向世界科技前沿，面向经济主战场，面向国家重大需求。优先支持符合国家战略、拥有关键核心技术、科技创新能力突出、主要依靠核心技术开展生产经营、具有稳定的商业模式、市场认可度高、社会形象良好、具有较强成长性的企业。科创板坚守“硬科技”定位，明确了重点接纳“六大行业”领域的企业，限制金融科技、模式创新企业在科创板上市；房地产和主要从事金融投资类业务的企业，禁止在科创板上市。随着《科创属性评价指引（试行）》的颁布及修改，同时满足“4 项常规指标”或满足“5 项例外条款”中任意 1 项的科创属性评价指标体系得以明确，“科创硬核性”已成为申请科创板上市最受关注的问题之一。

（三）创业板

根据《首次公开发行股票注册管理办法》的规定，创业板深入贯彻创新驱动发展战略，适应发展更多依靠创新、创造、创意的大趋势，主要服务于成长型创新创业企业，支持传统产业与新技术、新产业、新业态、新模式深度融合。因此，创业板服务对象的范围比科创板更宽泛：“负面清单”以外的行业，只要符合高新技术产业企业和战略性新兴产业企业的定位，即可以申报；“负面清单”行业企业与互联网、大数据、云计算、自动化、新能源、人工智能等新技术、新产业、新业态、新模式深度融合的创新创业企业也可以在创业板上市。

（四）北交所

北交所强调“专精特新”、打造服务“创新型中小企业主阵地”的市场定位。北交所原董事长徐明在“2021 金融街论坛年会”上指出：中小企业覆盖国民经济各行业各领域，其创新不仅体现在新兴产业上，也会体现在传统产业中；创新主体不仅包括以制造业为主的“专精特新”中小企业，也包括战略性新兴产业中创新能力突出的中小企业、向专业化和价值链高端延伸的生产性服务业企业、向高品质和多样化升级的生活性服务业企业。

北交所以市值为中心，配套净利润及加权平均净资产收益率、营业收入及其增长率、研发投入等多项指标，设置了四套更契合创新型中小企业特点和需求的上市发行条件，提高了其服务创新型中小企业的包容性和精准性，更有利于发展阶段靠前、规模较小、盈利不高的创新型中小企业顺利登陆资本市场。

从服务对象的市场定位、科创属性评价指标体系和负面清单来看，北交所、科创板、创业板各有侧重，具体如表 9 所示。

表 9　三大板块市场定位、科创板科创属性评价体系及行业负面清单对比

类别	北交所	科创板	创业板
服务对象、定位	主要服务于创新型中小企业、“专精特新”企业（具有专业化、精细化、特殊化、新颖化四大特征的中小企业，即专注于产业链上某个环节的中小企业）	坚持面向世界科技前沿、面向经济主战场、面向国家重大需求，主要服务于符合国家战略、突破关键核心技术、市场认可度高的科技创新企业；重点支持新一代信息技术、高端装备、新材料、新能源、节能环保以及生物医药等高新技术产业和战略性新兴产业，推动互联网、大数据、云计算、人工智能和制造业深度融合，引领中高端消费，推动质量变革、效率变革、动力变革	主要服务于“三创四新”企业，依靠创新、创造、创意的大趋势，服务成长型创新创业企业，支持传统产业与新技术、新产业、新业态、新模式深度融合

续表

类别	北交所	科创板	创业板
科创属性评价指标体系	暂无明确的科创属性评价指标体系	科创属性评价指标“4+5”，同时符合4项常规指标或专项例外条款的任意一项，即可被认为符合科创属性。 1. 4项常规指标： （1）最近3年研发投入占营业收入的比例在5%以上，或最近3年研发投入金额累计在8000万元以上； （2）研发人员占当年员工总数的比例不少于10%； （3）形成主营业务收入的发明专利在7项以上； （4）最近3年营业收入复合增长率达到25%，或最近1年营业收入金额达到3亿元。 2. 5项例外条款： （1）发行人拥有的核心技术经国家主管部门认定具有国际领先、引领作用或者对于国家战略具有重大意义； （2）发行人作为主要参与单位或者发行人的核心技术人员作为主要参与人员，获得国家科技进步奖、国家自然科学奖、国家技术发明奖，并将相关技术运用于公司主营业务； （3）发行人独立或者牵头承担与主营业务和核心技术相关的国家重大科技专项项目； （4）发行人依靠核心技术形成的主要产品（服务），属于国家鼓励、支持和推动的关键设备、关键产品、关键零部件、关键材料等，并实现了进口替代； （5）形成核心技术和应用于主营业务，并能够产业化的发明专利（含国防专利）合计50项以上	深交所支持和鼓励符合下列标准之一的成长型创新创业企业申报在创业板发行上市： 1. 最近3年研发投入复合增长率不低于15%，最近一年投入金额不低于1000万元，且最近3年营业收入复合增长率不低于25%； 2. 最近3年累计研发投入金额不低于5000万元，且最近3年营业收入复合增长率不低于25%； 3. 属于制造业优化升级、现代服务业或者数字经济等现代产业体系领域，且最近3年营业收入复合增长率不低于30%。 （最近1年营业收入金额达到3亿元的企业，或者按照《关于开展创新企业境内发行股票或存托凭证试点的若干意见》等相关规则申报创业板的已境外上市红筹企业，不适用上述规定的营业收入复合增长率要求）

续表

类别	北交所	科创板	创业板
负面清单	禁止类：金融业、房地产行业企业、属于产能过剩行业中的淘汰类行业及从事学前教育、学科培训类企业	限制类：金融科技、模式创新企业； 禁止类：房地产和主要从事金融、投资类业务的企业	以下 12 个行业除非是与互联网、大数据、云计算、自动化、人工智能、新能源等新技术、新产业、新业态、新模式深度融合的创新创业企业，否则禁止申报创业板：(1) 农林牧渔业；(2) 采矿业；(3) 酒、饮料和精制茶制造业；(4) 纺织业；(5) 黑色金属冶炼和压延加工业；(6) 电力、热力、燃气及水生产和供应业；(7) 建筑业；(8) 交通运输、仓储和邮政业；(9) 住宿和餐饮业；(10) 金融业；(11) 房地产业；(12) 居民服务、修理和其他服务业

二、现行规则体系下监管审核流程

IPO 第 6 问　沪深证券交易所发行上市审核有哪些完善及优化?

一、问题提出

现行规则体系下,证券交易所对企业是否符合发行条件、上市条件和信息披露要求进行全面审核,并在审核过程中,就发现的在审项目涉及重大敏感事项、重大无先例情况、重大舆情、重大违法线索的情况及时向中国证监会请示报告。中国证监会基于证券交易所的审核意见依法作出是否同意注册的决定。基于前述,发行上市审核制度发生了相应变化。

二、优化内容

(一)统一审核制度,优化注册程序

沪深主板和科创板、创业板适用统一的审核和注册制度。在首发审核方面,进一步明确沪深主板、科创板、创业板板块定位,加强证券交易所审核和中国证监会注册环节的有机衔接,提高审核质效。

(二)进一步完善信息披露要求

落实《证券法》和中国证监会《关于注册制下提高招股说明书信息披露质量的指导意见》要求,结合审核监管实践,进一步完善以信息披露为核心的安排,审核类规则增加"简明清晰,通俗易懂""提高信息披露的针对性、有效性和可读性"等信息披露要求,提高招股说明书信息披露质量,增强可读性。

(三)压严压实发行人和中介机构责任

将发行上市申请文件"受理即担责"调整为"申报即担责",进一步压实发行人和中介机构责任，引导市场各方归位尽责。进一步明晰中介机构责任，将保荐人对发行上市申请文件的“全面核查验证”要求调整为“审慎核查”。借鉴落实现场督导制度，扩大督导对象范围，由保荐人扩展至相关证券服务机构，并明确其配合义务。为督促发行人和中介机构更好地履行责任，在审核规则中进一步明确审核过程中的日常工作措施。

（四）优化服务，提升审核透明度

坚持“开门办审核”，完善咨询沟通相关规定，将业务咨询沟通范围扩展至各板块 IPO、再融资和并购重组，明确申报前、审核期间、上市委审议后的咨询沟通事项，回应市场关切，进一步提升审核的公开透明度。

IPO 第 7 问　证券交易所如何实施 IPO 现场督导环节？

一、问题提出

为了稳步推进新股发行，持续督促保荐人切实履行核查把关责任，上交所和深交所分别制定了现场督导相关制度规定，将保荐业务现场督导的相关规则扩大至全市场板块，夯实现场监管制度基础，确保改革平稳落地。现场督导制度是股票发行上市审核重要配套制度之一，有利于推动形成新股发行的良好市场生态。

二、现场督导环节具体形式

保荐业务现场督导，是指针对主板、科创板、创业板发行上市审核中发现的影响发行、上市条件判断和发行上市申请文件信息披露质量的问题，由证券交易所根据需要对保荐人以及相关证券服务机构执业质量进行现场监督和核查的行为。概括而言，“督”是查看、监督和纠正，是手段；“导”是指引、传导和启发，是目的：督促发行人讲清楚、中介机构核清楚，使投资者看清楚。

为了规范发行上市保荐业务现场督导行为，督促保荐人、证券服务机构切实履行对申报项目的核查把关责任，2024 年 4 月 30 日，上交所修订《上海证券交易所发行上市审核规则适用指引第 3 号——现场督导》，深交所修订

《深圳证券交易所股票发行上市审核业务指引第 4 号——现场督导》。现场督导已成为 IPO 审核的重要方式之一，是压实尽职调查主体责任、督促保荐人勤勉尽责，把好资本市场入口关，从源头提高上市公司质量的重要举措。

上交所和深交所保荐业务现场督导的具体形式如表 10 所示。

表 10　上交所和深交所保荐业务现场督导的具体形式

项目		上交所（主板、科创板）	深交所（主板、创业板）
目标、对象及内容	目标	规范发行上市现场督导行为，督促保荐人、证券服务机构切实履行对申报项目的核查把关责任，提高发行上市申请文件信息披露质量	
	对象	主要针对保荐人实施，审核中发现的相关问题涉及为本次发行上市提供服务的会计师事务所等证券服务机构执业质量的，可以对相关证券服务机构一并实施现场督导	
	对象选取	以问题和风险为导向	
	内容	实施问题导向督导的，督导组结合审核中关注的问题，重点核查督导对象的核查方案是否合理、核查程序是否恰当、证据资料是否充分可靠、核查结论是否审慎客观，以及相关业务的内部控制是否有效执行等；必要时，督导组可以对督导对象的补充核查工作进行现场监督。 实施随机抽取督导的，督导组重点关注项目可能存在的风险、疑点及问题，重点核查督导对象对发行人信息披露真实性、准确性以及完整性的尽职调查工作是否勤勉尽责	实施随机抽取现场督导的，督导组重点关注项目可能存在的风险、疑点及问题，核查保荐人对发行人信息披露真实性、准确性以及完整性的尽职调查工作是否勤勉尽责； 实施问题导向现场督导的，督导组主要结合项目审核问询中重点关注的涉嫌财务造假等对发行人是否符合发行条件、上市条件或者信息披露要求产生重大影响的事项，核查保荐人、证券服务机构尽职调查工作是否勤勉尽责
启动督导的主要情形		1. 申请文件中有关发行条件、上市条件、重组条件以及重要信息披露存在重大疑问且未能予以充分说明，影响审核判断的； 2. 对影响审核判断重要事项的核查程序不充分，核查结论存在明显疑问的； 3. 证券交易所审核认为不符合发	1. 发行上市申请文件中有关会计基础工作规范、内控制度健全有效、业务完整、生产经营合法合规、与上市条件相关的财务数据等信息披露内容存在重大疑问且保荐人未能予以充分说明，影响审核判断的； 2. 保荐人对影响审核判断重要

续表

项目		上交所(主板、科创板)	深交所(主板、创业板)
		行条件、上市条件、重组条件或信息披露要求而作出终止审核决定之日起 12 个月内重新申报且相关问题仍然存在的; 4. 保荐人、证券服务机构执业质量评价较低或者内部控制风险较大的; 5. 本所上市审核委员会审议会议后至股票或者存托凭证上市交易前,发生重大事项,对发行人是否符合发行条件、上市条件或者信息披露要求产生重大影响的,本所可以视情形启动现场督导; 6. 以上市公司质量为导向的保荐机构执业质量评价结果,不定期按照不同比例随机抽取已受理项目,对保荐人启动现场督导	事项的核查程序不充分,核查结论存在明显疑问的; 3. 证券交易所审核认为发行人不符合发行条件、上市条件或信息披露要求而作出终止发行上市审核决定之日起 12 个月内,发行人重新申报且相关问题仍然存在的; 4. 保荐人、证券服务机构执业质量评价较低或者内部控制风险较大的; 5. 本所上市审核委员会审议会议后至股票或者存托凭证上市交易前,发生重大事项,对发行人是否符合发行条件、上市条件或者信息披露要求产生重大影响的,本所可以视情形启动现场督导; 6. 以上市公司质量为导向的保荐机构执业质量评价结果,不定期按照不同比例随机抽取已受理项目,对保荐人启动现场督导
督导程序	督导小组	督导组成员人数不少于 2 人,证券交易所可以根据需要,聘请外部专业机构及其人员参与现场督导工作	
	提前通知	原则上在现场督导进场日 3 个工作日前,向督导对象发出现场督导通知书,告知现场督导的时间和事由,要求其准备有关文件和资料;在出现紧急情况或者有证据表明提前通知督导对象可能影响现场督导效果的情况下,证券交易所可以不提前通知,直接进场开展现场督导并出具现场督导通知书	
	督导时长	现场督导原则上在进场后 2 周内完成,但在督导对象无法及时提供相关文件资料或者项目情况复杂等特殊情况下可以适当延长督导期间;现场督导期间不计入发行人回复用时和审核用时	
督导方式及对象人员	督导方式	现场询问;调阅、复制、记录、提取相关工作底稿;核对有关证据材料;访谈有关对象;要求督导对象补充核查;督导组认为必要的其他方式	现场询问;调阅、复制、记录、提取保荐工作底稿、证券服务机构相关工作底稿;核对有关证据材料;访谈有关对象;要求保荐人、证券服务机构补充核查;督导组认为必要的其他方式

续表

<table>
<tr><th colspan="2">项目</th><th>上交所（主板、科创板）</th><th>深交所（主板、创业板）</th></tr>
<tr><td></td><td>接受询问人员</td><td colspan="2">保荐人的保荐业务负责人、内核负责人，保荐业务部门和质控部门负责人，项目保荐代表人，证券服务机构负责人、项目经办人等相关人员应当按要求到场接受询问，并保证陈述内容的真实、准确、完整</td></tr>
<tr><td rowspan="5">督导后的分类处理</td><td>继续推进</td><td colspan="2">发行人及保荐人、证券服务机构对相关问题做出合理解释或者说明，且未发现异常情况的，在发行人和保荐人、证券服务机构对发行上市申请文件进行补充、修改后，证券交易所继续推进审核程序</td></tr>
<tr><td>终止发行上市审核</td><td></td><td>保荐人、证券服务机构或者发行人阻碍或者拒绝交易所依法实施现场督导的，交易所有权依照审核规则有关规定终止发行上市审核</td></tr>
<tr><td>监管工作措施</td><td colspan="2">发现保荐人、证券服务机构存在履职不到位、执业不规范等情形的，证券交易所将采取监管工作函、谈话提醒等监管工作措施，要求其进行整改</td></tr>
<tr><td>监管措施或纪律处分</td><td colspan="2">发现保荐人、证券服务机构未能勤勉尽责，导致发行人信息披露资料不符合真实、准确、完整要求，或者存在其他违规行为的，证券交易所视情节轻重，给予相应监管措施或者实施纪律处分；
保荐人、证券服务机构及其相关人员拒绝、阻碍、逃避本所现场督导，谎报、隐匿、销毁相关证据资料的，视情节轻重，对保荐人、证券服务机构及其相关人员给予一定期限内不接受其提交或者签字的发行上市申请文件、信息披露文件的纪律处分；
保荐人、证券服务机构及其相关人员拒绝、阻碍、逃避现场督导导致督导工作难以正常开展的，证券交易所可以视情况提请问题导向现场检查</td></tr>
<tr><td>报中国证监会查处</td><td colspan="2">发现发行人、保荐人、证券服务机构等涉嫌证券违法行为的，证券交易所将依法报中国证监会查处</td></tr>
<tr><td colspan="2">对督导对象及相关人员的影响</td><td colspan="2">现场督导中发现的保荐人执业质量问题，将纳入保荐人执业质量评价：未督促发行人针对前次申报中存在的问题进行有效整改的（深交所），最近 36 个月内因现场检查或者现场督导发现的违法违规问题被采取行政处罚、行政监管措施或者自律管理措施等且本次现场督导又发现同类问题且性质严重的（深交所、上交所）将按照相关规定从重处理；
因执业质量问题被证券交易所采取监管措施或者纪律处分的，保荐人、证券服务机构应当对项目保荐代表人及相关责任人员进行内部问责，并将问责情况报告证券交易所</td></tr>
</table>

续表

项目	上交所(主板、科创板)	深交所(主板、创业板)
撤回和终止	发行人撤回发行上市申请或者保荐人撤销对现场督导项目保荐的,不影响督导工作的实施,也不影响证券交易所依规对现场督导发现的问题进行处理	
与现场检查衔接	发行上市审核或者现场督导中,发现发行人存在与发行条件、上市条件和信息披露要求相关的重大疑问或异常,且未能提供合理解释、影响审核判断的,将按照中国证监会《首发企业现场检查规定》等规定提请实施现场检查	

现场督导是贯彻现行规则理念开展的监管创新,是发行审核机制的有机组成部分,也是证券交易所开门办审核的新举措。督导工作坚持“不取代”“不提出”“不采用”的工作边界,即“不取代保荐机构开展尽职调查”“不提出超越保荐机构职责范围的核查要求”“不采用保荐机构能力范围之外的核查手段”。

总体上看,现行规则比以往的监管实践更加重视和依靠保荐机构的尽职调查和审慎核查工作。现场督导聚焦保荐业务,督促保荐机构勤勉尽责,切实把尽职调查主体责任和牵头核查把关责任扛起来,通过压实“看门人机制”,更好地把好入口关;同时,现场督导与审核问询形成联动,丰富了审核把关的手段,形成了有效监管威慑,推动提高上市公司质量,维护市场健康发展。

IPO 第 8 问　证券交易所如何开展 IPO 审核问询工作?

一、问题提出

为规范现行规则体系下股票发行上市审核工作,根据《证券法》、《公司法》[1]、《首次公开发行股票注册管理办法》等有关规定,深交所和上交所分别制定了相关发行上市审核规则,IPO 审核问询具体形式值得关注。

---

〔1〕为更好地与新法衔接,保证本书内容的适用性与实用性,若无特别注明,本书中引用的《公司法》相关规定均为 2023 年 12 月 29 日发布,自 2024 年 7 月 1 日起正式施行的《公司法》的内容。

二、审核问询环节具体形式

审核问询，是指通过对拟在主板、科创板、创业板发行上市的发行人进行问询，发行人回答问题的方式开展的审核工作，以判断发行人是否符合发行条件、上市条件和信息披露要求。该环节能发挥相关职能机构和权威专家的作用，从专业角度对发行人进行审核；通过职能机构的询问和发行人及中介机构的答复，推动企业和中介机构更充分地披露信息。审核问询是 IPO 审核的重要环节。

在现行规则体系下，为提高上市公司质量，保护投资者合法权益，深交所和上交所均在相关发行上市审核规则中明确了审核问询相关要求。审核问询是现行制度建设的重要组成，是建立专业、负责的制度化审核机制和保护投资者利益不可或缺的制度保障。上交所、深交所 IPO 审核问询环节的具体形式可见表 11。

表 11　上交所、深交所 IPO 审核问询环节具体形式

项目		内容
目标和内容	目标	督促发行人及保荐人、证券服务机构完善信息披露，真实、准确、完整地披露信息，提高信息披露的针对性、有效性和可读性，提升信息披露质量
	内容	证券交易所对发行上市申请文件的信息披露进行审核时，可以视情况在审核问询中对发行人、保荐人及证券服务机构提出下列要求：解释和说明相关问题及原因；补充核查相关事项并发表意见；补充提供新的证据或材料；修改或更新信息披露内容
问询程序	电子化审核	实行电子化审核，问询、回复等事项通过发行上市审核业务系统办理
	提出问询	对股票首次发行上市申请，证券交易所自受理之日起 20 个工作日内，通过保荐人向发行人提出首轮审核问询
	继续问询	首轮审核问询后，存在下列情形之一的，证券交易所发行上市审核机构在收到发行人回复后 10 个工作日内可以继续提出审核问询： 1. 首轮审核问询后，发现新的需要问询事项； 2. 发行人及其保荐人、证券服务机构的回复未能有针对性地回答证券交易所发行上市审核机构提出的审核问询，或者证券交易所就其回复需要继续审核问询；

续表

项目		内容
		3. 发行人的信息披露仍未满足中国证监会和证券交易所规定的要求； 4. 证券交易所认为需要继续审核问询的其他情形
	审核周期	1. 发行人及其保荐人、证券服务机构回复审核问询的时间总计不超过 3 个月； 2. 自受理发行上市申请文件之日起，证券交易所审核和中国证监会注册的时间总计不超过 3 个月； 3. 中止审核、请示有权机关、落实上市委意见、暂缓审议、处理会后事项、实施现场检查、要求进行专项核查，并要求发行人补充、修改申请文件等情形，不计算在前两款规定的时限内
问询关注点		发行上市审核基于板块定位（主板/创业板/科创板），重点关注并判断下列事项：发行人是否符合中国证监会规定的股票发行条件；发行人是否符合证券交易所规定的股票上市条件；发行人的信息披露是否符合中国证监会和证券交易所要求

现行规则体系紧紧围绕提高信息披露质量的核心，以审核问询促进信息披露，提高发行人信息披露的真实性与透明度，由投资者自主进行价值判断，真正做到了把选择权交给市场，确保审核运行严格规范，流程更加公开、透明。

IPO 第 9 问　如何满足以信息披露为核心的要求？

一、问题提出

现行规则体系下，股票发行上市审核由过去监管部门对发行人资格条件进行实质判断转向以信息披露为中心。现行规则体系下信息披露的原则是全面的信息披露，最大限度地向市场展现发行人的真实情况，将价值判断权交给市场，最终的交易活跃程度、融资的估值水平等全部交由市场自行判断。因此，信息披露为首次公开发行股票审核中的重点部分，是确保投资者能够充分了解发行人基本情况并作出价值判断的重要基础。中国证监会及各证券交易所制定的信息披露规则或细则是信息披露的最低要求：无论上述规则或细则是否有明确规定，凡是投资者作出价值判断和投资决策所必需的信息，发行人及中介机构均应当充分披露。保障信息披露的真实、准确、完整，同时使披露的信息充分、一致、可理解，是监管层、发行人和保荐人等中介机构关注的重中之重。

二、披露思路

（一）充分理解各方主体在信息披露方面的责任

2022 年 1 月，中国证监会印发《关于注册制下提高招股说明书信息披露质量的指导意见》，基于以投资者需求为导向、问题导向、归位尽责、综合施策四大基本原则，对发行人及相关人员、中介机构、监管部门等主体均提出了不同的要求。

首先，充分发挥行政监管、自律监管和市场约束机制作用，引导提高招股说明书信息披露质量。

中国证监会相关部门和证券交易所应当进一步强化审核问询的针对性，引导发行人及中介机构精简文件篇幅，理顺行文逻辑，并通过新闻宣传、推广培训等方式展示示范文本，发挥审核引导作用。同时，相关监管部门应完善招股说明书信息披露规则并建立保荐人执业质量评价体系，将招股说明书信息披露质量作为执业质量评价的重要指标之一，发挥制度保障功能。除此之外，在稳步推进现行制度体系的前提下，进一步提高新股发行市场化程度，使招股说明书信息披露在新股发行定价过程中发挥更大作用。

其次，发行人及其相关人员应当确保招股说明书内容真实、准确、完整，并依法配合中介机构开展工作。

发行人作为信息披露第一责任人，按照信息披露规则编制招股说明书，充分披露投资者作出价值判断和投资决策所必需的信息，确保内容真实、准确、完整，且简明清晰，通俗易懂，不存在虚假记载、误导性陈述或者重大遗漏。

发行人的控股股东，实际控制人，董事、监事和高级管理人员等应配合相关机构开展尽职调查和其他相关工作，不得要求或者协助发行人隐瞒应当提供的资料或者应当披露的信息，在充分阅读招股说明书并无异议后，对招股说明书签署书面确认意见。

最后，中介机构应当归位尽责，按照职责分工认真开展招股说明书撰写与编制工作。

保荐人和证券服务机构是招股说明书撰写与编制的重要组织者和参与者。保荐人及证券服务机构应当按照依法制定的业务规则和行业规范，在充分了解发行人经营情况和风险的基础上，按照职责分工对发行人以招股说明书为核心的注册申请文件进行审慎核查，作出专业判断与认定，对招股说明书及其所出具的相关文件的真实性、准确性、完整性负责。

保荐人和证券服务机构应当进一步提高对招股说明书信息披露质量的重视程度，配备合适人员并加强协作配合，共同开展招股说明书撰写工作。保荐人负责组织协调证券服务机构及其签字人员参与证券发行上市的相关工作；律师可以会同保荐人起草招股说明书，提升招股说明书的规范性。

（二）招股说明书中的信息披露要点

招股说明书中的内容是企业首次公开发行股票信息披露环节的重中之重，中国证监会及相关部门先后针对不同上市板块的招股说明书印发了详尽的信息披露内容要求与格式准则等相关文件。2023 年 2 月，中国证监会发布了《公开发行证券的公司信息披露内容与格式准则第 57 号——招股说明书》，再次明确了招股说明书披露要求，要求以投资者投资需求为导向编制招股说明书，相关格式准则的规定只是对招股说明书信息披露的最低要求。同时，招股说明书应便于投资者阅读，尽量使用图表、图片或者其他较为直观的披露方式，浅显易懂、简明扼要、逻辑清晰，具有可读性和可理解性。

除了规则中明确规定的信息披露要求，下文将从招股说明书的重点内容入手，逐个阐述实务中涉及招股说明书信息披露的注意事项。

1. 板块定位

对于不同的上市板块，中国证监会明确规定：拟在主板上市的发行人应充分披露业务发展过程和模式成熟度，披露经营稳定性和行业地位；拟在科创板上市的发行人应充分披露科研水平、科研人员、科研资金投入等相关信息；拟在创业板上市的发行人应充分披露自身的创新、创造、创意特征，针对性披露科技创新、模式创新或者业态创新情况。

2. 风险因素章节

根据监管规则，发行人应遵循重要性原则，简明易懂且具逻辑性地披露当前及未来可预见的对发行人构成重大不利影响的直接和间接风险。发行人应按方便投资者投资决策原则将风险因素分类为与发行人相关的风险、与行业相关的风险和其他风险。结合实务案例，在该部分的信息披露中应注意以下几点：(1)针对风险的实际情况，使用恰当的标题概括描述其风险，不得使用模糊表述；(2)监管较为关注财务和市场类的风险是否披露充分，不提示重大诉讼或违规类型的风险可能产生保荐责任；(3)结合发行人具体情况，如有业绩下滑风险等务必要披露，风险因素多披露对于发行人和中介机构来说不是有风险而是防风险；(4)针对上市时未盈利的企业，要重点关注"尚未实现盈利或存在累计未弥补亏损的风险"的披露，包括未来一定期间无法盈利或无法进行利润分配的风险披露。

3. 发行人基本情况中董事、监事和高级管理人员披露部分

根据监管规则，发行人应披露董事、监事、高级管理人员及核心技术人员的简要情况，包括但不限于人员基本情况、签订的重要协议、变动情况、对外投资情况、薪酬情况。结合实务案例，在该部分的信息披露中需重点关注以下几点：(1)人员简历需要有底稿支持，特别是学历证书、重要获奖证书、职称证明等；(2)核心人员的任职经历应保持连贯，横跨大学及最新情况，避免大幅空当，并以劳动合同签署单位为主线进行描述，兼职单位可简要描述，最后形成完整创业履历。

4. 业务与技术章节

现行规则体系下，业务与技术章节是投资者判断公司价值的主要依据，属于招股说明书信息披露的重要章节。由于本部分涉及的披露内容较多，以下进行分点阐述：

(1)主营业务、主要产品或服务及演变情况、所处行业及业务竞争状况

按照业务重要性顺序，清晰、准确、客观、完整披露。结合实务案例，在该部分的信息披露中需要额外注意披露经营模式时要有针对性，不要被体例束缚成"流水账"或者千篇一律的注水文章。描述盈利模式时，要基于客观的事实情况，避免过分使用浮夸性、宣传性词汇和标新立异的概念，尽量以平实的语言描述发行人业务实质、产业链关系、产品和服务类型，明确发行人在整个产业链中的位置和作用；在挖掘公司核心竞争力和优势地位时，要言之有物，合理采用专业词汇，尽可能地采用定量分析来比较同行业、同产品的技术、运营和整体性优势，但同时要注意逻辑上和语言上的浅显

易懂。

(2)销售情况和主要客户

结合实务案例，在该部分的信息披露中需要额外注意的是，产能和产量的单位最好选择容易统计且客观的，主要限制业务扩大规模的“瓶颈”指标。一般来说，产能利用率不应低于 50%，可以挖掘生产环节中主要受限制的环节，分析公司的真实产能。

对于主要客户，受同一实际控制人控制下的客户或供应商应合并统计；对于政府部门、事业单位、上市公司的披露，需事先征得对方认可。对于纯代理属性的客户或者供应商，建议披露终端实际用户、供应商及品牌；如涉及外国文字，应补充其通用中文名称。

(3)采购情况和主要供应商

结合实务案例，在该部分的信息披露中需要额外注意，供应商可以按照总采购量也可以按照不同类别分类披露，特别是存在生产和贸易两种不同业务模式下的情况时。

产品采购单价大多数情况下属于商业秘密，可以采用分类合并披露、代号披露等多种方式，既不泄露商业秘密，也可与管理层分析讨论章节的成本、存货数据相呼应。

(4)主要产品或服务的核心技术相关情况

根据监管规则，发行人应披露主要产品或服务的核心技术及技术来源，相关技术所处阶段(如处于基础研究、试生产、小批量生产或大批量生产阶段)；披露核心技术是否取得专利或其他技术保护措施。特别是对申报科创板的发行人，核心技术部分的披露和总结是申报科创板发行人招股说明书披露的重中之重，是核心竞争力的论述基础。

结合实务案例，在该部分的信息披露中需要额外注意结合公司创业发展经历合理分析引进消化和自主创新两大类核心技术，明确自有技术、自主知识产权技术、自主创新技术的边界。研发投入部分的披露要注重逻辑、策略、效果、进展、先进性等方面，而不是堆砌研发投入金额，研发人员、核心人员简历，专利数量。

对于科创板项目，需要重点参考科创板企业上市推荐指引的精神撰写业务部分，需要准确描述科创定位及科创属性相关的业务内容，突出技术先进性，用扎实的证据支撑“第一”“首个”“国际领先”等字眼。

5. 财务会计信息与管理层分析章节

根据监管规则,发行人应使用投资者可理解的语言,采用定量与定性相结合的方法,清晰披露所有重大财务会计信息,并结合自身业务特点和投资者决策需要,分析重要财务会计信息的构成、来源与变化等情况,保证财务会计信息与业务经营信息的逻辑一致性。同时,发行人应披露与财务会计信息相关的重大事项及重要性水平的判断标准。

结合实务案例,在该部分的信息披露中需要格外注意的是,管理层分析不同于财务报告附注中对于数据变化的机械分析,应站在公司战略的角度,并结合业务与技术章节中披露的内容为投资者披露重要的业务经营信息,在具体分析时应选择使用逐年比较、差异因素量化计算、同行业对比等易于理解的分析方式。

应合理选择可比公司、行业参数,体现财务数据与行业、业务情况的一致性。同时需注重整体数据的勾稽关系,更要解构数据变化的合理性,通过多个维度的深入挖掘,才有可能客观分析对发行人有利及不利的因素,并重点关注毛利率、销售费用率、应收账款周转率等核心财务指标。

6. 募集资金运用与未来发展规划章节

根据监管规则,发行人应披露募集资金的投向和使用管理制度,披露募集资金对发行人主营业务发展的贡献、未来经营战略的影响。发行人应结合公司主营业务、生产经营规模、财务状况、技术条件、管理能力、发展目标等情况,披露募集资金投资项目的确定依据,披露相关项目实施后是否新增构成重大不利影响的同业竞争、是否对发行人的独立性产生不利影响。

结合实务案例,在该部分的信息披露中需要格外注意的是,披露的募集资金金额与备案等文件数据保持一致,未来发展规划需要与发行路演材料保持一致。对于非传统制造业的募投项目,要在前期设计募投项目时做好充分的研究与论证,充分考虑项目的可行性。对于募集资金投向和管理制度,科创板要求披露募集资金重点投向科技创新领域的具体安排,创业板要求披露募集资金对发行人主营业务发展的贡献、对发行人未来经营战略的影响、对发行人业务创新创造创意性的支持作用。

7. 公司治理与独立性章节

根据监管规则,发行人应披露报告期内公司治理存在的缺陷及改进情况,内部控制相关情况,报告期内存在的违法违规行为及受到处罚、监督管理措施、纪律处分或自律监管措施的情况和对发行人的影响,公司直接面向市场独立持续经营的能力,关联交易情况等。

结合实务案例,对于违法违规情况的披露,在该部分的信息披露中需要注意违规事实不能更改,但要简明扼要地说清事件缘由,论述属于偶发性、非主观故意或大的监管环境所引起的违规事实不具有持续性、危害性和主观恶意。

对于独立性相关的披露,如可能涉及同业竞争,需要深入挖掘控股股东从事相竞争业务的原因和后续安排,并积极与监管部门展开沟通。

对于关联交易情况的披露,在论证公允性时需要外部证据和数据支持并不吝笔墨充分论证;在论述关联交易的未来发展趋势时,要从关联交易产生的内在逻辑出发,合理推断其未来情况。同时,关联交易的董事、监事和高级管理人员的薪酬部分需要与业务部分匹配,保持一致性。

三、企业 IPO 流程及关键节点

IPO 第 10 问　企业 IPO 流程的主要环节有哪些?

一、问题提出

现行规则体系下,企业首发上市仍需要历经改制(针对有限责任公司)、辅导及验收、提交申报材料、预先披露及发行审核问询阶段等发行上市流程,但基于主板审核机构的变更,也存在相应变化。以下将对 IPO 上市主要流程进行说明。

二、企业发行上市主要流程概览

(一)上市总体流程

1. 改制与设立股份公司

企业拟定改制方案,聘请券商、律师事务所、会计师事务所、资产评估机构对方案进行可行性论证;对拟改制的资产进行审计、评估、法律尽职调查,签署发起人协议,起草公司章程等文件;此外,设置公司内部组织机构,设立股份有限公司。

就本次发行股票并上市事宜,召开发行人董事会会议、股东大会会议。发行人董事会须针对本次发行股票作出决议,决议的主要内容为与本次发行事项有关的具体安排、资金募集用途以及其他须明确的事项。会议决议作出后须提请股东大会审议批准。股东大会对董事会提交的相关议案经审议后作出决议,包括本次发行股票的种类及数量、发行对象、发行方式及承销方式、发行价格、募集资金用途、授权发行人董事会办理首次公开发行事宜等。

2. 尽职调查及完善公司治理

保荐机构、律师事务所、会计师事务所及其他相关机构对公司进行尽职调查、问题诊断、专业培训以及业务指导；企业须根据中介机构的建议完善内部管理，并对企业行为进行规范。

3. 辅导验收

现行规则体系下，主板上市辅导程序和内容与科创板、创业板基本保持一致。保荐机构在推荐发行人首次公开发行股票并上市前，应当对发行人进行辅导，对发行人的董事、监事和高级管理人员，持股 5% 以上股东，实际控制人（或其法定代表人）进行系统的法规知识、证券市场知识培训，使其全面掌握发行上市等方面的法律法规和规则。辅导工作完成后，由发行人所在地的证监局申报验收，完成验收备案工作。发行人所在地在境外的，应当由发行人境内主营业地或境内证券事务机构所在地的中国证监会派出机构进行辅导验收。

4. 文件制作及申报受理

企业以及所聘请的中介机构按照中国证监会有关规定进行申请文件制作；保荐机构需要进行对内核查并将申请文件提交证券交易所；证券交易所在 5 个工作日内受理符合申报条件的申请文件。

保荐机构通过证券交易所发行上市审核业务系统报送下列文件：

（1）招股说明书与发行公告；

（2）发行人关于本次发行的申请及授权文件，包括发行人董事会、股东会决议等；

（3）保荐人关于本次发行的文件，如发行保荐书、发行保荐工作报告；

（4）会计师关于本次发行的文件，包括财务报表及审计报告、盈利预测报告及审核报告、内部控制鉴证报告等；

（5）发行人律师出具的法律意见书及律师工作报告；

（6）发行人的设立文件，包括企业法人营业执照、发行人协议、主要股东营业执照或身份证明文件、发行人公司章程（草案）；

（7）关于本次发行募集资金运用的文件；

（8）与财务会计资料相关的其他文件；

（9）其他中国证监会或证券交易所要求的文件。

申请首次公开发行股票并在证券交易所上市的企业申报后可能面临证

监会注册部门现场检查。根据《首发企业现场检查规定(2024)》的规定,中国证监会注册部门将汇总所有未经上市委审议或未参与过随机抽取的首发企业名单,原则上每三个月组织一次抽取。检查对象确定后,检查对象撤回发行申请的,不影响检查工作的实施,也不影响中国证监会和证券交易所依法依规对检查发现的问题进行处理。

针对随机抽取检查对象,检查组将审阅申报材料和保荐人、证券服务机构工作底稿并通过查阅原始记录、业务凭证或公开资料,走访客户、供应商或经销商,调取工商登记、银行流水等方式,对可能存在的风险、疑点及问题进行梳理排查,并按重要性原则予以查证。

检查组的检查方式主要包括:查看检查对象生产、经营、管理场所及其他相关场所;获取检查对象工商资料、会计凭证、会计账簿、财务报表及生产、销售、仓储记录等;对检查对象主要业务循环和关键信息系统进行穿行测试;询问检查对象控股股东、实际控制人、董事、监事、高级管理人员及相关采购、生产、仓储、销售、财务人员等;走访检查对象重要客户及供应商;获取相关方资金流水;核查保荐人、证券服务机构工作底稿,询问相关人员;其他检查组认为必要的其他方式。

针对现场检查中发现的问题,检查对象处于交易所审核阶段的,整改规范原则上在上市委会议召开前完成;检查对象处于证监会注册阶段的,整改规范原则上在注册审议会召开前完成。

5. 预先披露及发行审核阶段

证券交易所审核机构对符合要求的发行申请文件进行预披露及审核,受理后向保荐机构发出审核问询意见,保荐机构组织发行人及中介机构对审核意见进行核实与回复。

6. 路演询价定价

发行人及其主承销商应当在刊登首次公开发行股票招股意向书和发行公告后向询价对象进行推介和询价,并通过互联网向公众投资者进行推介、询价、定价,或者发行人采取直接定价的方式确定发行价格。

7. 发行上市

经中国证监会同意注册并完成首发后,发行人首次公开发行股票经中国证监会同意注册并完成股份公开发行后,向沪、深证券交易所提出股票上市申请的,应当提交下列文件:

(1)上市申请书;

(2)中国证监会同意注册的决定;

(3)首次公开发行结束后发行人全部股票已经中国结算公司登记的证明文件;

(4)首次公开发行结束后,会计师事务所出具的验资报告;

(5)发行人、控股股东、实际控制人、董事、监事和高级管理人员等根据沪深证券交易所相关规定要求出具的证明、声明及承诺;

(6)首次公开发行后至上市前,按规定新增的财务资料和有关重大事项的说明(如适用);

(7)证券交易所要求的其他文件。

8. **持续督导**

券商对上市企业进行持续督导工作(主板 2 年,科创板、创业板 3 年)。

企业上市流程如图 1 所示。

图 1 企业上市流程

（二）审核程序

1. 受理

保荐机构对企业的上市辅导工作完成后，依据相关规定向证券交易所发行上市审核业务系统提交募集说明书、发行保荐书及相关文件、上市保荐书、法律意见书、审计报告及相关中介机构出具的文件。证券交易所在收到申请材料后将对申请文件进行核对，并于 5 个工作日内作出是否受理决定。如发行人需补正申请文件的，证券交易所审核机构将发出补正通知，补正时限一般不超过 30 个工作日。

2. 审核

证券交易所审核机构自受理之日起 20 个工作日内发出审核问询，审核问询可多轮进行。首轮问询发出后，对问询问题存在疑问的，可通过系统"项目沟通"/"咨询与沟通"进行咨询。保荐人提交首轮问询回复后，如审核机构认为需要继续审核的，将在 10 个工作日内再次发送审核问询函。审核机构认为不需要进一步问询的，将出具审核报告提交上市委审议。

证券交易所审核和中国证监会注册的时间总计不超过 3 个月，发行人及其保荐人、证券服务机构回复证券交易所审核问询，以及中止审核、请示有权机关、落实上市委意见、暂缓审议、处理会后事项、实施现场检查、要求进行专项核查，并要求发行人补充、修改申请文件等情形的时间不计算在内。

3. 上市委会议

上市委召开会议，对证券交易所审核机构出具的审核报告及发行人上市申请文件进行审议并提出审议意见。上市委可要求对发行人代表及其保荐人进行现场问询。上市委通过合议形成发行人是否符合发行条件、上市条件和信息披露要求的审核意见。

4. 报送中国证监会审核意见并提交注册

证券交易所结合上市委审议意见出具发行人是否符合发行条件、上市条件和信息披露要求的审核意见。审核通过的，将审核意见、相关审核资料和发行人的发行上市申请文件报送中国证监会履行注册程序。中国证监会认为存在需要进一步说明或者落实事项的，可以要求证券交易所进一步问询。

5. 中国证监会注册

对于证券交易所审核阶段的项目，中国证监会发行监管部将召开注册准备会，研究项目的"两符合""四重大"情况及证券交易所其他请示事项。注册准备会结束后，发行监管部应当在 2 个工作日内，将注册准备会会议结论书面通知交易所审核中心。注册准备会认为项目不满足“两符合”要求的,发行监管部应履行报批程序。对于证券交易所提请中国证监会注册的项目,发行监管部召开注册审议会,基于证券交易所审核意见,依法履行发行注册程序。根据项目情况,注册审议会可以作出建议予以注册、不予注册、要求证券交易所进一步落实、退回证券交易所补充审核等意见。证券交易所出具发行人符合发行条件、上市条件和信息披露要求的审核意见,未报告新增事项或者新增事项已落实,且中国证监会未发现新增事项或者新增事项已落实的,注册审议会可以建议予以注册。

中国证监会在 20 个工作日内对发行人的注册申请作出同意或者不予注册的决定。

6. 发行上市

中国证监会同意注册的决定自作出之日起 1 年内有效,发行人应当按照规定在注册决定有效期内发行股票,发行时点由发行人自主选择。

证券交易所和中国证监会的审核流程如图 2 所示。

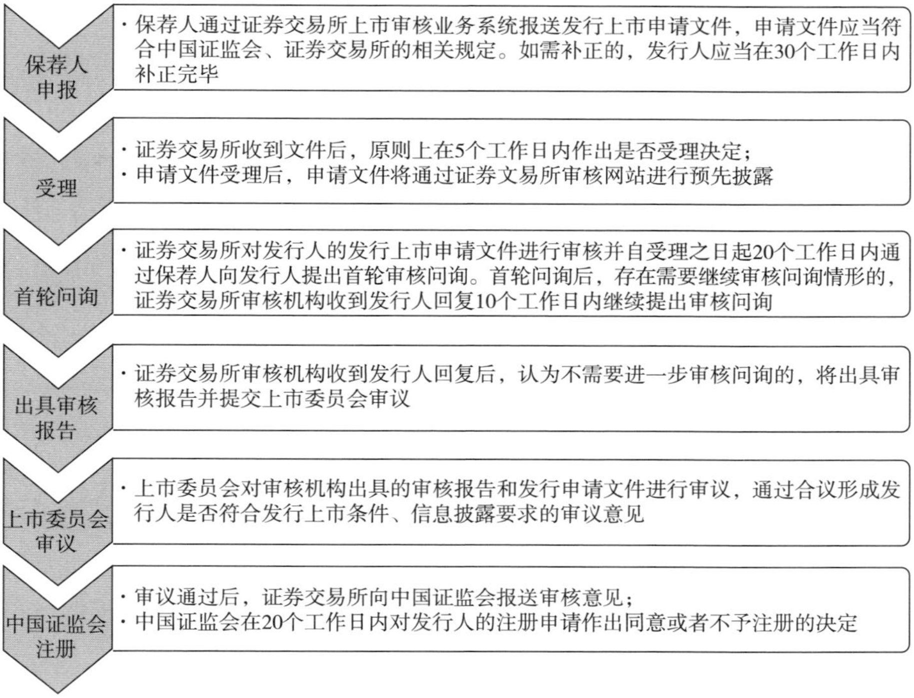

图 2　证券交易所和中国证监会的审核流程

IPO 第 11 问　企业如何进行股份制改组？

一、问题提出

设立股份公司是 A 股 IPO 的必经程序。依据《首次公开发行股票注册管理办法》第 10 条的规定，发行人是依法设立且持续经营 3 年以上的股份有限公司。因此，股份有限公司系上市公司的法定主体，股份制改组亦是企业走向上市的必由之路。

二、股份制改组的条件及程序

（一）股份公司设立条件

根据《证券法》第 11 条的规定，设立股份有限公司公开发行股票，应当符合《公司法》[1]规定的条件（见表 12）和经国务院批准的国务院证券监督管理机构规定的其他条件。

表 12　《公司法》关于设立股份公司的规定

法律依据	法条内容
第 91 条	设立股份有限公司，可以采取发起设立或者募集设立的方式。发起设立，是指由发起人认购设立公司时应发行的全部股份而设立公司。募集设立，是指由发起人认购设立公司时应发行股份的一部分，其余股份向特定对象募集或者向社会公开募集而设立公司
第 92 条	设立股份有限公司，应当有一人以上二百人以下为发起人，其中应当有半数以上的发起人在中华人民共和国境内有住所
第 93 条	股份有限公司发起人承担公司筹办事务。发起人应当签订发起人协议，明确各自在公司设立过程中的权利和义务
第 94 条	设立股份有限公司，应当由发起人共同制订公司章程
第 96 条	股份有限公司的注册资本为在公司登记机关登记的已发行股份的股本总额。在发起人认购的股份缴足前，不得向他人募集股份。法律、行政法规以及国务院决定对股份有限公司注册资本最低限额另有规定的，从其规定

〔1〕 为更好地与新法衔接，保证本书内容的适用性与实用性，若无特别注明，本书中引用的《公司法》相关规定均为 2023 年 12 月 29 日发布，自 2024 年 7 月 1 日起正式施行的《公司法》的内容。

续表

法律依据	法条内容
第 97 条	以发起设立方式设立股份有限公司的,发起人应当认足公司章程规定的公司设立时应发行的股份。以募集设立方式设立股份有限公司的,发起人认购的股份不得少于公司章程规定的公司设立时应发行股份总数的百分之三十五;但是,法律、行政法规另有规定的,从其规定
第 98 条	发起人应当在公司成立前按照其认购的股份全额缴纳股款。发起人的出资,适用本法第四十八条、第四十九条第二款关于有限责任公司股东出资的规定
第 108 条	有限责任公司变更为股份有限公司时,折合的实收股本总额不得高于公司净资产额。有限责任公司变更为股份有限公司,为增加注册资本公开发行股份时,应当依法办理

如改制目标是拟公开发行股票上市的,则还必须符合《上市公司治理准则》等有关上市公司的特殊要求,以及《证券法》、证券交易所上市规则等关于公开发行股票并上市的诸多法律规定。

(二)股份公司的设立程序

1. 股份公司的设立方式

根据《公司法》第 91 条的规定,设立股份有限公司,可以采取发起设立或者募集设立的方式。发起设立,是指由发起人认购设立公司时应发行的全部股份而设立公司。募集设立,是指由发起人认购设立公司时应发行股份的一部分,其余股份向特定对象募集或者向社会公开募集而设立公司。

根据《公司法》的相关规定,发起人向社会公开募集股份,必须公告招股说明书,并制作认股书,同时应当由依法设立的证券公司承销,签订承销协议。在实践中,由于募集设立股份有限公司需要符合《公司法》和中国证监会的相关规定,并需要经历向中国证监会报送申请材料等一系列流程,发起人选择发起设立股份有限公司更为合适。

同时,《公司法》规定有限责任公司可以变更为股份有限公司。根据《公司法》第 108 条的规定,有限责任公司变更为股份有限公司时,折合的实收股本总额不得高于公司净资产额。由此可见,有限责任公司依法变更为股份有限公司,是设立股份有限公司的另一种形式。

此外,《首次公开发行股票注册管理办法》对 A 股 IPO 发行条件的规定为“发行人是依法设立且持续经营三年以上的股份有限公司”,有限责任公司按原账面净资产折股整体变更为股份公司的,持续经营时间可以从有限责任公司成立之日起计算。如有限责任公司以经评估的净资产折股设立股份公司,视同新设股份公司,业绩不可连续计算。由此可见,选择由有限责任公司整体变更为股份有限公司,较发起新设股份有限公司可以避免从头计算 3 年运行期,因此,目前 A 股 IPO 企业绝大多数以整体变更的方式设立股份有限公司。

2. 整体变更设立股份有限公司

《公司法》和《市场主体登记管理条例》等法律法规对设立股份有限公司的程序进行了规定,结合实践,从大的方面划分,一般需要经历如下几个阶段。

(1)选聘中介机构,拟订总体改制计划和方案。首先由公司聘请证券公司(未来 IPO 的保荐机构)作为股改的财务顾问,根据企业实际情况,依据有关法律法规及政策拟订股改的总体方案;除需要聘请证券公司作为财务顾问之外,还需要聘请富有经验的律师事务所担任法律顾问、有相应资质的会计师事务所、资产评估机构对改制主体进行审计、资产评估等必要的工作。

(2)公司召开董事会(规模较小或者股东人数较少的公司,不设董事会,设一名董事,行使董事会的职权),决议进行股份制改组,确定股改的基准日。

(3)开展股改具体工作:到市场监管部门办理拟成立股份有限公司的名称预核准手续;审计机构完成会计核算、审计,评估机构完成资产评估工作,并分别出具正式审计报告和资产评估报告;如果本次变更涉及国有资产管理、国有股权管理等问题的,则需要按照国有资产管理的法律法规完成必要的流程,如取得有关主管部门的批准、备案文件等。

(4)公司召开同意整体变更设立股份有限公司的会议,审议股改的初步方案,并发出召开成立大会通知。

(5)起草《发起人协议》《股份公司章程》《股东大会议事规则》《董事会议事规则》《监事会议事规则》等规章制度,并准备召开成立大会的各项文件等。

(6)发起人签署《发起人协议》,确定各发起人的股权比例;召开职工代表大会选举职工监事;会计师事务所进行验资并出具改制的《验资报告》。

(7)召开成立大会暨第一次股东会,审议发起人关于公司筹办情况的报告,通知公司章程,选举董事会、监事会成员,并审议通过各项制度;董事会召开第一届董事会,选举董事长,聘任经理、财务负责人、董秘等高级管理人员,审议公司各项内控制度;监事会召开第一届监事会,选举监事会主席(规模较小或者股东人数较少的股份有限公司,可以不设董事会,设一名董事,行使董事会的职权;亦可以不设监事会,仅设一名监事,行使监事会的职权)。

(8)董事会委派人员到市场监管机关办理工商变更登记,换发股份有限公司《企业法人营业执照》;制作股份有限公司公章,变更相关证照、账户名称,办理相关资料和资质变更手续。

(9)后续事项:办理债权债务转移;办理劳资转移手续;变更生产经营合同等。

(三)改制合规操作指引

1. 净资产折股的基本原则

根据《公司法》第 108 条的规定,有限责任公司变更为股份有限公司时,折合的实收股本总额不得高于公司净资产额。在实践中,通行的做法是将有限责任公司股改基准日的经审计的净资产按一定比例折为股本投入股份有限公司,其余作为股份有限公司资本公积。净资产折股有以下几个原则:

(1)有限责任公司按原账面净资产折股整体变更为股份有限公司的,持续经营时间可以从有限责任公司成立之日起计算;如以经评估的净资产折股设立股份有限公司,视同新设股份有限公司,业绩不可连续计算。

(2)净资产折股后的股份有限公司的股本总额不能高于净资产额,在实践中,一般按照 1 元以上的净资产折 1 股的方式进行折股,折股后净资产剩余部分计入资本公积。

(3)净资产折股虽不限制比例,但应注意满足上市板块的最低股本总额要求,例如,如果选择科创板上市,应遵循《上海证券交易所科创板股票上市规则》,发行人申请在科创板上市,发行后股本总额不低于 3000 万元。

2. 净资产折股能否弥补亏损

有限责任公司按原账面净资产值折股整体变更为股份有限公司时存在未弥补亏损的,应当注意:

(1)根据《公司法》第 214 条的规定,公积金弥补公司亏损,应当先使用任意公积金和法定公积金;仍不能弥补的,可以按照规定使用资本公积金。由此可见,公司的公积金可以用于弥补公司的亏损,但要注意公积金弥补亏损的顺序规则。以往实操中,对公司股改过程中能否使用资本公积弥补亏损存在争议,很有可能,市场监管机关并无异议,能够顺利完成股改,但未来可能会发生被证券监管部门重点关注的情况。

(2)根据《监管规则适用指引——法律类第 2 号:律师事务所从事首次公开发行股票并上市法律业务执业细则》的规定,对发行人由有限责任公司整体变更设立股份有限公司的,律师应当查验整体变更是否符合法律法规的规定,具体查验内容包括:整体变更事项是否履行内部决策程序;整体变更的折股方案是否合法合规,是否履行了审计、评估程序,审计报告、评估报告是否由具备审计、评估资质的会计师事务所、资产评估机构出具;自然人股东在整体变更过程中是否需要缴纳所得税,以及是否存在税收违法的情形;发行人整体变更设立时是否存在未弥补亏损事项,是否存在侵害债权人合法权益的情形,是否与债权人存在纠纷;发行人整体变更是否完成相关公司登记程序;发行人整体变更的过程是否存在法律瑕疵。如存在瑕疵,发行人或者相关股东是否已经采取补救措施,瑕疵事项的影响以及发行人或者相关股东是否因该瑕疵受到行政处罚,是否构成重大违法行为及本次发行的法律障碍,是否仍存在纠纷或者潜在纠纷。

综上所述,在今后实操过程中,若公司在股改前存在未分配利润为负的情况,允许适用公积金弥补亏损;也可以通过正常运营,将亏损弥补完毕或者先办理减资弥补亏损后,再进行股改。但是笔者建议,拟 IPO 企业如需使用资本公积和减资弥补亏损的,应注意严格遵守相关的适用前提条件和顺序,并依法履行必要的法定程序,避免损害债权人利益。

3. 股改时自然人缴纳个人所得税问题

国家税务总局《关于进一步加强高收入者个人所得税征收管理的通知》(国税发〔2010〕54 号)规定,“加强企业转增注册资本和股本管理,对以未分配利润、盈余公积和除股票溢价发行外的其他资本公积转增注册资本和股本的，要按照‘利息、股息、红利所得’项目，依据现行政策规定计征个人所得税”。

财政部、国家税务总局《关于个人非货币性资产投资有关个人所得税政策的通知》（财税〔2015〕41 号）规定，“一、个人以非货币性资产投资，属于个人转让非货币性资产和投资同时发生。对个人转让非货币性资产的所得，应按照‘财产转让所得’项目，依法计算缴纳个人所得税。……五、本通知所称非货币性资产，是指现金、银行存款等货币性资产以外的资产，包括股权、不动产、技术发明成果以及其他形式的非货币性资产。本通知所称非货币性资产投资，包括以非货币性资产出资设立新的企业，以及以非货币性资产出资参与企业增资扩股、定向增发股票、股权置换、重组改制等投资行为”。

财政部、国家税务总局《关于将国家自主创新示范区有关税收试点政策推广到全国范围实施的通知》（财税〔2015〕116 号，以下简称财税〔2015〕116 号文）规定，“自 2016 年 1 月 1 日起，全国范围内的中小高新技术企业以未分配利润、盈余公积、资本公积向个人股东转增股本时，个人股东一次缴纳个人所得税确有困难的，可根据实际情况自行制定分期缴税计划，在不超过 5 个公历年度内（含）分期缴纳，并将有关资料报主管税务机关备案”。

《关于股权奖励和转增股本个人所得税征管问题的公告》（国家税务总局公告 2015 年第 80 号，2016 年 1 月 1 日起施行）的相关规定，“非上市及未在全国中小企业股份转让系统挂牌的中小高新技术企业以未分配利润、盈余公积、资本公积向个人股东转增股本，并符合财税〔2015〕116 号文件有关规定的，纳税人可分期缴纳个人所得税；非上市及未在全国中小企业股份转让系统挂牌的其他企业转增股本，应及时代扣代缴个人所得税”。

从上述规定可以看出，盈余公积、未分配利润转增股本明确需要缴纳个人所得税，企业可以向税务局沟通申请分期缴纳。其中，高新技术企业可以按照财税〔2015〕116 号文的相关规定在不超过 5 个公历年度内分期缴纳。但公司股改 5 年后再出具的缓缴证明无效，必须按照规定全额缴纳个人所得税。

IPO 第 12 问 企业股份制改组前如何调整股权结构?

一、问题提出

调整、完善股权结构以符合 IPO 要求及企业、股东需要，是拟 IPO 企业股份制改组的前提条件。以下将对企业改制的股权架构方案设计的法律意见以及注意事项进行简要分析。

二、股权架构方案设计注意事项及要点

(一)股权架构方案设计注意事项

1. 保证实际控制人的稳定性

实际控制人可以采取两种方式相结合的持股方式，即自然人直接持股和控股平台间接持股。自然人直接持股架构比较清晰，较控股平台持股税费要低；而控股平台持股有助于集中股权、提高对上市主体的控制力，调整控股公司股权比较方便，便于对拟上市公司股权进行管理。

2. 重视核心员工(管理层)的质量和稳定性

管理层的核心诉求是分红权和股权溢价，在早期做股权架构设计的时候需要把这部分股权预留出来，等公司处于快速发展阶段时，期权就能真正意义地派上用场。无论是中国证监会还是投资机构，都非常看重拟上市公司高级管理人员团队的质量和稳定性。公司管理层持股也是通常所说的高级管理人员持股平台或者员工持股平台，通常用合伙企业的方式进行管理，一般建议初次预留 10% ~25% 。

3. 找到引入投资者与保持控制权需求的平衡点

引入投资者，不仅是为了缓解上市前的资金压力，更为重要的是综合提升公司的资本运作能力。同时，引入投资者与保持控制权需求需要找到平衡点：

(1)多轮融资的合理安排。公司从创立之初至天使轮、A 轮、B 轮直至上市前的 Pre - IPO 的融资均会稀释老股东的股权比例，为保持创始股东的控股权、对公司的控制，并保证公司实际控制人地位的持续稳定性，需要提前设计好股权结构，并做好投资的定价和融资的预估。

(2)投资人入股定价的合理性。对于投资方入股价格的合理性解释也

是公司进入资本市场成为公众公司需要关注的一个重要方面。

（二）股权架构设计的要点

1. 简单明晰

股权结构要清晰、稳定，一般不建议有过于复杂的持股关系。尽量避免出资数额及比例与公开登记不一致、委托代持股、隐名持股以及股权因继承、离婚原因而分割、质押、司法冻结及偿债等引发股权变动风险。尤其在有限责任公司中，因其"人合性"特征显著，如打破或者影响公司"人合性"，很可能导致公司发展陷入困局。如公司股权存在代持的情况，在实际出资人与其他股东缺乏信任时，矛盾就会凸显，从而损害公司的稳定与发展。

2. 有核心股东

在股权结构设计时，股东里一定要有核心股东，一方面，核心股东能够正确引导公司的经营决策；另一方面，有助于形成有效的股东会决议，避免出现公司僵局。因此在股权设计时，各公司需要结合自身实际情况把握股权的"生命线"，即股权设置时的比例。

3. 提前布局用于股权激励的持股平台

设立员工持股平台，可以满足股权激励对象人数较多的要求，并且新增或减少激励对象员工不需要在运营实体公司层面办理工商变更登记手续，大大提高了操作效率。同时，可保持运营实体公司的股权结构稳定性，便于企业未来上市。

IPO 第 13 问 尽职调查的主要流程有哪些？

一、问题提出

尽职调查是企业迈向 IPO 的第一步，尤其是在现行规则体系下，监管形势日益趋严，尽职调查工作更是企业成功 IPO 的重要环节。

为落实《证券法》《证券发行上市保荐业务管理办法》等相关规定，贯彻《关于注册制下督促证券公司从事投行业务归位尽责的指导意见》《关于注册制下提高招股说明书信息披露质量的指导意见》的精神和原则，进一步规范保荐人尽职调查工作，提高保荐人尽职调查工作质量，中国证监会对《保荐人尽职调查工作准则》(证监发行字〔2006〕15 号)进行修订，于 2022 年 5 月 27 日发布中国证券监督管理委员会〔2022〕36 号公告，开始施行新《保荐人尽职调查工作准则》。根据新《保荐人尽职调查工作准则》相关规定，尽职调查是指参与尽职调查工作的相关人员能够恪守独立、客观、公正、审慎的原则，通过执行合理、必要的尽职调查程序，以合理确信发行人符合《证券法》等法律法规的相关规定，符合中国证监会及证券交易所规定的发行条件、上市条件和信息披露要求，以及合理确信公开披露文件已结合发行人实际情况进行有针对性的风险提示，充分披露了投资者作出价值判断和投资决策所必需的信息，信息披露真实、准确、完整。通俗来讲，是指按照相关规定，工作人员勤勉、尽责地对拟申请 IPO 的企业进行现场调查、资料核对、研究分析、解决问题等一系列活动。

通过尽职调查，全面且充分地了解企业面临的风险和问题，有效避免企业粉饰业绩，提供虚假信息等行为，能够帮助企业更清晰地认识自身优势与不足，提升企业财务信息工作质量，解决企业合法合规问题，从而实现企业 IPO 之路。以下将对尽职调查主要流程进行介绍。

二、尽职调查的主要流程

尽职调查的操作流程一般包括制订调查计划、调查及收集资料、起草尽职调查报告与风险控制报告、出具解决方案等阶段(见图 3)。调查与收集资料为尽职调查流程中最为重要的一环，尽职调查团队通过各渠道收集资料，并验证其可信程度，形成尽职调查报告与风险控制报告，最终根据报告内容制定出解决方案。

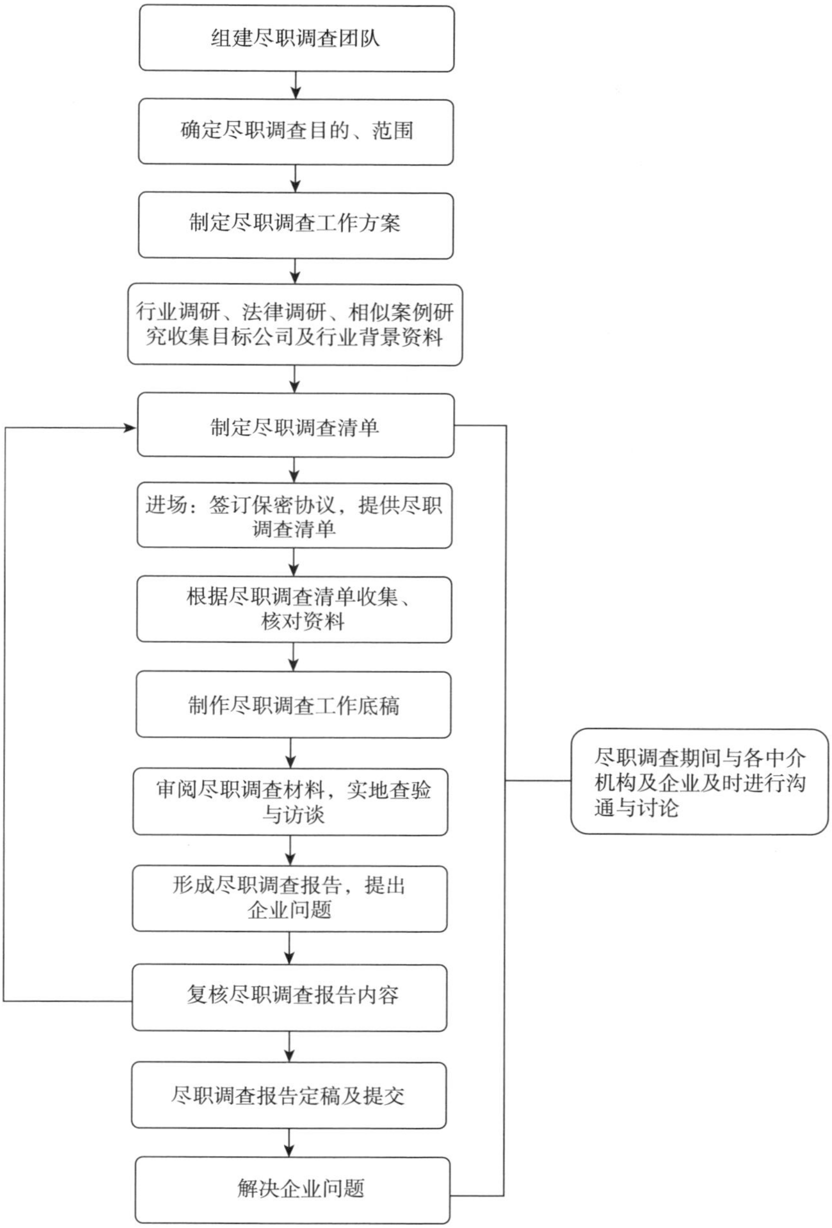

图 3　尽职调查的主要流程

IPO第14问 尽职调查关注什么?

一、问题提出

IPO尽职调查的主要分类有:法律尽职调查、财务尽职调查与企业经营、业务尽职调查。尽职调查工作需要根据不同企业的具体情况,并结合调查人员的调查侧重点及调查目的进行。参与IPO尽职调查的主要中介机构包括:保荐人、律师事务所、会计师事务所等。其中,相对主要的是保荐人对企业经营、业务层面的尽职调查,会计师事务所对企业财务状况的尽职调查,以及律师事务所在企业合法合规方面的尽职调查。

IPO尽职调查的内容涉及企业的诸多方面,主要包括企业的基本情况、业务技术、同业竞争与关联交易、高级管理人员、组织结构与内部控制、财务与会计、业务发展目标、募集资金运用等。其中,最重要的是弄明白企业是否具有持续经营能力、是否具有独立的法人地位、历史经营过程中是否全部合法合规等。以下将对保荐人、会计师事务所、律师事务所尽职调查关注事项进行简要分析。

二、尽职调查主要关注点

(一)发行人基本情况调查

发行人基本情况调查包括:设立、改制与历史沿革情况、发起人和股东的出资情况、重大股权变动情况、重大重组情况、主要股东情况、发行人独立情况等。

1. 设立、改制与历史沿革情况

取得公司设立时的政府批准文件、营业执照、公司章程、合资协议、评估报告、审计报告、验资报告、出资流水、工商登记文件等资料,核查其设立程序、工商注册登记的合法性、真实性;查阅公司历年营业执照、公司章程、工商登记等资料,了解其历史沿革情况。核查是否存在国资改制、集体企业改制、"红筹回归"、员工持股会等疑难问题;了解公司名义股东与实际股东是否一致。

2. 发起人和股东的出资情况

关注自然人股东在公司的任职情况,以及其亲属在公司的投资、任职情况;查阅股东出资时的验资资料、出资流水,调查股东的出资是否及时到位、出资方式是否合法,是否存在出资不实、虚假出资、抽逃资金等情况;核查股东是否合法拥有出资资产的产权,资产权属是否存在纠纷或潜在纠纷,及其出资资产的产权过户情况。对以实物、知识产权、土地使用权等非现金资产出资的,应查阅资产评估报告;对以高新技术成果出资入股的,应查阅相关管理部门出具的高新技术成果认定书。

3. 重大股权变动情况

查阅与公司重大股权变动相关的股东会、董事会、监事会(以下简称"三会")有关文件以及政府批准文件、评估报告、审计报告、验资报告、股权转让协议、工商变更登记文件等,核查公司历次增资、减资、股东变动的合法、合规性。核查公司股本总额、股东结构和实际控制人是否发生重大变动。核查历次股权变动的背景、原因,是否存在欺诈、代持等潜在纠纷事项。

4. 重大重组情况

了解公司设立后发生过的合并、分立、收购或出售资产、资产置换、重大增资或减资、债务重组等重大重组事项。取得重大重组事项"三会"决议、重组协议文件、政府批准文件、审计报告、评估报告、中介机构专业意见、债权人同意债务转移的相关文件、重组相关的对价支付凭证和资产过户文件等资料。分析重组行为对公司业务、控制权、高级管理人员、财务状况和经营业绩等方面的影响,判断重组行为是否导致公司主营业务和经营性资产发生实质变更。核查历次重大重组的背景、原因,定价是否合理,是否存在关联方非关联化的情况。

5. 主要股东情况

了解股东直接持股和间接持股的情况。核查主要股东的主营业务、股权结构、生产经营等情况;主要股东之间关联关系或一致行动情况及相关协议;主要股东所持公司股份的质押、冻结和其他限制权利的情况;控股股东和受控股股东、实际控制人支配的股东持有的公司股份重大权属纠纷情况;主要股东和实际控制人最近 3 年内变化情况或未来潜在变动情况。穿透核查股东是否存在资产管理计划、契约型基金、信托计划、外资股东、国资股东等,是否存在供应商、客户持股情况,是否存在政府领导干部持股情况;是否存在私募股权投资(Private Eguity,PE)股东,是否存在对赌,是否存在回购计划,是否存在股权激励计划,是否存在股东人数超过 200 人的情况,是否存在员工持股会。调查主要股东是否存在影响公司正常经营管理、侵害公司及其他股东的利益、违反相关法律法规等的情形。

6. 发行人独立情况

查阅公司相关资料,结合公司的生产、采购和销售记录实地考察其产、供、销系统,调查分析公司是否具有完整的业务流程、独立的生产经营场所以及独立的采购、销售系统,调查分析其对产、供、销系统和下属公司的控制情况。

计算公司关联采购额和关联销售额分别占其同期采购总额和销售总额的比例,分析是否存在影响公司独立性的重大或频繁的关联交易,判断其业务独立性。对于商标、专利、版权、特许经营权等无形资产以及房产、土地使用权、主要生产经营设备等主要财产,调查公司是否具备完整、合法的财产权属凭证以及是否实际占有;调查商标权、专利权、版权、特许经营权等的权利期限情况,核查这些资产是否存在法律纠纷或潜在纠纷。调查金额较大、期限较长的其他应收款、其他应付款、预收及预付账款产生的原因及交易记录、资金流向等,调查公司是否存在资产被控股股东或实际控制人及其关联方控制和占用的情况,判断其资产独立性。

调查公司高级管理人员是否在控股股东、实际控制人及其控制的其他企业中担任除董事、监事以外的其他职务,公司财务人员是否在控股股东、实际控制人及其控制的其他企业中兼职,高级管理人员是否在公司领取薪酬,是否在控股股东、实际控制人及其控制的其他企业领取薪酬;调查公司员工的劳动、人事、工资报酬以及相应的社会保障是否独立管理,判断其人员独立性。

调查公司是否设立独立的财务会计部门、建立独立的会计核算体系,具有规范的财务会计制度和对分公司、子公司的财务管理制度,是否独立进行财务决策、独立在银行开户、独立纳税等,判断其财务独立性。调查公司的机构是否与控股股东或实际控制人完全分开且独立运作,是否存在混合经营、合署办公的情形,是否完全拥有机构设置自主权等,判断其机构独立性。

(二)发行人业务与技术调查

发行人业务与技术调查包括:发行人行业情况及竞争状况,采购情况,生产情况,销售情况,核心技术人员、技术与研发情况。

1. 发行人行业情况及竞争状况

根据公司主营业务确定其所属行业。收集行业主管部门制定的发展规划、行业管理方面的法律法规及规范性文件，了解行业监管体制和政策趋势。了解公司所属行业的市场环境、市场容量、市场细分、市场化程度、进入壁垒、供求状况、竞争状况、行业利润水平和未来变动情况，判断行业的发展前景及行业发展的有利和不利因素，了解行业内主要企业及其市场份额情况，调查竞争对手情况，分析公司在行业中所处的竞争地位及变动情况。

2. 采购情况

通过与采购部门人员、主要供应商沟通，查阅相关研究报告和统计资料等方法，调查公司主要原材料、重要辅助材料、所需能源动力的市场供求状况。调查公司的采购模式，查阅公司产品成本计算单，定量分析主要原材料、所需能源动力的价格变动、可替代性、供应渠道变化等因素对公司生产成本的影响，调查其采购是否受到资源或其他因素的限制。取得公司主要供应商（至少前 10 名）的相关资料，计算最近 3 个会计年度公司向主要供应商的采购金额、占公司同类原材料采购金额和总采购金额的比例（属于同一实际控制人的供应商，应合并计算采购额），判断是否存在严重依赖个别供应商的情况，如果存在，是否对重要原材料的供应作出备选安排。取得公司同前述供应商的长期供货合同，分析交易条款，判断公司原材料供应及价格的稳定性。

3. 生产情况

取得公司生产流程资料，结合生产核心技术或关键生产环节，分析评价公司生产工艺、技术在行业中的领先程度。取得公司主要产品的设计生产能力和历年产量有关资料并进行比较，与生产部门人员沟通，分析公司各生产环节是否遇到"瓶颈"。取得公司专利、非专利技术、土地使用权、水面养殖权、探矿权、采矿权等主要无形资产的明细资料，分析其剩余使用期限或保护期情况，关注其对公司生产经营的重大影响。取得公司许可或被许可使用资产的合同文件，关注许可使用的具体资产内容、许可方式、许可年限、许可使用费，分析未来对公司生产经营可能造成的影响；调查上述许可合同中，公司所有或使用的资产存在纠纷或潜在纠纷的情况。取得公司拥有的特许经营权的法律文件，分析特许经营权的取得、期限、费用标准等，关注对公司持续生产经营的影响。

4. 销售情况

了解公司的销售模式,分析其采用该种模式的原因和可能引致的风险。了解公司的市场认知度和信誉度,评价产品的品牌优势。了解市场上是否存在公司产品的假冒伪劣产品,如有,调查公司的打假力度和维权措施实施情况。调查公司产品(服务)的市场定位、客户的市场需求状况,是否有稳定的客户基础等。收集公司主要产品市场的地域分布和市场占有率资料,结合行业排名、竞争对手等情况,对公司主要产品的行业地位进行分析。搜集行业产品定价普遍策略和行业龙头企业的产品定价策略,了解公司主要产品的定价策略,评价其产品定价策略合理性。调查报告期内公司产品销售价格的变动情况。获取或编制公司报告期按区域分布的销售记录,调查公司产品(服务)的销售区域,分析公司销售区域局限化现象是否明显,产品的销售是否受到地方保护主义的影响。

5. 核心技术人员、技术与研发情况

取得公司研发体制、研发机构设置、激励制度、研发人员资历等资料,调查公司的研发模式和研发系统的设置和运行情况,分析是否存在良好的技术创新机制,是否能够满足公司未来发展的需要。调查公司拥有的专利、非专利技术、技术许可协议、技术合作协议等,分析公司主要产品的核心技术,考察其技术水平、技术成熟程度、同行业技术发展水平及技术进步情况。对公司未来经营存在重大影响的关键技术,应当予以特别关注和专项调查。取得公司主要研发成果、在研项目、研发目标等资料,调查公司历年研发费用占公司主营业务收入的比重、自主知识产权的数量与质量、技术储备等情况,对公司的研发能力进行分析。与其他单位合作研发的,取得合作协议等相关资料,分析合作研发的成果分配、保密措施等问题。

(三)同业竞争与关联交易调查

同业竞争与关联交易调查包括:同业竞争情况、关联方及关联交易情况。

1. 同业竞争情况

分析公司、控股股东或实际控制人及其控制的企业的财务报告及主营业务构成等相关数据,必要时取得上述单位相关生产、库存、销售等资料,并通过询问公司及其控股股东或实际控制人、实地走访生产或销售部门等方法，调查公司控股股东或实际控制人及其控制的企业的实际业务范围、业务性质、客户对象、与公司产品的可替代性等情况，判断是否构成同业竞争，并核查公司控股股东或实际控制人是否对避免同业竞争作出承诺以及承诺的履行情况。

2. 关联方及关联交易情况

通过与公司高级管理人员谈话、咨询中介机构、查阅公司及其控股股东或实际控制人的股权结构和组织结构、查阅公司重要会议记录和重要合同等方法，按照《公司法》和企业会计准则的规定，确认公司的关联方及关联方关系，调档查阅关联方的工商登记资料。走访核查重点客户、供应商及其他合作商，判断是否存在潜在关联方。调查公司高级管理人员及核心技术人员是否在关联方单位任职、领取薪酬，是否存在由关联方单位直接或间接委派等情况。

核查关联交易是否符合相关法律法规的规定，是否按照公司章程或其他规定履行了必要的批准程序，定价依据是否充分，定价是否公允，与市场交易价格或独立第三方价格是否有较大差异及其原因，是否存在明显属于单方获利性交易。核查向关联方销售产生的收入占公司主营业务收入的比例、向关联方采购额占公司采购总额的比例，分析是否达到了影响公司经营独立性的程度。计算关联方的应收、应付款项余额分别占公司应收、应付款项余额的比例，关注关联交易的真实性和关联方应收款项的可收回性。核查关联交易产生的利润占公司利润总额的比例是否较高，是否对公司业绩的稳定性产生影响。调查关联交易合同条款的履行情况，以及有无大额销售退回情况及其对公司财务状况的影响。分析关联交易的偶发性和经常性。对于购销商品、提供劳务等经常性关联交易，分析增减变化的原因及是否仍将持续进行，关注关联交易合同重要条款是否明确且具有可操作性以及是否切实得到履行；对于偶发性关联交易，分析对当期经营成果和主营业务的影响，关注交易价格、交易目的和实质，评价交易对公司独立经营能力的影响。

（四）高级管理人员调查

高级管理人员调查包括：高级管理人员任职情况及任职资格、高级管理人员薪酬及兼职情况、报告期内高级管理人员变动、高级管理人员持股及其他对外投资情况。

1. 高级管理人员任职情况及任职资格

通过查阅有关“三会”文件、公司章程等，了解高级管理人员任职情况，核查相关高级管理人员的任职是否符合法律、法规规定的任职资格，聘任是否符合公司章程规定的任免程序和内部人事聘用制度；调查高级管理人员相互之间是否存在亲属关系。通过与高级管理人员分别谈话、查阅有关高级管理人员个人履历资料、查询高级管理人员曾担任高级管理人员的其他上市公司的财务及监管记录、咨询主管机构、与中介机构和公司员工谈话等方法，调查了解高级管理人员的教育经历、专业资历以及其是否存在违法、违规行为或不诚信行为，是否存在受到处罚和对曾任职的破产企业负个人责任的情况。核查高级管理是否存在现任政府官员、军人及其他可能不宜担任公司高级管理人员事宜。核查高级管理人员加入公司是否存在潜在纠纷，是否存在违反竞业禁止等情形。取得公司与高级管理人员所签订的协议或承诺文件，关注高级管理人员作出的重要承诺，以及有关协议或承诺的履行情况。

2. 高级管理人员薪酬及兼职情况

调查公司为高级管理人员制订的薪酬方案、股权激励方案。调查高级管理人员在公司内部或外部的兼职情况，分析高级管理人员兼职情况是否会对其工作效率、质量产生影响。关注高级管理人员最近一年从公司及其关联企业领取收入的情况，及其所享受的其他待遇、退休金计划等。

3. 报告期内高级管理人员变动情况

了解报告期高级管理人员的变动情况，内容包括但不限于变动经过，变动原因，是否符合公司章程规定的任免程序和内部人事聘用制度、程序，控股股东或实际控制人推荐高级管理人员人选是否通过合法程序，是否存在控股股东或实际控制人干预公司董事会和股东大会已经作出的人事任免决定的情况等。

4. 高级管理人员持股及其他对外投资情况

取得高级管理人员的声明文件，调查高级管理人员及其近亲属以任何方式直接或间接持有公司股份的情况，近 3 年所持股份的增减变动以及所持股份的质押或冻结情况。调查高级管理人员的其他对外投资情况，包括持股对象、持股数量、持股比例以及有关承诺和协议；核查高级管理人员及其直系亲属是否存在自营或为他人经营与公司同类业务的情况，是否存在与公司利益发生冲突的对外投资，是否存在重大债务负担。

除以上所述工作之外，还需调查高级管理人员的经历及行为操守、高级管理人员胜任能力和勤勉尽责情况、高级管理人员是否具备上市公司高级管理人员资格等事项。

（五）组织结构与内部控制调查

组织结构与内部控制调查包括：公司章程及其规范运行情况，组织结构和股东大会、董事会、监事会运作情况，独立董事制度及其执行情况，业务控制情况，会计管理控制情况等。

1. 公司章程及其规范运行情况

查阅公司章程，调查其是否符合《公司法》《证券法》及中国证监会和证券交易所的有关规定。关注公司运行情况是否符合章程规定。

2. 组织结构和股东大会、董事会、监事会运作情况

取得公司内部组织结构图。考察总部与分（子）公司、董事会、专门委员会、总部职能部门与分（子）公司内部控制决策的形式、层次、实施和反馈的情况，分析评价公司组织运作的有效性。取得公司治理制度规定，包括"三会"议事规则、董事会专门委员会议事规则、总经理工作制度、内部审计制度等文件资料，核查公司是否依法建立了健全的股东大会、董事会、监事会、独立董事、董事会秘书制度，了解公司董事会、监事会，及战略、审计、提名、薪酬与考核等专门委员会的设置情况，以及公司章程中规定的上述机构和人员依法履行的职责是否完备、明确。

3. 独立董事制度及其执行情况

核查公司是否建立独立董事制度，并判断公司独立董事制度是否合规。核查公司独立董事的任职资格、职权范围等是否符合相关部门的有关规定。

4. 业务控制情况

与公司相关业务管理及运作部门进行沟通，查阅公司关于各类业务管理的相关制度规定，了解各类业务循环过程，评价公司的内部控制措施是否有效实施。调查公司是否接受过政府审计及其他外部审计，如有，核查该审计报告所提问题是否已得到有效解决。调查公司报告期及最近一期的业务经营操作是否符合监管部门的有关规定，是否存在因违反市场监督、税务、审计、生态环境、劳动保护等部门的相关规定而受到处罚的情形及对公司业

务经营、财务状况等的影响，并调查该事件是否已改正，不良后果是否已消除。对公司已发现的由于风险控制不力所导致的损失事件进行调查，了解事件发生过程及对公司财务状况、经营业绩的影响，了解该业务环节内部控制制度的相关规定及有效性，了解事件发生后公司所采取的紧急补救措施及效果，追踪公司针对内控的薄弱环节所采取的改进措施及效果。

5. 会计管理控制情况

核查以下内容：会计管理是否涵盖所有业务环节；是否制定了专门的、操作性强的会计制度；各级会计人员是否具备了专业素质；是否建立了持续的人员培训制度；有无控制风险的相关规定；会计岗位设置是否贯彻“责任分离、相互制约”原则；是否执行重要会计业务和电算化操作授权规定；是否按规定组织对账等。评价公司会计管理内部控制的完整性、合理性及有效性。

（六）财务与会计调查

财务与会计调查包括：财务报告及相关财务资料，会计政策和会计估计，评估报告、内控鉴证报告，财务比率分析，销售收入，销售成本与销售毛利，期间费用，非经常性损益项目，货币资金，应收款项，存货，对外投资，固定资产，无形资产，投资性房地产，主要债务，现金流量，纳税情况等。

1. 财务报告及相关财务资料

取得最近 3 年的资产负债表、损益表及现金流量表。对财务报告及相关财务资料的内容进行审慎核查。对于公司财务报表中包含的分部信息，应获取相关分部资料，进行必要的核查。对纳入合并范围的重要控股子公司的财务状况应同样履行充分的审慎核查程序。对公司披露的参股子公司，应获取其最近一年及一期的财务报告及审计报告（如有）。如公司最近收购兼并其他企业资产或股权，且被收购企业资产总额或营业收入或净利润超过收购前公司相应项目 20% 的，应获得被收购企业收购前一年的利润表，并核查其财务情况。

2. 会计政策和会计估计

通过查阅公司财务资料，并与相关财务人员和会计师沟通，核查公司的会计政策和会计估计的合规性和稳健性。如公司报告期内存在会计政策或会计估计变更，重点核查变更内容、理由及对公司财务状况、经营成果的影响。

3. 评估报告、内控鉴证报告

通过查阅公司评估报告、内控鉴证报告验证公司内部控制系统设计的合理性和执行的有效性。鉴别公司内部是否建立与实施内部控制，其内部控制的目标是否合理保证了企业经营管理的合法合规、资产安全、财务报告及相关信息真实完整，是否能够有效地提高经营效率，促进公司实现发展战略。

4. 财务比率分析

计算公司各年度毛利率、资产收益率、净资产收益率、每股收益等，分析公司各年度盈利能力及其变动情况，分析母公司报表和合并报表的利润结构和利润来源，判断公司盈利能力的持续性。计算公司各年度资产负债率、流动比率、速动比率、利息保障倍数等，结合公司的现金流量状况、在银行的资信状况、可利用的融资渠道及授信额度、表内负债、表外融资及或有负债等情况，分析公司各年度偿债能力及其变动情况，判断公司的偿债能力和偿债风险。计算公司各年度资产周转率、存货周转率和应收账款周转率等，结合市场发展、行业竞争状况、公司生产模式及物流管理、销售模式及赊销政策等情况，分析公司各年度营运能力及其变动情况，判断公司经营风险和持续经营能力。通过上述比率分析，与同行业可比公司的财务指标进行比较，综合分析公司的财务风险和经营风险，判断公司财务状况是否良好、是否存在持续经营问题。

5. 销售收入

了解实际会计核算中该行业收入确认的一般原则以及公司确认收入的具体标准，判断收入确认具体标准是否符合会计准则的要求，是否存在提前或延迟确认收入或虚计收入的情况。核查公司在会计期末是否存在突击确认销售的情况，期末收到销售款项是否存在期后不正常流出的情况。分析公司经营现金净流量的增减变化情况是否与公司销售收入变化情况相符，关注交易产生的经济利益是否真正流入企业。取得公司收入的产品构成、地域构成及其变动情况的详细资料，分析收入及其构成变动情况是否符合行业和市场同期的变化情况。如公司收入存在季节性波动，应分析季节性因素对各季度经营成果的影响，参照同行业其他公司的情况，分析公司收入的变动情况及其与成本、费用等财务数据之间的配比关系是否合理。取得公司主要产品报告期价格变动的资料,了解报告期内的价格变动情况,分析公司主要产品价格变动的基本规律及其对公司收入变动的影响。关注公司销售模式对其收入核算的影响以及是否存在异常,了解主要经销商的资金实力、销售网络、所经销产品对外销售和回款等情况。核查公司的产品销售核算与经销商的核算是否存在重大不符。

6. 销售成本与销售毛利

根据公司的生产流程,收集相应的业务管理文件,了解公司生产经营各环节成本核算方法和步骤,确认公司报告期成本核算的方法是否保持一致。获取报告期主要产品的成本明细表,了解产品单位成本及构成情况,包括直接材料、直接人工、燃料和动力、制造费用等。报告期内主要产品单位成本大幅变动的,应进行因素分析并结合市场和同行业企业情况判断其合理性。对照公司的工艺流程、生产周期和在产品历史数据,分析期末在产品余额的合理性,关注期末存货中在产品是否存在余额巨大等异常情况,判断是否存在应转未转成本的情况。计算公司报告期的利润率指标,分析其报告期内的变化情况并判断其未来变动趋势,与同行业企业进行比较分析,判断公司产品毛利率、营业利润率等是否正常,存在重大异常的应进行多因素分析并重点核查。

7. 期间费用

取得营业费用明细表,结合行业销售特点、公司销售方式、销售操作流程、销售网络、回款要求、售后承诺(如无条件退货)等事项,分析公司营业费用的完整性、合理性。对照各年营业收入的环比分析,核对与营业收入直接相关的营业费用变动趋势是否与前者一致。两者变动趋势存在重大不一致的,应进行重点核查。取得公司管理费用明细表,分析是否存在异常的管理费用项目,如存在,应通过核查相关凭证、对比历史数据等方式予以重点核查。关注控股股东、实际控制人或关联方占用资金的相关费用情况。取得财务费用明细表,若公司存在较大银行借款或付息债务的,应对其利息支出情况进行测算,结合对固定资产的调查,确认大额利息资本化的合理性。

8. 非经常性损益项目

取得经注册会计师验证的公司报告期加权平均净资产收益率和非经常性损益明细表,逐项核查是否符合相关规定,调查非经常性损益的来源、取得依据和相关凭证以及相关款项是否真实收到、会计处理是否正确,并分析其对公司财务状况和经营业绩的影响。结合业务背景和业务资料，判断重大非经常性损益项目发生的合理性和计价的公允性。计算非经常性损益占当期利润比重，分析由此产生的风险。

9. 货币资金

取得或编制货币资金明细表。通过取得公司银行账户资料、向银行函证等方式，核查定期存款账户、保证金账户、非银行金融机构账户等非日常结算账户形成原因及目前状况。对于在证券营业部开立的证券投资账户，还应核查公司是否及时完整地核算了证券投资及其损益。抽查货币资金明细账，重点核查大额货币资金的流出和流入，分析是否存在合理的业务背景，判断其存在的风险。核查大额银行存款账户，判断其真实性。分析金额重大的未达账项形成的原因及其影响。

关注报告期货币资金的期初余额、本期发生额和期末余额。

10. 应收款项

取得应收款项明细表和账龄分析表、主要债务人及主要逾期债务人名单等资料，并进行分析核查。了解大额应收款形成原因、债务人状况、催款情况和还款计划。抽查相应的单证和合同，对账龄较长的大额应收账款，分析其他应收款发生的业务背景，核查其核算依据的充分性，判断其收回风险；取得相关采购合同，核查大额预付账款产生的原因、时间和相关采购业务的执行情况。调查应收票据的取得、背书、抵押和贴现等情况，关注由此产生的风险。结合公司收款政策、应收账款周转情况、现金流量情况，对公司销售收入的回款情况进行分析，关注报告期应收账款增幅明显高于主营业务收入增幅的情况，判断由此引致的经营风险和对公司持续经营能力的影响。判断坏账准备计提是否充分、是否存在操纵经营业绩的情形。分析报告期内与关联方之间往来款项的性质，是正常业务经营往来还是无交易背景下的资金占用。

11. 存货

取得存货明细表，核查存货余额较大、周转率较低的情况。结合生产情况、存货结构及其变动情况，核查存货报告期内大幅变动的原因。结合原材料及产品特性、生产需求、存货库存时间长短，实地抽盘大额存货，确认存货计价的准确性，核查是否存在大量积压或冷备情况，分析提取存货跌价准备的计提方法是否合理、提取数额是否充分；测算发出存货成本的计量方法是否合理。

12. 对外投资

查阅公司股权投资的相关资料,了解其报告期的变化情况;取得被投资公司的营业执照、报告期的财务报告、投资协议等文件,了解被投资公司经营状况,判断投资减值准备计提方法是否合理、提取数额是否充分,投资收益核算是否准确。对于依照法定要求需要进行审计的被投资公司,应该取得相应的审计报告。取得报告期公司购买或出售被投资公司股权时的财务报告、审计报告及评估报告(如有),分析交易的公允性和会计处理的合理性。

查阅公司交易性投资相关资料,了解重大交易性投资会计处理的合理性;取得重大委托理财的相关合同及公司内部的批准文件,分析该委托理财是否存在违法违规行为。取得重大项目的投资合同及公司内部的批准文件,核查其合法性、有效性,结合项目进度情况,分析其影响及会计处理合理性。了解集团内部关联企业相互投资,以及间接持股的情况。

13. 固定资产

取得固定资产的折旧明细表和减值准备明细表,通过询问生产部门、设备管理部门和基建部门以及实地观察等方法,核查固定资产的使用状况、在建工程的施工进度,确认固定资产的使用状态是否良好,在建工程是否达到结转固定资产的条件,了解是否存在已长期停工的在建工程、长期未使用的固定资产等情况。分析固定资产折旧政策的稳健性以及在建工程和固定资产减值准备计提是否充分,根据固定资产的会计政策对报告期内固定资产折旧计提进行测算。

14. 无形资产

对照无形资产的有关协议、资料,了解重要无形资产的取得方式、入账依据、初始金额、摊销年限及确定依据、摊余价值及剩余摊销年限。无形资产的原始价值是以评估值作为入账依据的,应该重点关注评估结果及会计处理是否合理。

15. 投资性房地产

核查重要投资性房地产的种类和计量模式,采用成本模式的,核查其折旧或摊销方法以及减值准备计提依据;采用公允价值模式的,核查其公允价值的确定依据和方法。了解重要投资性房地产的转换及处置的确认和计量方法,判断上述会计处理方法是否合理,分析其对公司的经营状况的影响程度。

16. 主要债务

查阅公司主要银行借款资料，了解公司的银行借款状况、公司在主要借款银行的资信评级情况，是否存在逾期借款，有逾期未偿还债项的，应了解其未按期偿还的原因、预计还款期等。取得应付款项明细表，了解应付票据是否真实支付、大额应付账款的账龄和逾期未付款原因、大额其他应付款及长期应付款的具体内容和业务背景、大额应交税金欠缴情况等。

取得公司对外担保的相关资料，计算担保金额占公司净资产、总资产的比重，调查担保决策过程是否符合有关法律法规和公司章程等的规定，分析一旦发生损失，对公司正常生产经营和盈利状况的影响程度，调查被担保方是否具备履行义务的能力、是否提供了必要的反担保。调查公司重要资产是否存在抵押、质押等情况，分析抵押事项对公司正常生产经营情况的影响程度。

17. 现金流量

取得公司报告期现金流量的财务资料，对公司经营活动、投资活动和筹资活动产生的现金流量进行全面分析。核查公司经营活动产生的现金流量及其变动情况，判断公司资产流动性、盈利能力、偿债能力及风险等。如果公司经营活动产生的现金流量净额持续为负或远低于同期净利润的，应进行专项核查，并判断其真实盈利能力和持续经营能力。对最近 3 个会计年度经营活动产生的现金流量净额的编制进行必要的复核和测算。

18. 纳税情况

查阅公司报告期的纳税资料，调查公司及其控股子公司所执行的税种、税基、税率是否符合现行法律法规的要求及报告期是否依法纳税。取得公司税收优惠或财政补贴资料，核查公司享有的税收优惠或财政补贴是否符合财政管理部门和税收管理部门的有关规定，调查税收优惠或财政补贴的来源、归属、用途及会计处理等情况，关注税收优惠期或补贴期及其未来影响，分析公司对税收政策的依赖程度和对未来经营业绩的影响。

（七）业务发展目标调查

业务发展目标调查包括：发展战略、经营理念和经营模式，历年发展计划的执行和实现情况，业务发展目标，募集资金投向与未来发展目标的关系。

1. 发展战略、经营理念和经营模式

取得公司中长期发展战略的相关文件，包括战略策划资料、董事会会议纪要、战略委员会会议纪要、独立董事意见等相关文件，分析公司是否已经建立清晰、明确、具体的发展战略，包括战略目标，实现战略目标的依据、步骤、方式、手段及各方面的行动计划。

2. 历年发展计划的执行和实现情况

取得公司历年发展计划，包括发展计划资料、董事会会议纪要、阶段及部门分工执行文件、独立董事意见等相关文件，结合公司历年发展经营情况，核查发展计划执行及实现情况。

3. 业务发展目标

取得公司未来 2 ~ 3 年的发展计划和业务发展目标及其依据等资料，调查未来行业的发展趋势和市场竞争状况，并通过与高级管理人员及员工、主要供应商、主要销售客户谈话等方法，调查公司未来发展目标是否与公司发展战略一致。

分析公司在管理、产品、人员、技术、市场、投融资、并购、国际化等方面是否制订了具体的计划，这些计划是否与公司未来发展目标相匹配，是否具备良好的可实现性。分析未来发展目标实施过程中存在的风险，如是否存在不当的市场扩张、过度的投资等。分析公司未来发展目标和具体计划与公司现有业务的关系。如果公司实现上述计划涉及与他人合作的，核查公司的合作方及相关合作条件。

4. 募集资金投向与未来发展目标的关系

通过对公司未来发展目标的了解与核查，分析公司募集资金投向的合理性，募集资金投向是否切合公司未来发展计划，是否按照公司规划实施安排资金用途与走向。

(八)募集资金运用调查

募集资金运用调查包括：历次募集资金使用情况、本次募集资金使用情况、募集资金投向产生的关联交易。

1. 历次募集资金使用情况

核查企业历次募集资金的具体原因、用途和使用安排、募集资金管理制度、专户存储安排等情况是否合法合规，是否实际用于指定的使用方向。分析历次募集资金数量是否与企业规模、主营业务、实际资金需求、资金运用能力及业务发展目标相匹配，分析历次募集资金对企业财务状况及经营成果的实际影响。核查企业历次募集资金实际运用及履行审批、核准或备案程序、披露相关的履行情况。

2. 本次募集资金使用情况

核查本次募集资金用途和规模是否与公司现有主营业务、生产经营规模、财务状况、技术条件、管理能力、发展目标相匹配，核查募集资金的具体用途和使用安排、募集资金管理制度、专户存储安排等情况是否符合 IPO 募集资金使用的具体规定。

3. 募集资金投向产生的关联交易

发行人募集资金投向涉及与关联方合资或与关联方发生交易的，应取得相关项目或交易对象的详细资料，并判断其对发行人的影响。涉及评估、审计的，应取得相关资料并予以核查；涉及项目合作或共同设立公司的，应取得公司设立或批准文件等，调查发行人对该项目或公司是否具备控制能力和经营能力，以及有关协议、合同的订立情况及已履约情况和审批手续；涉及收购资产或购买股权的，应调查交易的定价依据是否充分、交易价格是否公允，判断收购资产或购买股权的必要性和合理性。

(九)风险因素及其他重要事项调查

风险因素及其他重要事项调查包括：风险分析与评价、重大合同、诉讼和担保情况、信息披露制度的建设和执行情况、中介机构执业情况。

1. 风险分析与评价

多渠道了解公司所在行业的产业政策、未来发展方向。分析对公司业绩和持续经营可能产生不利影响的主要因素以及这些因素可能带来的主要影响。对公司影响重大的风险，应进行专项核查。评估公司采购、生产和销售等环节存在的经营风险，分析公司获取经常性收益的能力。调查公司产品(服务)的市场前景、行业经营环境的变化、商业周期或产品生命周期、市场饱和或市场分割、过度依赖单一市场、市场占有率下降等情况，评价其对公司经营是否产生重大影响。调查公司经营模式是否发生变化，是否存在经营业绩不稳定、主要产品或主要原材料价格波动、过度依赖某一重要原材料或产品、经营场所过度集中或分散等情况，评价其对公司经营是否产生重大影响。

调查公司是否存在因内部控制有效性不足导致的风险、资金周转能力较差导致的流动性风险、现金流状况不佳或债务结构不合理导致的偿债风险、主要资产减值准备计提不足的风险、主要资产价值大幅波动的风险、非经常性损益或合并财务报表范围以外的投资收益金额较大导致净利润大幅波动的风险,评价其对公司经营是否产生重大影响。调查公司是否存在由于财政、金融、税收、土地使用、产业政策、行业管理、环境保护等方面法律、法规、政策变化引致的风险,评价其对公司经营是否产生重大影响。调查公司是否存在可能严重影响其持续经营的其他因素,如自然灾害、安全生产、汇率变化、外贸环境、担保、诉讼和仲裁等情况,评价其对公司经营是否产生重大影响。

2. 重大合同

核查有关公司的重大合同是否真实、是否均已提供,并核查合同条款是否合法、是否存在潜在风险。针对公司有关内部订立合同的权限规定,核查合同的订立是否履行了内部审批程序、是否超越权限决策,分析重大合同履行的可能性,关注因不能履约、违约等事项对公司产生或可能产生的影响。

3. 诉讼和担保情况

通过董事、监事、高级管理人员出具书面声明、查阅合同、走访有关监管机构、与高级管理人员或财务人员谈话、咨询中介机构等方法,核查公司的所有对外担保(包括抵押、质押、保证等)合同。

调查公司是否存在重大仲裁、诉讼和其他重大或有事项,并分析该等已决和未决仲裁、诉讼与其他重大或有事项对公司的重大影响。调查公司及其控股股东或实际控制人、控股子公司、董事、监事、高级管理人员和核心技术人员是否存在作为一方当事人的重大诉讼或仲裁事项以及公司的董事、监事、高级管理人员和核心技术人员是否存在涉及刑事诉讼的情况。

4. 信息披露制度的建设和执行情况

判断信息披露制度的建设是否完善,是否规范信息披露义务人的自愿披露行为,明确发行人及其控股股东、实际控制人、董事、监事、高级管理人员公开承诺的信息披露制度等。判断信息披露是否具有客观事实作为基础或依据,是否存在虚假记载或不实陈述等不能反映客观情况的情形,是否存在伪造、变造文件等虚假情形;判断公告文稿是否出现关键文字或数字错误及其影响程度，公告文稿是否存在歧义、误导性陈述，是否通过证券交易所业务专区准确选择了公告类别并录入业务参数等披露制度进行详细规定。查验公司信息披露基础工作执行的质量，考察公司经营管理层及信息披露主管部门及人员的职责履行情况及合规意识。

5. 中介机构执业情况

核查中介机构资质、执业情况、执业案例，核查中介机构执业人员执业资质、执业情况、执业经验，核查中介机构及其执业人员无犯罪记录及无相关业务处罚证明。核查中介机构是否按要求、勤勉尽责、谨慎地对相关事项进行核查，并及时、完整地做好底稿记录；中介机构是否对其他中介机构的核查结果过度依赖。核查中介机构核查效果是否良好，是否通过核查程序发现问题并进行完整、真实的记录；针对存在问题，是否督促发行人进行整改，或通过披露等做好相关解释或解决措施。核查中介机构是否将核查获取的信息按照招股说明书披露要求进行真实、准确、完整的披露，使得投资者能够了解所有对其作出投资决策有重大影响的信息。

IPO 第 15 问　IPO 辅导是什么？

一、问题提出

IPO 辅导既是上市过程的必经环节，辅导期也是申报前的重要筹备期，IPO 辅导对于企业上市成功至关重要。根据《首次公开发行股票并上市辅导监管规定》第 2 条、第 3 条、第 4 条的规定，IPO 辅导是指证券服务机构及相关从业人员配合保荐机构对拟申请首次公开发行股票并上市的公司开展辅导工作，对公司进行规范化培训、辅导与监督。IPO 辅导的主要内容包括：辅导机构辅导计划和实施方案的执行；辅导机构督促辅导对象规范公司治理结构、会计基础工作、内部控制制度情况，指导辅导对象对存在问题的进行规范；辅导机构督促辅导对象及其相关人员掌握发行上市、规范运作等方面的法律法规和规则、知悉信息披露和履行承诺等方面的责任、义务以及法律后果；辅导机构引导辅导对象及其相关人员充分了解多层次资本市场各板块的特点和属性，掌握拟上市板块的定位和相关监管要求。同时，IPO 辅导工作受中国证监会监管,中国证监会建立了辅导监管系统,满足辅导材料提交、辅导公文出具、信息共享等工作需要,并通过中国证监会政务服务平台向社会公开辅导监管信息。以下将对 IPO 辅导内容及流程进行简要说明。

二、IPO 辅导内容及流程

(一)IPO 辅导内容

对于 IPO 辅导的内容,证券服务机构会针对公司的具体经营情况并结合实际需求来决定,在辅导机构执行尽职调查的基础上,根据发行上市相关法律、法规以及上市公司的必备知识有针对性地制定。

(二)IPO 辅导流程

企业上市前应先聘请专业的上市辅导机构,企业选定辅导机构要综合考察其独立性、资信状况、专业资格、研发能力、问题解决能力、具体承办人员的专业水平等因素。选定辅导机构后,辅导机构提前入场进行辅导前期重点工作——摸底调查,通过尽职调查透彻地了解公司的历史沿革及股权架构等。股权结构的合规合法性对企业能否成功上市至关重要,结合尽职调查的情况,证券服务机构应该形成全面具体的辅导方案并开始执行方案。

上市辅导应在企业改制重组为股份有限公司后正式开始,改制重组方案是企业发行上市准备的核心,是上市辅导工作的重点。所以辅导机构在与公司达成一致意见后,应尽早介入企业发行上市方案的设计和改制重组的操作。当公司改制重组完成,成为股份有限公司后,根据《首次公开发行股票并上市辅导监管规定》第 9 条、第 12 条的规定,企业和辅导机构签订正式的辅导协议,在辅导协议签署后 5 个工作日内到企业所在地的中国证监会派出机构办理辅导备案登记手续;辅导期自完成辅导备案之日起算,至辅导机构向验收机构提交齐备的辅导验收材料之日截止。辅导期原则上不少于 3 个月。

辅导期内,辅导机构应在每季度结束后 15 日内更新辅导工作进展情况报告,辅导备案日距最近一季末不足 30 日的,可以将有关情况并入次季度辅导工作进展情况报告。

IPO 辅导的中期重点在于集中学习和培训,对企业股东及董事、监事、高级管理人员等进行 IPO 法律法规的知识培训,增强上述人员的合规意识以及诚信意识，辅导方式可以包括组织自学、进行集中授课与考试、问题诊断与专业咨询、中介机构协调会、经验交流会、案例分析等。IPO 辅导机构应结合行业发展趋势以及企业在行业中的地位来诊断问题，结合企业的优势和资源解决对企业不利的因素，落地解决问题，督促企业完成整改，让企业的公司治理更加完善，业务发展更有竞争力。

IPO 辅导的后期重点在于完成辅导计划，进行考核评估，做好 IPO 申请文件的准备工作。辅导机构认为达到辅导计划目标，且已通过首次公开发行股票的内核程序后，可以向验收机构报送“辅导工作总结报告”等辅导验收材料，提出辅导评估申请，验收机构应按规定进行上市辅导验收，辅导验收材料符合齐备性标准的，验收机构应当在收到齐备的辅导验收材料之日起 20 个工作日内出具“验收工作完成函”。“验收工作完成函”的有效期为 12 个月，辅导对象可在有效期内提交公开发行股票并上市申请。

下编

IPO审核要点

一、历史沿革

IPO 第 16 问　如何核查及处理发行人的国有股权变动瑕疵？

一、问题提出

国有资本在中国资本市场中扮演着重要的角色。因涉及对国有资产的保护，相较于普通股权变动，国有股权变动外部程序的履行与合规性审查的要求往往更加复杂和严格。存在国有资产投入的企业在 IPO 的过程中，若涉及国有股权变动未经评估、未进场、未履行必要的审批程序等国有股权变动瑕疵问题，容易引起关注。进一步地，历史沿革中若存在未履行相关国有资产管理程序的瑕疵，对于该等程序瑕疵的整改措施是否合法、有效，是否涉及国有资产流失，是否存在纠纷或潜在纠纷，确认历史沿革变动是否有效和未造成国有资产流失的部门是否为有权部门等问题，是发行人及中介机构应当予以重点关注与说明的。

二、核查思路

根据相关规定、审核案例及既往项目经验，发行人的国有股权变动瑕疵主要包括以下三部分：第一，未履行国有资产评估及评估核准/备案手续；第二，未履行进场交易手续；第三，未办理国有产权登记。相关股权变动瑕疵的核查及处理要点具体如下：

（一）未履行国有资产评估及评估核准/备案手续

该等情形可能引起相关股权变动的程序是否合规、作价是否公允以及是否造成国有资产流失等问题。结合项目经验和相关案例，发行人及中介机构可从如下解决路径予以补足：（1）委托有资质的评估机构进行追溯评估,并就该等评估结果补充履行评估核准/备案手续(如可行);(2)取得相关股东对交易价格公允性、无争议纠纷等事项的确认;(3)结合追溯评估结果、交易相关方确认等,论证股权变动的价格具有公允性,不存在国有资产流失;(4)取得有权国资主管部门出具的对于国有股权变动有效且不存在国有资产流失的确认性文件。

(二)未履行进场交易手续

就该等情形建议可以考虑如下解决路径:(1)取得相关股东对股权转让真实、无争议纠纷等事项的确认;(2)结合国有资产评估结果、交易相关方确认等,论证股权变动的价格公允性,且不存在国有资产流失;(3)取得有权国资主管部门出具的对于国有股权变动有效且不存在国有资产流失的确认性文件。

(三)未办理国有产权登记

该等情形同样构成国有股权变动瑕疵关注点,可从以下解决路径进行补足:(1)就历次股权变动补办国有产权登记手续(如可行);(2)就上市申报前的国有股权情况办理国有产权登记手续;(3)取得有权主管部门出具的确认性文件,或于国有股东标识管理申请文件中详细表述公司设立及历次股权变动涉及的产权登记瑕疵情况,由有权主管部门出具国有股东标识的批复,作为其对发行人历史沿革所涉国有资产管理程序无异议的证明文件。

三、案例评析

(一)迪尔化工(831304)

山东华阳迪尔化工股份有限公司(以下简称迪尔化工)的股东华阳集团为国资控股企业。发行人律师出具补充法律意见书[1],对于华阳集团入股时是否已规范履行国资审批和资产评估程序、华阳集团后续未同比例增资导致持股比例下降是否已规范履行国资审批和资产评估程序进行披露说明。

对于华阳集团入股时是否已规范履行国资审批和资产评估程序的问

---

〔1〕 参见《北京浩天(济南)律师事务所关于山东华阳迪尔化工股份有限公司向不特定合格投资者公开发行股票并在北京证券交易所上市的补充法律意见书(一)》,载北京证券交易所网,http://www.bse.cn/disclosure/2022/2022-12-20/1671525248_670736.pdf。

题，基于华阳集团入股发行人时未履行国资审批及评估程序，存在程序瑕疵，但发行人就国有资产向宁阳县国资局进行了国有资产登记，且宁阳县国有资产运营中心作为有权确认机关已出具确认文件，对发行人历史上的设立、增资、国有股权变更等程序进行了补充确认，确认华阳集团入股发行人时未履行评估备案程序，该程序瑕疵不构成重大违法违规、不会造成国有资产流失。

对于华阳集团后续未同比例增资导致持股比例下降是否已规范履行国资审批和资产评估程序的问题，发行人律师从如下角度进行了解释：

（1）国有资产管理及评估相关法律法规或规范性文件中，对于国有参股公司增资且国有股东未同比例增资的情况，未明确规定是否需要履行评估与备案程序。

（2）根据国务院国资委网站于 2020 年 11 月 6 日发布的问答选登的回复，“国有股东应按照企业国有资产监督管理有关规定在上述经济行为的决策会议上，就其需要进行资产评估和履行国有资产评估备案程序表达意见，最终以股东会决议为准”[1]。发行人审议 2004 年 12 月及以后历次增资事宜的相关股东大会文件，国有股东华阳集团未明确要求上述增资行为需要履行评估备案程序，相关决议内容已经股东大会有效决议通过。

（3）2022 年 12 月，宁阳县国有资产运营中心出具说明文件，确认发行人后续增资行为无须履行评估与评估报告备案程序。因此，发行人作为国有参股公司发生的历次增资均按照公司章程的规定履行了股东（大）会审议程序，华阳集团作为国有股东出席了发行人审议历次股权变动事项的股东（大）会并行使了表决权，符合国有资产管理相关法律规定，前述增资事项无须履行评估备案程序。

在上述迪尔化工 IPO 案例中，国有股权变动瑕疵主要表现为国资入股及后续增资中未履行国资审批和资产评估程序，发行人通过履行国有资产登记手续，取得有权国资主管部门出具的对于国有股权变动有效且不构成重大违法瑕疵、不存在国有资产流失的确认性文件的方式进行了补足。

---

〔1〕《国有参股企业增资是否进行资产评估及备案?》，载国务院国有资产监督管理委员会网 2020 年 11 月 6 日，http://www.sasac.gov.cn/n2588040/n2590387/n9854167/c15897971/content.html。

（二）国芯科技（688262）

苏州国芯科技股份有限公司（以下简称国芯科技）的股东安徽省能源集团为国有股东。发行人律师出具补充法律意见书[1]，对于安徽省能源集团受让及转让发行人股份是否按照国有资产管理规定履行了相应程序、是否存在国有资产流失情形进行披露说明。

对此，发行人律师从如下角度进行了论述：

（1）在安徽省能源集团受让神舟信息持有的国芯科技全部股权的过程中，该股权转让未经国资监管部门批准，存在程序瑕疵，但本次股权转让属于同一控制下国有股东之间内部转让，公司股东由原安徽省计划委员会100%持股的神州信息变为同为前者100%持股的安徽省能源集团，公司国有股东持有的股份数量、持股比例未发生变更，所持股份的最终权益人、控制人均为安徽省计划委员会，不存在国有资产流失的情形。

（2）由安徽省能源集团出具《关于苏州国芯科技股份有限公司历史沿革的确认函》，确认本次股权转让行为系安徽省能源集团真实的意思表示，并确认与神舟信息或其他第三方不存在任何关于本次股权转让的争议和纠纷。

（3）在安徽省能源集团将所持国芯科技股份转让给上海科技的过程中，该股权转让未经安徽省计划委员会审批，未履行资产评估及进场交易程序，存在程序瑕疵。但鉴于该次股权转让均履行了各方当时必要的内部决策程序和信息披露，并完成工商变更登记，且未发生争议；安徽省能源集团转让国芯科技股权时，国芯科技仍然处于亏损状态，本次股权转让价款高于当时对应的国芯科技净资产，因此未损害安徽省能源集团的利益，未导致国有资产流失。

（4）安徽省能源集团出具《关于苏州国芯科技股份有限公司历史沿革的确认函》，确认本次股权转让行为及签署的交易文件为安徽省能源集团真实的意思表示，并确认与上海科技或其他第三方不存在任何关于本次股权转让的争议、纠纷。

---

[1] 参见《北京市炜衡律师事务所关于苏州国芯科技股份有限公司首次公开发行股票并在科创板上市的补充法律意见书（二）》，载上海证券交易所网，http://static.sse.com.cn/stock/information/c/202105/b6144b09f0b64fc2a5818dd5afea90b1.pdf。

（5）公司实际控制人关于本次股权转让事项出具了承诺，国芯科技历史国有股权变动过程中，如存在违反国资监管法律法规而导致国有资产流失等情形，其自愿承担由此导致的相应赔偿责任。

在上述国芯科技 IPO 案例中，国有股权变动瑕疵主要表现为股权转让未履行国资审批和进场交易程序，发行人通过取得相关股东对交易价格公允性、无争议纠纷等事项的确认，实际控制人对股权转让事项的承诺以及论证转让价格的公允性予以补足。

IPO 第 17 问 如何核查及解决发行人的股权代持？

一、问题提出

股权代持，是指实际出资人与名义出资人约定，由实际出资人出资并享有投资权益，以名义出资人为名义股东的一种持股方式。实践中，股权代持产生的原因主要包括实际出资人为规避法律关于特殊身份禁止或限制投资的身份、实际出资人不符合商业合作要求、竞业禁止的需要、规避非公众公司股东人数的法定限制、规避被认定为某类企业类型、提高工商登记以及股东会效率等。《首次公开发行股票注册管理办法》要求发行人的股份权属清晰，而股权代持的情况与该条件存在冲突。根据《监管规则适用指引——关于申请首发上市企业股东信息披露》的要求，发行人历史沿革中存在股份代持等情形的，应当在提交申请前依法解除，发行人及中介机构应当在招股说明书中披露股权代持形成原因、演变情况、解除过程、是否存在纠纷或潜在纠纷等。

二、核查思路

股权代持问题从发生的逻辑顺序上可以分为事前、事中与事后三个阶段。事前部分是代持形成的背景和原因，事中是基于代持协议或其他代持关系发生的相关事项，事后则是代持关系解除的事宜。故对于“如何核查及解决发行人的股权代持”的问题，结合相关案例及项目经验，可划分为如上三个阶段逐一予以核查并说明。

(一)核查及说明股权代持形成的背景和原因

发行人及中介机构应当主要核查及说明:代持形成的背景和原因的合理性、合规性;实际出资人的背景及出资来源,实际出资人与发行人股东、董事、监事、高级管理人员、上下游客户是否存在关联关系或其他利益关系;名义出资人的背景;代持方是否通过代持规避竞业限制、商业秘密、同业竞争、关联交易、利益输送、股份锁定或其他可能对 IPO 审核构成影响的情形;其他股东是否知晓该等股权代持安排等。

(二)核查及说明股权代持的过程

发行人及中介机构应当主要核查及说明:代持双方是否签订协议,是否存在违反代持协议或相关承诺保证的情形;发行人、股东之间是否因代持存在纠纷或潜在纠纷;历史沿革中各项委托持股安排是否是双方真实意思表示;历次股权代持变动时相关转让协议的签订主体、主要内容及款项支付情况;历次股权代持变动是否经股东会审议、是否履行了必要的审批及内部决策程序;股权转让是否涉及股份支付等。

(三)核查及说明代持关系解除事宜

发行人及中介机构应当主要核查及说明:代持双方解除代持的过程是否合法合规;代持还原的真实性、合理性,是否符合被代持人的真实意思表示;股权对价支付情况、资金来源、完税情况;是否已就代持及代持还原事项访谈相关人员并取得相应确认;是否存在纠纷或潜在纠纷、行政处罚等。

三、案例评析

(一)舜宇精工(831906)

宁波舜宇精工股份有限公司(以下简称舜宇精工)的招股说明书(申报稿)显示,发行人历史上存在股权代持的情形。根据发行人及保荐机构出具的问询函的回复披露[1],就"股权代持是否已彻底清理"的问询,发行人从如下方面进行了说明:

就股权代持的背景情况,股权代持的原因及合规性,是否存在通过股权

---

[1] 参见《关于宁波舜宇精工股份有限公司公开发行股票并在北交所上市申请文件的审核问询函的回复》,载北京证券交易所网,http://www.bse.cn/disclosure/2022/2022-09-15/1663227387_511905.pdf。

代持规避相关规则及监管要求情形的问题，保荐机构及发行人律师经核查认为：被代持人存在通过股权代持规避《全国中小企业股份转让系统投资者适当性管理细则（试行）》（2013 年修改）[1]关于投资者适当性制度的相关规定的情形。代持人黄某与龚某均确认在公司本次北交所公开发行并上市的中介机构核查之前未将代持事宜告知公司，亦未将代持事项告知发行人、控股股东，实际控制人，持股 5% 以上股东，时任其他董事、监事及高级管理人员（存在代持的相关人员除外），导致发行人在挂牌期间披露的 2017 年股票定向增发相关信息与实际情况不符。在该次股票发行过程中，黄某、龚某作为股票认购人，均违反了其本人所作的不存在代持行为的承诺，负有个人责任。龚某作为公司时任董事，还存在未能履行忠实，勤勉尽责，保证信息披露真实、准确、完整的义务的情形。

就股权代持的清理情况，相关方已通过股转系统交易还原以及通过收购代持股份解除代持关系，且成交、转让价格定价公允，相关方均确认代持关系已经彻底解除，就代持所涉款项退还等代持形成、存续及解除的事项，各方均确认不存在争议、纠纷或潜在纠纷。发行人还通过向宁波证监局报告公司历史上存在股权代持及代持解除的整改规范情况，并在股转系统披露《宁波舜宇精工股份有限公司关于解除股东股权代持并整改完毕的公告》，确认股权代持解除过程不存在其他违反交易、信息披露等规则的情形。

在上述舜宇精工 IPO 案例中，中介机构采取的主要核查方式包括查阅发行人股票发行的内部决策程序相关文件、股票发行的募集资金专户分户明细、代持人提供的出资凭证，对代持人、被代持人进行访谈，并取得上述人员对股权代持产生的背景原因，代持真实性，股权代持还原情况，与公司董事、监事、高级管理人员等无关联关系等事项的书面确认；查阅代持人成交记录、代持关系还原相关的银行流水、代持解除协议及股权转让款支付凭证；获取发行人现有股东出具的确认函，并通过访谈确认不存在尚未披露和清理的代持、委托或信托持股等情形。

（二）德龙激光（688170）

苏州德龙激光股份有限公司（以下简称德龙激光）的招股说明书（申报

---

〔1〕 此法规已于 2017 年 7 月 1 日因全国中小企业股份转让系统有限责任公司《关于修订〈全国中小企业股份转让系统投资者适当性管理细则〉的公告》施行而废止。

稿)显示,发行人历史上存在股权代持的情形。根据发行人律师出具的补充法律意见书[1],就"股权代持的合理性及是否合规,清理时是否及时足额纳税"的问询,发行人律师从如下方面进行了说明:

关于股权代持的合理性、合规性的问题,代持人是被代持人及其亲属投资设立的有限公司,具有合理性;股权代持真实、有效,不违反公序良俗,不违反外商投资监管相关的法律法规,不存在利用股权代持的方式规避国家法律禁止或限制外商投资的产业领域的情形,也不属于需要经外商投资审批机关批准才能生效的行为,不违反我国关于外商投资准入的禁止性规定。并且,代持关系已经通过股权转让的方式由代持方全部转让给被代持方,并办理了外汇登记手续,对本次发行上市不构成法律障碍。

关于股权转让是否及时、足额纳税的问题,双裕投资代 ZHAO[2]某受让 15% 股权时,纳税义务人为显名股东双裕投资,且双裕投资作为法人企业在当年对受让上述 15% 股权事项在年度算清缴中进行了申报、缴纳。2012 年,双裕投资办理清算注销时,江苏省江阴市国家税务局[3]出具《注销税务登记表》,认定双裕投资的税款已全部结清。江阴市国家税务局第一税务分局[4]和无锡江阴地方税务局第一税务分局均出具税务事项告知书,同意双裕投资税务登记注销。双裕投资于 2012 年 12 月 25 日注销完成。鉴于此,双裕投资不存在未缴清税费的情形。

在上述德龙激光 IPO 案例中,主要涉及代持形成与还原是否存在违反外商投资、外汇管理等规定的情形,以及代持还原是否及时足额纳税。发行人及发行人律师对该问询的解决路径包括通过股权转让方式还原真实持股情况,并办理外汇登记,就代持还原涉税问题,通过咨询当地主管税务部门确认纳税义务人,并结合还原当时发行人净资产情形分析税款申报及缴纳情况。

---

〔1〕 参见《北京市康达律师事务所关于苏州德龙激光股份有限公司首次公开发行股票并在科创板上市的补充法律意见书(二)》,载上海证券交易所网,http://static. sse. com. cn/stock/information/c/202109/5cca05c2343a4ffe84a9be25e4e300cb. pdf。

〔2〕 为符合隐名要求,同时保证与相关文件披露信息的呼应,对于以拼音形式披露的自然人姓名,在隐名时也采取了保留拼音形式姓氏的处理方式,以下同类情况不再逐一说明。

〔3〕 现为国家税务总局江阴市税务局。

〔4〕 现为国家税务总局江阴市税务局第一税务分局。

IPO 第 18 问 对赌协议是否必须在申报前完全终止?

一、问题提出

对赌协议,又称估值调整协议,是指投资方与融资方在达成股权性融资协议时,为解决交易双方对目标公司未来发展的不确定性、信息不对称以及代理成本而设计的包含了股权回购、金钱补偿等对未来目标公司的估值进行调整的协议。在 IPO 中,投资者与拟 IPO 企业及/或其实际控制人会签订对赌协议,或在投资协议中以特殊权利条款的形式加以呈现,常见的有业绩承诺、优先购买权、领售权、反稀释权、回购或金钱补偿等,对应的是标的企业需达到相应的财务指标或非财务指标,以降低投资风险。2023 年 2 月 17 日中国证监会发布《监管规则适用指引——发行类第 4 号》,以一个清理原则、四个条件及披露要求为例外,并增加了对发行人的财务要求。总体上看,虽然监管部门未明确要求申报前必须清理完毕所有对赌协议及相关特殊权利条款,但更多数案例中各方解除了对赌协议,对于少部分不采取彻底终止或解除对赌协议的拟 IPO 企业如何处理对赌进行梳理与研究是解决"对赌协议是否必须在申报前完全终止"问题的破题之道。

二、核查思路

遵循《监管规则适用指引——发行类第 4 号》一个清理原则、四个条件及披露要求为例外的规定,对于不采取彻底终止或解除对赌协议的拟 IPO 企业,结合相关规则、案例及项目经验,一般有如下解决办法:

(一)签署附有效力恢复条款的终止协议

该种方案有利于保护投资者的利益,主要针对原对赌协议当事人为发行人的情况,具体操作通常为:(1)发行人与投资人签署补充协议,双方确认终止对赌条款;(2)保留部分权益,即发生特定事项某些对赌条款(如回购权等)将自动恢复效力,特定事项包括公司申请文件未被受理、申请文件撤回、中止审查超过 12 个月、未通过监管审核等上市失败情形;(3)若公司成功上市,则对赌条款永久失效;(4)调整对赌当事人为公司的控股股东/实际控制人等非发行人主体,恢复条款中强调不再将发行人作为对赌当事人。

（二）保留对赌协议且仍符合发行条件

在该种方式下，要注意拟保留对赌条款的“独立性”，确保其触发及执行不与发行人发生任何重大关联，不与发行人的有关状况（如市值、业绩等）挂钩，不对发行人的持续经营及其他投资者的权益产生严重不利影响；通常需要保荐机构及律师对相关对赌协议发表核查意见，并在招股说明书中披露对赌条款的具体内容、提示可能对发行人存在的风险，同时对是否符合监管规则发表明确意见。

三、案例评析

（一）丰立智能（301368）

浙江丰立智能科技股份有限公司（以下简称丰立智能）在首轮问询中，发行人律师出具的补充法律意见书披露[1]，曾经存在触发对赌条款生效的情形，但对赌各方后续以另行签订补充协议的方式中止对赌条款的执行；投资协议中的对赌条款已中止，且存在自动恢复条款，对赌条款未彻底清理。

对此，发行人律师经核查认为：发行人不作为对赌条款的当事人；目前发行人处于发行上市审核期间，该等对赌条款均已中止，不存在可能导致发行人控制权变化的约定；历次增资协议及补充协议中的对赌条款仅在发行人的上市注册程序终结时自行恢复效力，不存在与市值挂钩的情形；自中国证监会同意发行人注册发行或核发 IPO 批文之日起，该等对赌条款不可撤销地自动终止，不存在严重影响发行人持续经营能力或者其他严重影响投资者权益的情形。综合以上，发行人律师认为未彻底清理的对赌条款符合相关规定的要求，不会对发行人的控股权稳定产生不利影响。

（二）英方软件（688435）

上海英方软件股份有限公司（以下简称英方软件）的招股说明书（申报稿）显示，发行人实际控制人与其机构股东海通旭初在终止对赌安排后，又重新签署包含对赌条款的《投资补充协议》。

---

[1] 参见《浙江天册律师事务所关于浙江丰立智能科技股份有限公司首次公开发行人民币普通股股票并在创业板上市的补充法律意见书（一）》，载深圳证券交易所网，http://reportdocs.static.szse.cn/UpFiles/rasinfodisc1/202111/RAS_202111_00017BDF6B0A4C3FE6F070A282BC393F.pdf。

对此,发行人律师出具补充法律意见书[1],对终止对赌安排后又重新签署对赌协议是否存在变相限制、影响控制权或关于业务开展的特殊约定,是否存在其他特殊利益安排的问题予以披露说明。发行人律师经核查认为:海通旭初作为专业的私募股权投资基金,其出于控制投资风险的目的并遵循股权投资惯例,在满足《上海证券交易所科创板股票发行上市审核问答(二)》[2]第 10 条规定的前提下,与发行人实际控制人胡某擎友好协商后,与其又签订了含有对赌条款的《投资补充协议》,约定若英方软件在投资完成日后 48 个月内没有上市或整体出售,海通旭初有权要求回购义务人胡某擎或其指定的公司其他股东或除公司以外的第三方受让其所持公司全部或部分股份,回购价格按照投资本金加每年 8.00% 的利息与公司账面净资产值计算的所持公司股份价值的高者确定。同时该协议约定:在公司上市申请被中国证监会或上交所受理后,协议自动终止;在公司上市申请被否决,或公司撤回上市申请后,协议恢复生效。协议中不存在变相限制、影响控制权或关于业务开展的特殊约定,不存在其他特殊利益安排。

在上述英方软件 IPO 案例中,发行人律师对于终止对赌安排后又重新签署对赌协议的情形主要从以下逻辑进行披露和论述:相关附恢复条款的特殊权利约定已不可撤销地终止且自始无效;终止对赌安排后又重新签署对赌协议具有合理原因,且协议中不存在变相限制、影响控制权或关于业务开展的特殊约定,不存在其他特殊利益安排;保留实际控制人与海通旭初的对赌安排符合相关规定。

附:主要参考规范

1.《企业国有资产法》(2008 年发布)

第五十三条 国有资产转让由履行出资人职责的机构决定。履行出资人职责的机构决定转让全部国有资产的,或者转让部分国有资产致使国家对该企业不再具有控股地位的,应当报请本级人民政府批准。

---

[1] 参见《上海市锦天城律师事务所关于上海英方软件股份有限公司首次公开发行股票并在科创板上市的补充法律意见书(一)》,载上海证券交易所网,http://static.sse.com.cn/stock/information/c/202203/71ed5ce992714af49b86d74dde7a0170.pdf。

[2] 此法规已于 2023 年 2 月 17 日因《上海证券交易所股票发行上市审核规则》施行而废止。

第五十四条 国有资产转让应当遵循等价有偿和公开、公平、公正的原则。

除按照国家规定可以直接协议转让的以外，国有资产转让应当在依法设立的产权交易场所公开进行。转让方应当如实披露有关信息，征集受让方；征集产生的受让方为两个以上的，转让应当采用公开竞价的交易方式。

转让上市交易的股份依照《中华人民共和国证券法》的规定进行。

第五十五条 国有资产转让应当以依法评估的、经履行出资人职责的机构认可或者由履行出资人职责的机构报经本级人民政府核准的价格为依据，合理确定最低转让价格。

2.《国有资产评估管理办法》(2020 年修订)

第三条 国有资产占有单位（以下简称占有单位）有下列情形之一的，应当进行资产评估：

（一）资产拍卖、转让；

（二）企业兼并、出售、联营、股份经营；

（三）与外国公司、企业和其他经济组织或者个人开办外商投资企业；

（四）企业清算；

（五）依照国家有关规定需要进行资产评估的其他情形。

3.《企业国有资产产权登记管理办法》(1996 年发布)

第二条 本办法所称企业国有资产产权登记（以下简称产权登记），是指国有资产管理部门代表政府对占有国有资产的各类企业的资产、负债、所有者权益等产权状况进行登记，依法确认产权归属关系的行为。

第三条 国有企业、国有独资公司、持有国家股权的单位以及以其他形式占有国有资产的企业（以下统称企业），应当依照本办法的规定办理产权登记。

4.《企业国有资产评估管理暂行办法》(2005 年发布)

第六条 企业有下列行为之一的，应当对相关资产进行评估：

（一）整体或者部分改建为有限责任公司或者股份有限公司；

（二）以非货币资产对外投资；

（三）合并、分立、破产、解散；

（四）非上市公司国有股东股权比例变动；

（五）产权转让；

（六）资产转让、置换；

（七）整体资产或者部分资产租赁给非国有单位；

（八）以非货币资产偿还债务；

（九）资产涉讼；

（十）收购非国有单位的资产；

（十一）接受非国有单位以非货币资产出资；

（十二）接受非国有单位以非货币资产抵债；

（十三）法律、行政法规规定的其他需要进行资产评估的事项。

第七条 企业有下列行为之一的，可以不对相关国有资产进行评估：

（一）经各级人民政府或其国有资产监督管理机构批准，对企业整体或者部分资产实施无偿划转；

（二）国有独资企业与其下属独资企业（事业单位）之间或其下属独资企业（事业单位）之间的合并、资产（产权）置换和无偿划转。

5.《企业国有资产交易监督管理办法》（2016 年发布）

第七条 国资监管机构负责审核国家出资企业的产权转让事项。其中，因产权转让致使国家不再拥有所出资企业控股权的，须由国资监管机构报本级人民政府批准。

第八条 国家出资企业应当制定其子企业产权转让管理制度，确定审批管理权限。其中，对主业处于关系国家安全、国民经济命脉的重要行业和关键领域，主要承担重大专项任务子企业的产权转让，须由国家出资企业报同级国资监管机构批准。

转让方为多家国有股东共同持股的企业，由其中持股比例最大的国有股东负责履行相关批准程序；各国有股东持股比例相同的，由相关股东协商后确定其中一家股东负责履行相关批准程序。

第十二条 对按照有关法律法规要求必须进行资产评估的产权转让事项，转让方应当委托具有相应资质的评估机构对转让标的进行资产评估，产权转让价格应以经核准或备案的评估结果为基础确定。

第三十一条 以下情形的产权转让可以采取非公开协议转让方式：

（一）涉及主业处于关系国家安全、国民经济命脉的重要行业和关键领域企业的重组整合,对受让方有特殊要求,企业产权需要在国有及国有控股企业之间转让的,经国资监管机构批准,可以采取非公开协议转让方式;

(二)同一国家出资企业及其各级控股企业或实际控制企业之间因实施内部重组整合进行产权转让的,经该国家出资企业审议决策,可以采取非公开协议转让方式。

第三十二条 采取非公开协议转让方式转让企业产权,转让价格不得低于经核准或备案的评估结果。

以下情形按照《中华人民共和国公司法》、企业章程履行决策程序后,转让价格可以资产评估报告或最近一期审计报告确认的净资产值为基础确定,且不得低于经评估或审计的净资产值:

(一)同一国家出资企业内部实施重组整合,转让方和受让方为该国家出资企业及其直接或间接全资拥有的子企业;

(二)同一国有控股企业或国有实际控制企业内部实施重组整合,转让方和受让方为该国有控股企业或国有实际控制企业及其直接、间接全资拥有的子企业。

第三十四条 国资监管机构负责审核国家出资企业的增资行为。其中,因增资致使国家不再拥有所出资企业控股权的,须由国资监管机构报本级人民政府批准。

第三十五条 国家出资企业决定其子企业的增资行为。其中,对主业处于关系国家安全、国民经济命脉的重要行业和关键领域,主要承担重大专项任务的子企业的增资行为,须由国家出资企业报同级国资监管机构批准。

增资企业为多家国有股东共同持股的企业,由其中持股比例最大的国有股东负责履行相关批准程序;各国有股东持股比例相同的,由相关股东协商后确定其中一家股东负责履行相关批准程序。

第四十五条 以下情形经同级国资监管机构批准,可以采取非公开协议方式进行增资:

(一)因国有资本布局结构调整需要,由特定的国有及国有控股企业或国有实际控制企业参与增资;

(二)因国家出资企业与特定投资方建立战略合作伙伴或利益共同体需要,由该投资方参与国家出资企业或其子企业增资。

第四十六条 以下情形经国家出资企业审议决策,可以采取非公开协议方式进行增资：

（一）国家出资企业直接或指定其控股、实际控制的其他子企业参与增资；

（二）企业债权转为股权；

（三）企业原股东增资。

6. 国务院国资委办公厅《关于进一步明确非上市股份有限公司国有股权管理有关事项的通知》（2018年发布）

一、国有及国有控股、实际控制企业转让所持非上市股份有限公司股权，或者其控股、实际控制的非上市股份有限公司进行增资，按照《企业国有资产交易监督管理办法》（国资委　财政部令第32号）的规定执行。

二、非上市股份有限公司的国有股权无偿划转，参照《关于印发〈企业国有产权无偿划转管理暂行办法〉的通知》（国资发产权[2005]239号）等规定执行。

三、非上市股份有限公司拟首次在证券交易所申请发行股票并上市，其股东符合《上市公司国有股权监督管理办法》（国资委　财政部　证监会令第36号）第三条和第七十四条所规定情形的，由国有资产监督管理机构进行标识管理。

7.《首次公开发行股票注册管理办法》（2023年发布）

第十二条　发行人业务完整，具有直接面向市场独立持续经营的能力：

……

（二）主营业务、控制权和管理团队稳定，首次公开发行股票并在主板上市的，最近三年内主营业务和董事、高级管理人员均没有发生重大不利变化；首次公开发行股票并在科创板、创业板上市的，最近二年内主营业务和董事、高级管理人员均没有发生重大不利变化；首次公开发行股票并在科创板上市的，核心技术人员应当稳定且最近二年内没有发生重大不利变化；

发行人的股份权属清晰，不存在导致控制权可能变更的重大权属纠纷，首次公开发行股票并在主板上市的，最近三年实际控制人没有发生变更；首次公开发行股票并在科创板、创业板上市的，最近二年实际控制人没有发生变更；

……

8.《监管规则适用指引——关于申请首发上市企业股东信息披露》(2021 年发布)

一、发行人应当真实、准确、完整地披露股东信息,发行人历史沿革中存在股份代持等情形的,应当在提交申请前依法解除,并在招股说明书中披露形成原因、演变情况、解除过程、是否存在纠纷或潜在纠纷等。

9.《监管规则适用指引——发行类第 4 号》(2023 年发布)

4-1 历史上自然人股东人数较多的核查要求:

对于历史沿革涉及较多自然人股东的发行人,保荐机构、发行人律师应当核查历史上自然人股东入股、退股(含工会、职工持股会清理等事项)是否按照当时有效的法律法规履行了相应程序,入股或股权转让协议、款项收付凭证、工商登记资料等法律文件是否齐备,并抽取一定比例的股东进行访谈,就相关自然人股东股权变动的真实性、所履行程序的合法性,是否存在委托持股或信托持股情形,是否存在争议或潜在纠纷发表明确意见。对于存在争议或潜在纠纷的,保荐机构、发行人律师应对相关纠纷对发行人股权清晰稳定的影响发表明确意见。发行人以定向募集方式设立股份公司的,中介机构应以有权部门就发行人历史沿革的合规性、是否存在争议或潜在纠纷等事项的意见作为其发表意见的依据。

4-3 对赌协议

投资机构在投资发行人时约定对赌协议等类似安排的,保荐机构及发行人律师、申报会计师应当重点就以下事项核查并发表明确核查意见:一是发行人是否为对赌协议当事人;二是对赌协议是否存在可能导致公司控制权变化的约定;三是对赌协议是否与市值挂钩;四是对赌协议是否存在严重影响发行人持续经营能力或者其他严重影响投资者权益的情形。存在上述情形的,保荐机构、发行人律师、申报会计师应当审慎论证是否符合股权清晰稳定、会计处理规范等方面的要求,不符合相关要求的对赌协议原则上应在申报前清理。

发行人应当在招股说明书中披露对赌协议的具体内容、对发行人可能存在的影响等,并进行风险提示。

解除对赌协议应关注以下方面:

(1)约定"自始无效",对回售责任"自始无效"相关协议签订日在财务报告出具日之前的,可视为发行人在报告期内对该笔对赌不存在股份回购义务,发行人收到的相关投资款在报告期内可确认为权益工具;对回售责任"自始无效"相关协议签订日在财务报告出具日之后的,需补充提供协议签订后最新一期经审计的财务报告。

(2)未约定"自始无效"的,发行人收到的相关投资款在对赌安排终止前应作为金融工具核算。

10.《公开发行证券的公司信息披露内容与格式准则第 57 号——招股说明书》(2023 年发布)

第三十六条 发行人应披露股本有关情况,主要包括:

……

(五)发行人申报前十二个月新增股东的基本情况、入股原因、入股价格及定价依据,新增股东与发行人其他股东、董事、监事、高级管理人员是否存在关联关系,新增股东与本次发行的中介机构及其负责人、高级管理人员、经办人员是否存在关联关系,新增股东是否存在股份代持情形等。属于战略投资者的,应予注明并说明具体战略关系;

……

11.《监管规则适用指引——法律类第 2 号:律师事务所从事首次公开发行股票并上市法律业务执业细则》(2022 年发布)

第八条 律师应当查验发行人的发起人或者股东的出资是否符合当时适用的法律法规的规定,具体查验内容包括:

……

(七)发起人或者股东持有的股份是否存在代持等利益安排,是否存在权属争议、纠纷;

……

第十六条 律师应当查验各股东持有股份是否权属清晰,具体查验内容包括:

……

(二)股东是否实际持有发行人股份,是否存在委托持股、信托持股、表决权委托等情形,是否存在权属争议或者瑕疵。股东存在股权代持情形的,股权代持是否已经解除,解除股权代持是否存在纠纷或者重大法律风险；

……

12.《监管规则适用指引——会计类第 1 号》(2020 年发布)

一、附回售条款的股权投资

对于附回售条款的股权投资，投资方除拥有与普通股股东一致的投票权及分红权等权利之外，还拥有一项回售权，例如投资方与被投资方约定，若被投资方未能满足特定目标，投资方有权要求按投资成本加年化 10% 收益(假设代表被投资方在市场上的借款利率水平)的对价将该股权回售给被投资方。该回售条款导致被投资方存在无法避免向投资方交付现金的合同义务。基于投资方对被投资方的持股比例和影响程度不同，区分为以下两种情形：

情形 1：投资方持有被投资方股权比例为 3%，对被投资方没有重大影响；

情形 2：投资方持有被投资方股权比例为 30%，对被投资方有重大影响。

现就上述两种情形下被投资方和投资方的会计处理意见如下：

情形 1：

从被投资方角度看，由于被投资方存在无法避免的向投资方交付现金的合同义务，应分类为金融负债进行会计处理。……

情形 2：

被投资方的会计处理同情形 1。

……

二、股权结构

IPO 第 19 问　如何核查及处理发行人的股权结构？

一、问题提出

股东大会是公司的权力机构，对于发行人而言，公司的股权结构对股东大会的权力行使起着至关重要的作用，适宜的股权结构有利于强化企业管理，提高公司业绩，使得公司持续做大做强。不合理的股权结构会导致大股东对公司利益的侵蚀，加重小股东“搭便车”的心理，从而降低公司绩效，甚至导致公司崩裂、倒闭。

发行人的股权结构是公司治理结构的基础，监管机构在上市审核中经常关注的主体资格、税收、关联交易、同业竞争等问题都与股权结构息息相关，发行人的股权结构在经营管理中关系发行人的实际控制人能否有效控制公司，在融资过程中关系发行人是否得到资本市场的认可，在首发申报时关系申报能否顺利过会，因此发行人及中介机构应当对之予以重点关注。

二、核查思路

根据相关规定、审核案例及既往项目经验，笔者对发行人的股权结构类型及处理方式建议简要说明如下。

（一）股权结构类型核查

发行人的股权结构一般有三种类型，即绝对控股型、相对控股型和平均分配型。

1. 绝对控股型

根据《公司法》的规定，发行人对于特别决议事项的重大决策必须经出席会议的股东所持表决权的 2/3 以上通过。因此,大股东持有 67% 的股权比例能够保证其在股权结构中处于绝对控股地位,有利于保障发行人重大决策的效率,决定着发行人修改公司章程,增资或减资,合并、分立、解散、变更公司、处置重大资产及重大担保等重大事件的特别决策。

2. 相对控股型

根据《公司法》的规定,发行人的股东大会作出决议,除了上述重大事件的特别决策之外,必须经出席会议的股东所持表决权过半数通过。因此,大股东持有 51% 的股权比例能够保证其在股权结构中处于相对控股地位,决定着公司的经营方针和投资计划,公司董事、监事的人选等一般决议事项。

3. 平均分配型

根据《公司法》的规定,发行人对于特别决议事项的重大决策必须经出席会议的股东所持表决权的 2/3 以上通过,那么,此时拥有 1/3 以上表决权就显得十分重要,因为如果享有 34% 的股权比例的大股东行使否决权,则这些特别决议事项就会被否决。因此 1/3 是极其重要的表决权比例,34% 与 33% 相差的不仅是 1% ,其背后是特别决议事项否决权的分水岭和边界。

(二)股权架构处理

发行人的股权结构应当兼顾公平与效率,发行人在搭建股权结构时应当注意:(1)发行人的股权结构必须尊重企业实际情况,保持股权清晰,不存在重大纠纷;(2)维护发行人股权和股东结构的稳定性和连续性,避免股权均等致使公司陷入僵局;(3)实际控制人一般持股不低于 40% ,在股权足够分散的情况下一般不低于 30% ;慎重认定无实际控制人之情形;(4)根据公司规模与贡献度不同,建议高级管理人员特别是创始高级管理人员直接持股为宜,而其他员工则间接持股为宜;(5)适当引入外部投资机构既可保证公司资金需要,又可彰显公司治理的有效性,有助于过会;(6)自然人股东以直接持股或者通过有限合伙企业而非有限责任公司间接持股更有利于降低后续减持的税收负担;(7)在创始人股权相对分散和平均的情况下,企业要想不断变强,走向上市,一方面,需要创始人之间分工明确,优势、性格互补,创始人彼此负责自己擅长的领域,就不会产生在同一件事物上的争执和分歧,同时各创始人之间的贡献及其市场价值与股东获得的股权持续相匹配,保障创始人对企业的实际控制力;另一方面,通过长期的一致行动协议维持共同控制的稳定和可持续，在法律上能够保障创始人之间尽可能少地产生分歧和内耗。

三、案例评析［田中精机（300461）］

根据浙江田中精机股份有限公司（以下简称田中精机）披露的招股说明书显示[1]，四位创始股东的股权相对接近，无一人能单独对公司重大事项进行决策。其创始股东之间相互均衡，各有优势，形成依存，且对公司的共同控制稳定和可持续。公司实际截至该招股说明书签署之日，直接持有本公司5%以上股份的股东为竹田某甲、钱某某、竹田某乙和藤野某某，均为自然人。招股说明书签署之日，上述四人分别持有公司28.43%、22.22%、17.78%和17.78%的股权，合计持有86.21%的股权。结合公司实际情况，应认定竹田某甲、钱某某、竹田某乙和藤野某某有事实上和法律上的一致行动关系，共同作为公司的控股股东、实际控制人，且报告期内未发生变化。具体认定依据如下：

（1）竹田某甲、钱某某、竹田某乙和藤野某某处于绝对控股地位。报告期内，竹田某甲、钱某某、竹田某乙、藤野某某均直接持有公司的股份，持股比例未发生变化；四人合计持股比例超过50%，能够对公司的股东会实施有效控制。因此，前述四人在股权关系上构成对公司的共同控制。

（2）公司治理结构健全、运行良好。报告期内，公司依法设立了股东大会、董事会，并经董事会聘任了总经理、副总经理，且公司章程对股东大会、董事会、经理层的权限进行了明确的划分和规定。报告期内的重大事项均已依照《公司章程》的规定履行了董事会或股东大会的审议程序，并均由董事会成员或股东大会成员协商一致通过。竹田某甲、钱某某、竹田某乙和藤野某某四人共同控制的情况未影响公司的规范运作。

（3）竹田某甲、钱某某、竹田某乙和藤野某某共同控制的一致行动事实。报告期内，竹田某甲、钱某某、竹田某乙和藤野某某均为董事会成员，在公司分别担任重要职务，是公司的核心管理团队，公司的重大事项均由上述四人

---

〔1〕 参见《浙江田中精机股份有限公司首次公开发行股票并在创业板上市招股说明书》，载巨潮资讯网，http://www.cninfo.com.cn/new/disclosure/detail?plate=szse&orgId=9900024049&stockCode=300461&announcementId=1200980078&announcementTime=2015-05-08。

协商一致确定，构成对公司的共同控制。基于各自在绕线机行业的不同优势，竹田某甲、钱某某、竹田某乙和藤野某某在生产经营过程中自然形成了分工合作、相互依存的合作关系，对公司发展、重大经营决策以及日常经营活动均能达成相同意见、共同实施重大影响，包括但不限于在公司历次股东会、股东大会、董事会上均能形成一致意见并签署决议。2012 年 3 月 16 日，前述四人签署《一致行动协议》，根据该协议，自 2004 年以来，竹田某甲、钱某某、竹田某乙、藤野某某实际上一直共同行使对公司的管理权，公司的重大事项均由各方协商一致确定；并约定自该协议签署之后，各方应于每次董事会及股东大会召开前，对会议拟审议事项充分协商并达成一致意见后进行投票；任一方按照公司章程的规定向公司提出提案或临时提案，均应事先与其他协议各方协商一致。

根据以上情况可知，田中精机是由四位创始股东形成一致行动关系的绝对控股型的股权结构。发行人从四人合计持股比例超过 50%、能够对公司的股东会实施有效控制，四人共同控制的情况未影响公司的规范运作，四人有共同控制的一致行动事实等方面论述了公司股权结构。

IPO 第 20 问 如何核查及处理红筹架构？

一、问题提出

红筹架构，是指中国境内的公司（不含我国香港、澳门和台湾地区）在境外设立离岸公司，然后将境内公司的资产注入或转移至境外公司，以实现境外控股公司在海外上市融资目的的结构。[1] 红筹架构回归，即红筹回归，是指已通过各种方案设计搭建了红筹架构，但因各种原因还没有实现海外上市的目的，此时，若想回到国内上市，就必须在符合国内法律的前提下拆除红筹架构。[2]

---

〔1〕 参见金源：《VIE 架构及其合并财务报表处理探讨》，载《商业会计》2021 年第 9 期。

〔2〕 参见徐伟：《红筹架构回归的法律路径解析》，载《法制与社会》2019 年第 14 期。

二、核查要点

下文笔者将对发行人红筹架构核查内容及拆除核查要点做简要说明。

（一）红筹架构相关核查内容

结合监管机构在实际审批过程中的反馈要求，针对红筹架构的拆除，应当履行相应的“三会”决策程序，注意清理境外特殊目的公司，按照境内要求注意实际控制人及高级管理人员的稳定性、外汇监管合规问题等；针对红筹回归中的私有化退市法定程序，发行人应当注意履行将计划实施私有化的通函发布程序告知全体股东、境外注册地法院会议的批准、发行人股东批准、港交所退市程序等，并同时由境外律师出具私有化程序退市合规的境外法律意见书等，以满足法定程序要求。

（二）红筹回归核查要点

核查发行人红筹回归，发行人律师应重点关注的红筹架构核查要点主要包括：(1)发行人红筹架构设置过程中涉及的境外融资、股权转让、分红等是否符合相关监管规定；(2)红筹架构搭建过程、背景、原因及其合理性；(3)发行人境外上市计划实施进展、终止原因；(4)拆除红筹架构时的价款支付情况及资金来源的合法合规情况、外汇进出是否合法、是否存在行政处罚风险；(5)境外关联公司是否予以清理，未清理的，发行人与境外关联公司在人员、资金和费用方面是否相互独立；(6)海外红筹架构搭建、存续及解除过程中涉及的相关税收事项是否已缴纳、是否存在行政处罚风险。

三、案例评析

（一）华大智造(688114)

根据深圳华大智造科技股份有限公司（以下简称华大智造）的招股意向书披露[1]，2018 年，华大智造拟在海外上市并搭建红筹架构；2019 年，华大智造拟在境内上市，又拆除了红筹架构；2020 年，注销了红筹控股公司，并申请科创板上市。中国证监会发审委[2]要求发行人律师对发行人的红筹架

---

〔1〕 参见《深圳华大智造科技股份有限公司首次公开发行股票并在科创板上市招股意向书》，载巨潮资讯网，http://www.cninfo.com.cn/new/disclosure/detail?plate=sse&orgId=9900046518&stockCode=688114&announcementId=1214358518&announcementTime=2022-08-23。

〔2〕 中国证监会发审委已于 2023 年 2 月 17 日被取消。

构搭建及拆除的内部决策程序是否完整合规进行核查并发表明确意见。

根据华大智造的发行人律师出具的补充法律意见书显示[1]，发行人律师对发行人的红筹架构搭建及拆除的内部决策程序是否完整合规进行了核查，并发表如下意见：

(1)发行人红筹架构搭建的内部决策程序已履行完毕。2018 年 6 月 7 日华大控股作出 2018 年度第一次临时股东会决议，同意 MGI Tech 剥离除 CGUS 股权外的其他所有资产，在资产剥离完成后，将 MGI Tech 的 100% 股权转让给 HK Co.。

(2)发行人拆除红筹架构的内部决策程序已履行完毕。2019 年 9 月 30 日，Cayman Co. 全体董事审议通过《华大智造体系重组备忘录》，同意按照备忘录拆除红筹架构。智造控股及深圳家华等 6 家员工持股平台共同签署了该备忘录，原拟在红筹架构下引入的投资人均通过签署协议同意发行人按备忘录拆除红筹架构。

在上述华大智造 IPO 案例中，发行人律师核查股东会决议、董事决议及备忘录论证红筹架构搭建及拆除的内部决议程序已经履行完毕，完整合规。

(二)华润微(688396)

根据华润微电子有限公司(以下简称华润微)的招股说明书披露[2]，发行人属于红筹架构企业，系依据开曼群岛法律在开曼群岛设立的有限公司，每股面值为 1 港元。发行人原系港交所上市公司，并于 2011 年 11 月 2 日通过私有化方式退市。中国证监会发审委要求发行人律师对发行人的私有化退市程序进行核查并发表明确意见。

根据华润微的发行人律师出具的法律意见书披露[3]，发行人律师对发

---

[1] 参见《深圳华大智造科技股份有限公司科创板首次公开发行股票招股意向书附件》，载巨潮资讯网，http://www.cninfo.com.cn/new/disclosure/detail?plate=sse&orgId=9900046518&stockCode=688114&announcementId=1214358519&announcementTime=2022-08-23。

[2] 参见《华润微电子有限公司首次公开发行股票并在创业板上市招股说明书》，载巨潮资讯网，http://www.cninfo.com.cn/new/disclosure/detail?plate=sse&orgId=gshk0000597&stockCode=688396&announcementId=1207310023&announcementTime=2020-02-18。

[3] 参见《北京市环球律师事务所关于 China Resources Microelectronics Limited(华润微电子有限公司)首次公开发行股票并在科创板上市之法律意见书》，载巨潮资讯网，http://www.cninfo.com.cn/new/disclosure/detail?plate=sse&orgId=gshk0000597&stockCode=688396&anno uncementId=1207286974&announcementTime=2020-01-31。

行人私有化退市是否履行了法定程序、私有化过程中与相关股东是否存在纠纷或潜在纠纷进行了核查:(1)2011 年 9 月 5 日,CRH(Micro)与发行人发布通函,计划以协议方式对发行人实施私有化;根据该通函,发行人的全体股东可以选择现金对价(0.48 港元/股)或股份对价[每一股发行人股份对应一股 CRH(Micro)股份];(2)2011 年 9 月 28 日,开曼群岛大法院举行了法院会议,上述私有化计划在法院会议上获得批准,并于同日举行的发行人特别股东大会上获得股东批准;(3)2011 年 10 月 7 日,港交所出具书面确认文件,发行人将根据其本次私有化相关的协议安排于 2011 年 11 月 2 日从港交所退市;(4)2011 年 10 月 28 日,开曼群岛大法院批准发行人私有化计划;(5)根据境外律师事务所刘大潜律师行及 Conyers Dill & Pearman 出具的关于发行人的境外法律意见,发行人在退市时已履行相应的法定程序,发行人私有化过程中与相关股东不存在纠纷及潜在纠纷。

在上述华润微 IPO 案例中,发行人律师通过查验通函、法院会议记录、发行人特别股东大会记录、港交所确认文件以及境外法律意见,认为发行人私有化退市已经履行了必要的法定程序,私有化过程中不存在纠纷和潜在纠纷。

IPO 第 21 问　如何核查及处理股权激励?

一、问题提出

股权激励作为一种长效激励机制,有利于吸引和留住优秀人才,提升员工的归属认同感,提高企业的凝聚力和战斗力;有利于提高员工的工作积极性,端正工作态度,有效推动企业的长期发展;有利于降低企业的即期成本支出,其长效激励机制可以部分替代工资等固定薪酬的成本,减轻企业的用工压力等。

因此,在实践中,股权激励越来越受青睐。拟上市企业在申报问询时,股权激励往往会成为重点问询对象。实施股权激励需要注意其合规性,否则问询解释和披露较为消耗精力,甚至面临被否的严重后果。此外,通常在国内不同板块上市,对公司的净利润都存在一定的要求,申报窗口指导意见的净利润要求还会更高，如因股份支付计提过多费用，可能会导致公司利润下降严重甚至为负。

二、核查要点

根据 IPO 项目审核反馈，笔者认为，在核查、设置股权激励时需要注意如下问题。

（一）IPO 审核中关于股权激励常见的反馈关注点

员工持股平台的规范运作情况，在监管机构的反馈意见中受关注度最高，情况也较为复杂，如员工持股平台的设立及存续问题，是否存在同一员工在一个以上持股平台同时持股的情况，是否存在利用持股平台规避股东超过 200 人的情形、是否存在委托持股、信托持股或其他利益安排，与发行人及其控股股东、实际控制人、董事、监事、高级管理人员、发行人客户或供应商之间是否存在关联关系，是否存在内部股权变动以及变动情况及原因，董事、监事、高级管理人员通过员工持股平台间接持有发行人股份的股份锁定和减持承诺，员工持股平台的设立、存续、股权结构、股东身份、资金来源等。

激励对象，也是监管机构的主要关注点，如激励对象的资金来源是否合法及是否存在股份代持，激励对象的背景及是否存在在供应商、客户任职的相关人员出资情形，激励对象参与价格的公允性以及确定方式。

此外，审核中也会关注股权激励方案的内容问题、股权激励计划对发行人股权结构稳定性的影响问题、股权激励的会计处理问题及股份支付问题（员工离职及新员工进入后的股份处理情况、股权激励产生的股份支付费用的是否准确以及对发行人财务数据的影响）等。

（二）股权激励设置

实践中，发行人的股权激励方式主要包括直接持股和间接持股两种，直接持股是指激励对象以自己的名义直接登记为公司股东；间接持股是指激励对象通过持股平台间接持有公司股权。其区别具体如表 13 所示。

表 13 两种股权激励方式对比

股权激励方式	直接持股	间接持股
设立的程序	较为简便,不需要额外设立持股平台	较为复杂,需要额外设立持股平台
股权的变动	较为频繁,在激励计划分次实施或上市锁定期满后转让的,将会导致股权变动的不稳定性	较为稳定,股权激励相应的股权变动在持股平台内进行,不影响发行人股权的稳定性
股权的转让	在上市 1 年内,直接持股的股东不能进行股权转让。但是在上市锁定期满后,员工对于处置自己持有的上市公司股权较为自由	股权持股平台内的员工股权转让按照相关协议约定可以灵活进行,不过同时受限于持股平台的性质,如为合伙企业,则需按照合伙协议的约定进行股权转让;如为有限责任公司向股东以外的人转让股权,则应当经其他股东过半数同意
上市后锁定期	锁定期至少 1 年,董事、监事、高级管理人员需要另外作出承诺	持股平台至少锁定 1 年,如果是实际控制人控制的持股平台,则需锁定 3 年
股东的权利	股东权利较为完整,可直接参与公司决策,享有股东知情权和表决权等,体现更强的公司归属感	由持股平台统一行使股东权利、参与公司决策,避免过多的自然人股东直接参与公司决策管理

在发行核准制背景下,因股权激励经常附带的可行权、服务期限、业绩等条件而导致股权归属存在不确定性,受限于发行人股权清晰要求,审核中一般要求发行人在上市前指定的股权激励计划必须执行完毕或者终止股权激励计划后才能上市。在现行制度体系下,发行上市审核中对发行人的股权激励的态度更为开放。

对于拟上市公司的股权激励,《〈首次公开发行股票注册管理办法〉第十二条、第十三条、第三十一条、第四十四条、第四十五条和〈公开发行证券的公司信息披露内容与格式准则第 57 号——招股说明书〉第七条有关规定的适用意见——证券期货法律适用意见第 17 号》(以下简称《证券期货法律适用意见第 17 号》)对发行人首发申报前制定、上市后实施的期权激励计划应当符合的要求、发行人信息披露要求、中介机构核查要求进行了相应回答且口径均为一致,期权激励计划原则上应当符合下列要求:(1)激励对象应当符合相关上市板块的规定。(2)激励计划的必备内容与基本要求、激励工具的定义与权利限制、行权安排、回购或者终止行权、实施程序等内容,应参考《上市公司股权激励管理办法》的相关规定执行。(3)期权的行权价格由股东自行商定确定,但原则上不应低于最近一年经审计的净资产或者评估值。(4)发行人全部在有效期内的期权激励计划所对应股票数量占上市前总股本的比例原则上不得超过15%,且不得设置预留权益。(5)在审期间,发行人不应新增期权激励计划,相关激励对象不得行权;最近一期末资产负债表日后行权的,申报前须增加一期审计。(6)在制订期权激励计划时应当充分考虑实际控制人稳定性,避免上市后期权行权导致实际控制人发生变化。(7)激励对象在发行人上市后行权认购的股票,应当承诺自行权日起36个月内不减持,同时承诺上述期限届满后比照董事、监事及高级管理人员的相关减持规定执行。

三、案例评析

(一)华大智造(688114)

根据华大智造科技股份有限公司(以下简称华大智造)的招股意向书显示[1],2018年10月,Cayman Co.董事会审议通过关于股权激励方案的议案,增发后拟用作股权激励的股权比例为35%,激励对象共计111人。保荐工作报告显示,前述股权激励合计授予股权比例为7.233%,剩余部分为预留股权池,由实际控制人汪某持有。2019年9月30日,Cayman Co.董事会作出决议,同意拆除红筹控股架构并设立深圳家华、深圳研华、深圳研家、深圳研智、西藏家华、西藏智研6家境内持股平台,以承接开曼公司层面的股权激励计划的相关权益。前述员工持股平台不属于私募股权基金,无须备案,未遵循“闭环原则”;发行人股东不超过200人。

根据华大智造的发行人律师出具的补充法律意见书显示[2],发行人进

[1] 参见《深圳华大智造科技股份有限公司首次公开发行股票并在科创板上市招股意向书》,载巨潮资讯网,http://www.cninfo.com.cn/new/disclosure/detail?plate=sse&orgId=9900046518&stockCode=688114&announcementId=1214358518&announcementTime=2022-08-23。

[2] 参见《深圳华大智造科技股份有限公司科创板首次公开发行股票招股意向书附件》,载巨潮资讯网,http://www.cninfo.com.cn/new/disclosure/detail?plate=sse&orgId=9900046518&stockCode=688114&announcementId=1214358519&announcementTime=2022-08-23。

行核查并发表如下意见：

（1）关于预留股权池是否继续存在的问题。2019 年 11 月，发行人红筹控股架构拆除完毕，Cayman Co. 员工股权激励方案确定的 111 名激励对象已平移至深圳家华、深圳研华、深圳研家、深圳研智、西藏家华、西藏智研以间接持有发行人股权。根据公司提供的资料和书面确认，Cayman Co. 于 2020 年 4 月注销，在 Cayman Co. 层面的预留股权已不再继续执行。

（2）关于员工参与持股的具体条件及标准的问题。根据公司提供的资料和书面确认，Cayman Co. 当时系华大控股实际控制人控制的下属企业，对于华大智造以及华大控股体系内的核心骨干进行激励，激励对象为华大智造及华大控股（包括其下属各企业）的在职人员。发行人目前的员工持股系根据 Cayman Co. 董事会确定的员工股权激励方案确定的激励对象平移至智造有限持股平台而形成的。如新进员工参与持股，需为发行人体系内核心员工。

（3）关于相关员工是否自愿参加，员工入股方式、资金来源及相应程序是否合法合规，是否存在委托持股、信托持股的问题。根据相关员工填写的调查问卷、出资凭证，并结合律师与相关员工的访谈结果，相关员工通过持股平台间接持有的发行人股份均为其自行持有，出资意愿真实；入股方式为通过西藏智研、西藏家华、深圳家华、深圳研智、深圳研家、深圳研华间接持有发行人股权；入股方式为货币出资，资金来源均为自筹资金，相应程序合法合规，不存在委托持股、信托持股的情形。

（4）关于相关股权激励计划是否符合《上海证券交易所科创板股票发行上市审核问答》[1]之问题 11 的规定的问题。发行人律师逐项核查并披露以下内容：员工持股计划具体人员构成，含合伙人、出资份额、出资比例及合伙人性质等；员工持股计划依法履行的决策程序，并遵循公司自主决定、员工自愿参加的原则，不存在以摊派、强行分配等方式强制实施员工持股计划的情形；参与持股计划的员工与其他投资者权益平等，盈亏自负，风险自担，不存在利用知悉公司相关信息的优势侵害其他投资者合法权益的情形；员工入股以货币出资，并按约定及时足额缴纳；发行人通过合伙企业实施员工持股计划，并建立健全持股在平台内部的流转、退出机制，以及股权管理机制；

[1] 此法规已于 2023 年 2 月 17 日因《上海证券交易所股票发行上市审核规则》施行而废止。

因持股平台部分合伙人非发行人员工,其运行未遵循“闭环原则”,股东人数穿透计算未超过 200 人;持股平台不存在以非公开方式向合格投资者募集资金的情况,不存在资产由专业的基金管理人或普通合伙人管理的情形,也未担任任何私募投资基金的管理人,除持有发行人的股份外,该等持股平台未投资其他企业,持股平台无须办理私募投资基金备案手续等。

在上述华大智造 IPO 案例中,发行人律师对预留股权池的情况,员工参与持股的具体条件及标准及新进员工参与持股的标准及差异,相关员工是否自愿参加,员工入股方式、资金来源及相应程序是否合法合规、是否存在委托持股、信托持股,相关股权激励计划是否符合《上海证券交易所科创板股票发行上市审核问答》之问题 11 的规定等进行了核查和说明。

(二)杰恩设计(300668)

根据深圳市杰恩创意设计股份有限公司(以下简称杰恩设计)的招股说明书显示[1],杰恩设计法人股东内人员均为发行人员工。根据杰恩设计的发行人律师出具的补充法律意见书显示[2],发行人律师对如下审核问题核查并发表意见:

(1)关于发行人法人股东内人员均为发行人员工,其入股价格与数量是否与员工的重要性相匹配的问题。经核查,发行人在母公司或其子公司中担任总经理、副总经理、设计总监、技术总监等主要管理人员的范围内选定杰创汇鑫的有限合伙人;在母公司或其子公司设计、营销、研发等部门骨干员工中选定佳创汇鑫的有限合伙人。基于前述范围和条件,发行人选定了刘某、陈某韬等 15 名员工作为杰创汇鑫的有限合伙人,选定了陈某辉、高某等 38 名员工作为佳创汇鑫的有限合伙人,并披露了有限合伙人的具体选定结果及其在发行人的任职情况。上述发行人员工的持股数量与其所任职务、岗位重要性相匹配。

---

〔1〕 参见《深圳市杰恩创意设计股份有限公司首次公开发行股票并在创业板上市招股说明书》,载巨潮资讯网,http://www.cninfo.com.cn/new/disclosure/detail? plate = szse&orgId = 9900032805&stockCode = 300668&announcementId = 1203579021&announcementTime = 2017 - 06 - 02。

〔2〕 参见《泰和泰(深圳)律师事务所关于深圳市杰恩创意设计股份有限公司首次公开发行股票并在创业板上市的补充法律意见书(二)》,载巨潮资讯网,http://www.cninfo.com.cn/new/disclosure/detail? plate = szse&orgId = 9900032805&stockCode = 300668&announcementId = 1203579039&announcementTime = 2017 - 06 - 02。

(2)关于员工入股价格的确定方式问题。2014 年 10 月 24 日，杰创汇鑫、佳创汇鑫以增资的形式持有发行人股份，其入股价格系参照发行人截至 2014 年 6 月 30 日的账面净资产，经各方协商一致后确定，入股价格为每 1 元注册资本对应 3.72 元。经核查，后续变动均系持股平台内部的股权变动，根据杰创汇鑫、佳创汇鑫合伙人在入股时签署的《合伙企业协议》和《合伙企业(有限合伙)出资管理办法》等相关文件，若合伙人从发行人体系离职，可以退伙，合伙平台内后续的合伙份额的转让价格为初始投资价格加投资期间投资额的利息，利息率为每年 5%。

(3)关于入股价格与最近一期 PE 入股价格的差异问题。报告期内，发行人不存在 PE 入股的情况。2015 年 11 月，十兄弟作为外部投资者以增资的形式取得发行人股份，每股价格为 2.56 元。该增资价格系以预测的发行人 2015 年年底每股净资产为基础，综合考虑发行人经营业绩、未来发展前景等经协商后确定。2014 年 10 月 24 日，杰创汇鑫、佳创汇鑫以增资的形式持有发行人股份，其入股价格系参照发行人截至 2014 年 6 月 30 日的账面净资产，经各方协商一致后确定，入股价格为每 1 元注册资本 3.72 元。杰创汇鑫、佳创汇鑫以及十兄弟在入股时间、入股时的股本基数、净资产规模等方面均存在差异，因而入股价格也存在一定差异。

(4)关于大股东及实际控制人在平台内的股份在上市申请申报后是否有变动的问题。自 2016 年 4 月申报至反馈意见出具前，大股东及实际控制人姜某在杰创汇鑫、佳创汇鑫的股份变动情况，披露了变动时间、持股平台、转让人、受让人、转让的持股平台出资额、转让价格、占持股平台出资额的比例、对应间接持有发行人的股权比例等，并披露根据合伙协议约定，员工离职需退还持股平台内股份，郑某鹏、熊某亮、张某铭、许某健因个人原因离职后，分别将其持有的持股平台内的出资额转让于姜某。自发行人上市申请申报后至反馈意见出具前，姜某总计受让的持股平台内的股份占发行人股权比例的 0.62%，变动较小。

(5)关于是否需要根据《企业会计准则第 11 号——股份支付》的规定进行会计处理的问题。①杰创汇鑫、佳创汇鑫系发行人员工持股平台，于 2014 年 10 月以增资形式取得发行人股份，增资价格为 3.72 元/注册资本，该增资价格低于当时发行人每单位注册资本对应的净资产及相应公允价值。因此，杰创汇鑫、佳创汇鑫以增资形式取得发行人股份，该事项符合股份支付的认定范围,应按照《企业会计准则第 11 号——股份支付》的规定进行会计处理。②在股份公允价值的认定上,考虑 2015 年 11 月外部投资者十兄弟向发行人增资,增资价格为 2.56 元/股,因此,以该价格作为发行人股份公允价值的判断依据较为合理。经测算,上述股权激励事项影响金额共计 581.71 万元,申报会计师已就该事项进行了相应的会计处理并对申报报表进行了修订;对于杰创汇鑫、佳创汇鑫以增资形式取得发行人股份后,持股平台内的股份变动,无须再进行会计处理。③杰创汇鑫、佳创汇鑫作为员工持股平台,是作为一个整体接受发行人的股权激励,股份的授予日即为杰创汇鑫、佳创汇鑫以增资形式取得发行人股份的时点(2014 年 10 月)。后续持股平台内部的股权变动的激励对象、股份价格均是在持股平台设立时的一次性规划,应当视为前述股权激励计划的具体执行与实施,而不是新的股权激励行为,因而无须再进行股份支付相关的会计处理。

(6)关于报告期内是否存在以直接或间接的方式对公司员工进行股权激励的问题。2014 年 10 月,杰创汇鑫、佳创汇鑫作为发行人员工持股平台,以低于当时净资产及相应公允价值的价格通过增资方式取得发行人的股份,符合股权激励的认定范围;2015 年 1 月,发行人董事会秘书、财务总监宋某,以低于当时净资产及相应公允价值的价格受让发行人创始股东姜某、冉某凤、袁某云持有的发行人股份,符合股权激励的认定范围。除此之外,发行人报告期内不存在其他以直接或间接的方式对公司员工进行股权激励的情况。

(7)关于是否存在以股份补充的方式调节员工薪酬费用、客户产品售价或供应商采购价格的问题。2014 年 10 月,杰创汇鑫、佳创汇鑫作为发行人员工持股平台,以增资形式,以低于当时净资产及相应公允价值的价格取得发行人股份,符合股权激励的认定范围;2015 年 1 月,发行人董事会秘书、财务总监宋某,以低于当时净资产及相应公允价值的价格受让发行人创始股东姜某、冉某凤、袁某云持有的发行人股份,符合股权激励的认定范围。除上述情况外,报告期内,发行人不存在直接或间接授予员工股份的情况,也不存在以股份补充的方式调节员工薪酬费用的情况。报告期内,发行人采购和销售均以市场价格为基础定价,发行人客户、供应商未持有发行人股份,主要客户、供应商与发行人之间不存在关联关系,不存在以股份补充的方式调节客户产品售价或供应商采购价格的情况。

在上述杰恩设计 IPO 案例中,监管部门对员工入股价格与数量是否与员工的重要性相匹配，入股价格与最近一期 PE 入股价格的差异情况，大股东及实际控制人在平台内的股份在上市申请申报后是否有变动，是否需要根据《企业会计准则第 11 号——股份支付》的规定进行会计处理，报告期内是否存在以直接或间接的方式对公司员工进行股权激励的情况，是否存在以股份补充的方式调节员工薪酬费用、客户产品售价或供应商采购价格情况等问题予以关注。

附：主要参考规范

1.《公司法》(2023 年修订)

第一百一十一条　股份有限公司股东会由全体股东组成。股东会是公司的权力机构，依照本法行使职权。

第一百一十六条　股东出席股东会会议，所持每一股份有一表决权，类别股股东除外。公司持有的本公司股份没有表决权。

股东会作出决议，应当经出席会议的股东所持表决权过半数通过。

股东会作出修改公司章程、增加或者减少注册资本的决议，以及公司合并、分立、解散或者变更公司形式的决议，应当经出席会议的股东所持表决权的三分之二以上通过。

第一百三十五条　上市公司在一年内购买、出售重大资产或者向他人提供担保的金额超过公司资产总额百分之三十的，应当由股东会作出决议，并经出席会议的股东所持表决权的三分之二以上通过。

2.《证券期货法律适用意见第 17 号》(2023 年发布)

五、关于《首次公开发行股票注册管理办法》第四十四条规定的“期权激励计划”的理解与适用

《首次公开发行股票注册管理办法》第四十四条规定“发行人存在申报前制定、上市后实施的期权激励计划的，应当符合中国证监会和交易所的规定，并充分披露有关信息”。现提出如下适用意见：

（一）首发申报前制定、上市后实施的期权激励计划

1. 发行人首发申报前制定、上市后实施的期权激励计划应当符合的要求

发行人存在首发申报前制定、上市后实施的期权激励计划的，应当体现

增强公司凝聚力、维护公司长期稳定发展的导向。

期权激励计划原则上应当符合下列要求：

(1)激励对象应当符合相关上市板块的规定；

(2)激励计划的必备内容与基本要求，激励工具的定义与权利限制，行权安排，回购或者终止行权，实施程序等内容，应当参考《上市公司股权激励管理办法》的相关规定执行；

(3)期权的行权价格由股东自行商定确定，但原则上不应低于最近一年经审计的净资产或者评估值；

(4)发行人全部在有效期内的期权激励计划所对应股票数量占上市前总股本的比例原则上不得超过百分之十五，且不得设置预留权益；

(5)在审期间，发行人不应新增期权激励计划，相关激励对象不得行权；最近一期末资产负债表日后行权的，申报前须增加一期审计；

(6)在制定期权激励计划时应当充分考虑实际控制人稳定，避免上市后期权行权导致实际控制人发生变化；

(7)激励对象在发行人上市后行权认购的股票，应当承诺自行权日起三十六个月内不减持，同时承诺上述期限届满后比照董事、监事及高级管理人员的相关减持规定执行。

2. 发行人信息披露要求

发行人应当在招股说明书中充分披露期权激励计划的有关信息：

(1)期权激励计划的基本内容、制定计划履行的决策程序、目前的执行情况；

(2)期权行权价格的确定原则，以及和最近一年经审计的净资产或者评估值的差异与原因；

(3)期权激励计划对公司经营状况、财务状况、控制权变化等方面的影响；

(4)涉及股份支付费用的会计处理等。

3. 中介机构核查要求

保荐机构及申报会计师应当对下述事项进行核查并发表核查意见：

(1)期权激励计划的制定和执行情况是否符合以上要求；

(2)发行人是否在招股说明书中充分披露期权激励计划的有关信息；

(3)股份支付相关权益工具公允价值的计量方法及结果是否合理；

(4)发行人报告期内股份支付相关会计处理是否符合《企业会计准则》相关规定。

3.《上市公司股权激励管理办法》(2018年修正)

第十四条　上市公司可以同时实行多期股权激励计划。同时实行多期股权激励计划的,各期激励计划设立的公司业绩指标应当保持可比性,后期激励计划的公司业绩指标低于前期激励计划的,上市公司应当充分说明其原因与合理性。

上市公司全部在有效期内的股权激励计划所涉及的标的股票总数累计不得超过公司股本总额的10%。非经股东大会特别决议批准,任何一名激励对象通过全部在有效期内的股权激励计划获授的本公司股票,累计不得超过公司股本总额的1%。

本条第二款所称股本总额是指股东大会批准最近一次股权激励计划时公司已发行的股本总额。

第十五条　上市公司在推出股权激励计划时,可以设置预留权益,预留比例不得超过本次股权激励计划拟授予权益数量的20%。

上市公司应当在股权激励计划经股东大会审议通过后12个月内明确预留权益的授予对象;超过12个月未明确激励对象的,预留权益失效。

第二十三条　上市公司在授予激励对象限制性股票时,应当确定授予价格或授予价格的确定方法。授予价格不得低于股票票面金额,且原则上不得低于下列价格较高者:

(一)股权激励计划草案公布前1个交易日的公司股票交易均价的50%;

(二)股权激励计划草案公布前20个交易日、60个交易日或者120个交易日的公司股票交易均价之一的50%。

上市公司采用其他方法确定限制性股票授予价格的,应当在股权激励计划中对定价依据及定价方式作出说明。

第三十一条第一款　在股票期权有效期内,上市公司应当规定激励对象分期行权,每期时限不得少于12个月,后一行权期的起算日不得早于前一行权期的届满日。每期可行权的股票期权比例不得超过激励对象获授股票期权总额的50%。

三、发行人的独立性

IPO 第 22 问 发行人与控股股东或实际控制人共用知识产权是否影响发行人资产完整性?

一、问题提出

《首次公开发行股票注册管理办法》对发行人的资产完整性提出了要求,发行人的资产主要包括固定资产与无形资产,中介机构不能仅侧重于审查发行人的固定资产,而轻视了包括知识产权在内的无形资产的重要性。事实上,无形资产也成为拟上市企业申请 IPO 被否决的重要因素之一。近年来,在科技创新已经成为驱动经济发展引擎的新常态经济的背景下,商标、专利等知识产权逐渐成为很多企业的核心竞争力之一,科创板 IPO 企业对于知识产权的依赖性尤为显著。因此,发行人与中介机构应重视知识产权的重要性。应注意到的是,在大型集团企业中,发行人与控股股东或实际控制人共用知识产权的情形已经较为普遍,但该情形可能会影响发行人的资产独立或完整,是 IPO 过程中监管机构高度关注的事项。

二、核查思路

中介机构在核查发行人无形资产完整性问题时,如发行人存在与控股股东或实际控制人共用知识产权的情况,中介机构应注意从以下几个方面进行核查:

(一)共用知识产权的具体用途以及该等知识产权对发行人的重要性

核查发行人与控股股东或实际控制人共用的商标、专利、主要技术等知识产权的具体用途,该等共用知识产权在发行人所有的知识产权中的占比、涉及的产品收入规模及所占比例、对发行人业务经营的贡献比例，是否为发行人的生产、销售产品中使用的核心技术，是否为发行人或发行人产品的独特标识，发行人是否对该知识产权构成重大依赖等情况。

(二)共用知识产权未转给发行人的原因的合理性以及相关费用的公允性

核查发行人与控股股东或实际控制人共用知识产权的原因，包括历史原因或商业考虑，并且原因和商业考虑应具有合理性；核查发行人使用该等知识产权应履行的授权许可使用协议等，如需缴纳相关费用的，应关注其费用的公允性。

(三)发行人使用共用知识产权的持续性、稳定性以及相关收益的归属方

核查发行人能否长期、持续、稳定、不受限制地使用共用知识产权，发行人能否自行处置相关共用知识产权并收取相关收益，该等共用知识产权获取的收益是否完全归属于发行人。对此，中介机构应核查知识产权的授权许可使用协议中关于权利限制、使用期限、收益与费用承担的约定；同时，为保证资产的独立性，发行人的控股股东或实际控制人可以对此出具相关承诺函。

(四)控股股东或实际控制人与发行人对共用知识产权的后续安排

核查控股股东或实际控制人未来是否有将共用知识产权转让给发行人的计划，如无，则需要说明原因以及后续相关资产管理或使用的具体安排，后续的安排应确保发行人长期、持续、不受共用人限制地使用相关共用知识产权。

三、案例评析

(一)中国海油(600938)

中国海洋石油有限公司(以下简称中国海油)的招股说明书显示[1]，发行人存在使用的部分商标、专利、软件著作权等知识产权来自实际控制人中

[1] 参见《中国海洋石油有限公司首次公开发行人民币普通股(A股)招股说明书》，载上海证券交易所网，http://www.sse.com.cn/disclosure/listedinfo/announcement/c/new/2022-04-11/600938_20220411_3_boGia1za.pdf。

国海油的授权,系与中国海油共有。对此,保荐机构以及发行人律师针对中国证监会的要求,对上述共用部分商标、专利、软件著作权等知识产权的情形是否会对发行人的资产完整性和业务独立性造成重大不利影响进行了核查和回复。

根据发行人律师出具的法律意见书显示[1],发行人律师从以下几方面进行了说明:

(1)发行人授权使用的商标对发行人的业务经营作用较小,发行人与中国海油共有的专利、软件著作权与发行人生产经营密切相关的数量占比较低、使用较少、尚未使用或作为储备技术。发行人开展生产经营并不依赖于该等授权或共用的知识产权。

(2)授权的商标、共有的专利以及软件著作权未纳入发行人的原因具有合理性,并且以授权的方式使用该等商标并不会对发行人的生产经营造成不利影响,中国海油作为上述知识产权的所有权人已经出具了相应的书面承诺,保证发行人能够长期稳定地使用该等共有知识产权。

(3)虽然中国海油暂无将知识产权转让给发行人的计划,但双方已经通过签署合同以及中国海油出具承诺函的方式,确保发行人长期、持续、不受影响地使用该等授权商标、共有专利及软件著作权,发行人自行使用、实施该等共有知识产权均无须取得中国海油同意或向中国海油支付相关收益。

(4)该等共有知识产权实际上由发行人享有独占的使用、收益的权利,中国海油已承诺不会对该等共有知识产权进行使用、收益,由发行人承担相关费用具有合理性,符合资产完整性的要求。

在上述中国海油 IPO 案例中,中国海油较为成熟地处理了知识产权共有的问题。中国海油的部分知识产权来自实际控制人中国海油的授权与中国海油共有,发行人律师主要从共用知识产权对发行人的重要性,共用知识产权未纳入发行人的原因的合理性,共用知识产权的后续安排,发行人使用共有知识产权的持续性、稳定性等方面进行了核查与回复。

---

[1] 参见《北京德恒律师事务所关于中国海洋石油有限公司首次公开发行人民币普通股(A 股)并上市的法律意见》,载巨潮咨询网,http://www.cninfo.com.cn/new/disclosure/detail? plate = sse&orgId = gshk0000883&stockCode = 600938&announcementId = 1212755798& announcementTime = 2022 - 03 - 31。

（二）华海清科（688120）

根据华海清科股份有限公司（以下简称华海清科）的招股说明书显示[1]，发行人与实际控制人清华大学存在双方合作研发形成共有专利权或专利申请权的情形，对于其中的部分共有专利权或专利申请权，清华大学以独占许可方式授权发行人及其全资、控股子企业实施。此外，发行人已经和清华大学通过协议约定，清华大学将其独有的发行人生产经营所需的专利或专利技术以独占许可的方式许可发行人使用。

根据发行人律师出具的法律意见书显示[2]，发行人律师从以下五个方面对专利共有情况审核问题进行了说明：

（1）发行人与实际控制人清华大学共同拥有专利的形成主要是因为清华大学拥有我国唯一的摩擦学国家重点实验室；发行人部分核心技术人员为清华大学教职工，其从事学校分配的工作所申请的专利为职务发明，由清华大学与发行人共有。

（2）清华大学以独占许可方式授权发行人使用的部分专利已应用于发行人的设备上，对设备工艺改进、性能提升发挥了一定作用，但并非公司的核心技术，对于公司主营业务不构成重大影响；其他授权使用专利并未在发行人产品或服务中直接应用，仅出于知识产权保护的目的作为技术储备。

（3）专利许可使用费的定价是清华大学、天津市政府基于支持公司长期发展的背景协商确定，具有其合理性。

（4）发行人与清华大学就授权使用专利不存在纠纷或潜在纠纷，不存在因不能使用导致对发行人生产经营构成重大不利影响的风险。

（5）发行人与清华大学的合作研发有明确分工，不存在利用清华大学资源、设施和人员进行研发的情况；发行人拥有独立的研发团队、研发场所和研发设施，研发活动受产业化导向和客户需求驱动，与清华大学研发有本质区别。

---

〔1〕 参见《华海清科股份有限公司首次公开发行股票并在科创板上市招股说明书》，载上海证券交易所网，http://www.sse.com.cn/disclosure/listedinfo/announcement/c/new/2022-06-01/688120_20220601_2_pXeGw1Vs.pdf。

〔2〕 参见《华海清科股份有限公司首次公开发行股票并在科创板上市招股意向书附录》，载巨潮咨询网，http://www.cninfo.com.cn/new/disclosure/detail?orgId=9900044315&announcementId=1213384134&announcementTime=2022-05-18。

在上述华海清科 IPO 案例中，发行人从知识产权共有的合理性、共有知识产权不涉及核心技术、专利许可使用费定价合理、授权使用专利不存在纠纷或潜在纠纷、发行人对清华大学的研发和技术体系不构成依赖等角度解释了知识产权共用问题，可为拟上市公司类似问题提供借鉴。

IPO 第 23 问 发行人历史上存在与持股 5% 以上股东交叉任职的情况是否影响发行人人员独立性？

一、问题提出

现有规则下，监管机构对于拟 IPO 企业的人员独立性要求并未放宽，在人员独立审核方面，规定发行人的总经理、副总经理、财务负责人和董事会秘书等高级管理人员不得在控股股东、实际控制人及其控制的其他企业中担任除董事、监事以外的其他职务，不得在控股股东、实际控制人及其控制的其他企业领薪；发行人的财务人员不得在控股股东、实际控制人及其控制的其他企业中兼职。然而，在实践中，发行人历史上存在与持股 5% 以上股东交叉任职的情况的相关案例并不少见。对于此种情形，发行人与中介机构应引起重视、审慎核查，确保该种情形不会对发行人人员独立性造成重大不利影响。

二、核查思路

在核查人员独立性时，中介机构应梳理发行人目前以及历史的董事、监事、高级管理人员、关键岗位人员在发行人控股股东、实际控制人及其控制的其他企业中是否目前或历史上存在兼职，及其领取薪酬的情况，如发行人历史上存在与持股 5% 以上股东交叉任职的情况的，建议中介机构重点从以下几个方面进行核查：

（一）该兼职的董事、监事、高级管理人员、关键岗位人员和兼职企业的具体情况

核查该兼职的董事、监事、高级管理人员、关键岗位人员的简历，与兼职企业签署的劳动合同以及与发行人签署的劳动合同，明确交叉任职期限及

交叉任职期间发放工资和承担社会保险的主体；核查发行人持股5%以上的股东填写的调查问卷，并在国家企业信用信息公示系统、企查查等网站检索该等股东控制的企业情况。

（二）存在交叉任职的原因以及纠正情况

核查该董事、监事、高级管理人员、关键岗位人员在发行人控股股东、实际控制人及其控制的其他企业中存在交叉任职的原因，该原因应具备正当性，并说明该交叉任职情况是否已经纠正，报告期内是否存在该交叉任职情况。

（三）说明历史上的交叉任职情形对发行人的影响

核查发行人的实际控制人、董事、监事、高级管理人员及关键岗位人员报告期内的个人银行资金流水，核查发行人及其子公司报告期内的银行流水、现金日记账、银行日记账等，并取得发行人以及董事、监事、高级管理人员、关键岗位人员的书面确认，说明历史上的交叉任职情形对发行人不存在重大不利影响。

三、案例评析［拓荆科技（688072）］

根据拓荆科技股份有限公司（以下简称拓荆科技）的招股说明书显示[1]，中微公司持有发行人18.23%的股权，并提名1名董事，报告期内新加坡商中微半导体设备股份有限公司台湾分公司为发行人提供中国台湾地区的产品销售代理服务，中微公司主营产品之一为金属有机化合物化学气相沉积设备，投资的领域包括薄膜沉积项目。据此，监管机构要求发行人说明发行人历史上与中微公司存在的技术或业务合作、人员交叉任职等情况。

根据发行人律师出具的法律意见书显示[2]，经发行人律师核查，发行人历史上的交叉任职情况主要基于如下原因：(1)中微公司入股拓荆科技后以股东身份提名在中微公司任职的相关人员担任拓荆科技董事、监事；

---

〔1〕 参见《拓荆科技股份有限公司首次公开发行股票并在科创板上市招股说明书》，载上海证券交易所网，http://www.sse.com.cn/disclosure/listedinfo/announcement/c/new/2022-04-14/688072_20220414_1_N8030Kdq.pdf。

〔2〕 参见《拓荆科技首次公开发行股票并在科创板上市招股意向书附录》，载上海证券交易所网，http://www.sse.com.cn/disclosure/listedinfo/announcement/c/new/2022-03-29/688072_20220329_3_BsDJfR9f.pdf。

(2)国家集成电路基金及其子公司巽鑫(上海)投资有限公司分别作为拓荆科技/发行人和中微公司的股东,提名同一人担任双方的董事、监事,此等情形不会对发行人的人员独立性产生重大不利影响。

上述拓荆科技 IPO 案例是存在与持股 5% 以上股东交叉任职情况的典型案例,发行人律师对该交叉任职情况的原因及此种情况不影响发行人人员独立性作出了核查与解释。

IPO 第 24 问 发行人与集团财务公司的业务和资金往来是否影响发行人财务的独立性?

一、问题提出

一直以来,财务独立性始终是发行人独立性的核心,发行人缺乏财务独立性,容易产生关联交易、资金占用、同业竞争、治理混乱、重大依赖等问题,进而影响其财务的真实性、可持续盈利的能力、内控机制的有效性,因此,发行人的财务独立性历来都是监管部门的关注重点。大中型企业为加强集团内部资金集中管理、提高内部资金使用效率,往往会成立专门的集团财务公司负责集团内部资金管理、统筹集团内部的资金结算业务,发行人在开展业务的过程中会与作为集团内部的资金运转平台的集团财务公司进行业务和资金往来。由于近年来上市公司资金违规占用恶性事件频繁发生,发行人与集团财务公司的业务和资金往来是否会对发行人财务的独立性造成影响,也成为监管机构的审核要点。因此,如在报告期内发行人与集团财务公司发生业务和资金往来的,中介机构应注意全方位审核该行为是否会对发行人的独立性造成影响。

二、核查思路

参照相关案例,如在报告期内发行人与集团财务公司发生业务和资金往来的,中介机构应从以下几个方面重点审核该行为:

(一)集团财务公司设立的合法性,经营行为的合规性

就财务公司设立而言,应核查设立集团财务公司是否依据法律法规、规

范性文件及公司章程的规定履行了相应的审批流程与手续，设立文件与决议的内容是否违反法律法规，是否为依法设立并持续经营的持牌金融机构；就集团财务公司的经营行为而言，应核查集团财务公司是否在经营范围内开展日常经营、集团财务公司的股权结构及其在集团体系内的职能划分，以及集团财务公司的资金来源和投向等情况。

（二）发行人与集团财务公司开展业务的合法性和合规性

（1）就开展业务的合法性而言，应核查发行人是否制定了相应的财务管理制度、关联交易制度、资金划转制度，发行人和集团财务公司开展业务和资金往来是否符合公司章程、财务管理制度、关联交易制度以及相关资金划转制度的规定，是否履行了必要的存贷款、资金流转的具体审批程序、决策程序和信息披露义务。

（2）就开展业务的合规性而言，应核查发行人和集团财务公司开展业务和资金往来是否符合双方签订的金融服务协议，金额限额、期限、存贷款利率、资金管理、资金调拨权限等相关执行是否与约定情况一致；各月的利息收入和支出情况、结算及中间业务等金融服务执行情况是否与约定情况一致；是否需经集团财务公司或控股股东同意后方可划转；是否存在发行人闲置资金将自动划入集团财务公司的行为；发行人使用存放在集团财务公司的存款是否存在限制。

（三）发行人与集团财务公司存贷款利率定价的合理性、公允性和开展业务的必要性、合理性

（1）就存贷款利率定价而言，可以比较发行人及子公司向集团财务公司和其他银行存贷款的利率是否存在显著差异，以此审查发行人与集团财务公司存贷款利率定价的合理性与必要性。

（2）就开展业务的原因而言，应核查上述活动是否存在利益输送风险；发行人各期通过集团财务公司结算的流入及流出资金额占其整个业务规模的比例是否较高，是否增加了实际控制人及其控制的企业占用发行人资金的风险，对发行人财务独立性是否构成了重大不利影响。

（四）发行人与集团财务公司资金交易的风险防范措施

根据发行人与集团财务公司签订的协议与实际开展业务的情况，发行人应与中介机构判断是否存在风险，如发行人期末在集团财务公司的存款

余额是否大幅高于贷款余额等，发行人是否建立了科学合理的内部控制制度或采取了相应措施以减少相关风险、确保与集团财务公司之间的存贷款关联往来的公允性和资金的安全性。

三、案例评析

（一）时代电气（688187）

根据株洲中车时代电气股份有限公司（以下简称时代电气）的招股说明书显示[1]，发行人与中车财务公司在报告期内签订了《金融服务框架协议》，中车财务公司为时代电气提供存款、贷款及其他金融服务。针对此情形，监管机构要求发行人律师和申报会计师核查发行人与中车财务公司的资金往来行为的相关问题，并对发行人的资金安全性、若上市后控股股东未来是否会存在实质占用上市公司资金的情况、上述情况是否影响发行人财务独立性等事项发表明确意见。

根据发行人律师的法律意见书显示[2]，发行人律师发表了如下意见：

（1）中车财务公司具备中华人民共和国金融许可证，中车财务公司的存款来源主要为吸收中车集团成员单位的存款。除成员单位交易款项的正常支付外，中车财务公司的资金投向主要为向成员单位提供贷款。

（2）发行人与中车财务公司之间的金融服务交易事项已经根据法律法规、规范性文件的规定履行了必要的决策程序和信息披露义务，决策程序和信息披露合法合规；中车财务公司不存在将发行人闲置资金自动划入财务公司的要求和行为，发行人存放在中车财务公司的资金不存在无法及时调拨、划转或收回的情形，中车财务公司亦不会影响或干预发行人对资金的使用；发行人不存在通过中车财务公司发放委托贷款或发放工资的情形。

（3）发行人存放在中车财务公司的协定存款利率与同期中国人民银行基准利率及主要商业银行协定存款利率不存在显著差异，具有公允性。

---

〔1〕 参见《株洲中车时代电气股份有限公司首次公开发行 A 股股票并在科创板上市招股说明书》，载上海证券交易所网，http://www.sse.com.cn/disclosure/listedinfo/announcement/c/new/2021-09-01/688187_20210901_2_i4z7WRSV.pdf。

〔2〕 参见《株洲中车时代电气股份有限公司招股意向书附录》，载上海证券交易所网，http://www.sse.com.cn/disclosure/listedinfo/announcement/c/new/2021-08-18/688187_20210818_3_FgfEMdQU.pdf。

(4)发行人通过制定《关联交易管理办法》、建立完善有效的财务内控体系、严格规定关联交易的决策权限和审批程序等措施进行了风险防范。

在上述时代电气 IPO 案例中,发行人律师主要围绕中车财务公司的存款来源及投向,发行人与中车财务公司开展业务的合法性、合规性,发行人与中车财务公司之间存贷款利率定价的合理性、公允性,发行人的风险防范措施进行了核查。

(二)雷神科技(872190)

根据青岛雷神科技股份有限公司(以下简称雷神科技)的申请文件显示[1],报告期内,发行人关联交易主要为与海尔集团及其下属企业开展,主要关联交易类型包括关联采购、关联销售、关联方金融服务等。对此,监管部门特对发行人与海尔财务公司的关联交易是否影响发行人财务独立性进行问询。

根据北交所对雷神科技出具的审核问询函显示[2],发行人律师从以下角度回复了审核问询:

(1)海尔财务公司系依法设立并持续经营的持牌金融机构,受到中国人民银行、原中国银保监会监管,不存在重大违法违规行为,经营风险较小。海尔财务公司的存款来源和投向均具有正当性。

(2)发行人和海尔财务公司存贷款业务的开展均严格按照双方签署的《金融服务协议》执行,均已履行董事会、股东大会等必要的决策程序;报告期内,海尔财务公司不存在将发行人闲置资金自动划入海尔财务公司的要求和行为;发行人依据自身资金实际需求合理调配并使用资金,其在海尔财务公司的存款不存在使用限制。

(3)海尔财务公司给予发行人略高于行业内平均水平的存款利率,存款利率与海尔财务公司向集团内其他成员单位提供的利率保持一致,相关存款利率具有合理性与公允性。

---

〔1〕 参见《关于青岛雷神科技股份有限公司公开发行股票并在北交所上市申请文件的审核问询函》,载北京证券交易所网,https://www.bse.cn/disclosure/2022/2022-07-18/1658150166_750525.pdf。

〔2〕 参见《北京德恒律师事务所关于青岛雷神科技股份有限公司向不特定合格投资者公开发行股票并在北京证券交易所上市的补充法律意见(一)》,载北京证券交易所网,https://www.bse.cn/disclosure/2022/2022-09-07/1662544329_521898.pdf。

(4)发行人已建立系统的资金风险防范制度,并会通过对与海尔财务公司的资金往来进行定期检查、定期对海尔财务公司进行风险评估、风险防范。

在上述雷神科技 IPO 案例中,在发行人与集团财务公司发生业务和资金往来的情形下,雷神科技的回复具有可参考价值。发行人律师主要围绕海尔财务公司的资质与经营风险、存款来源及投向,发行人与海尔财务公司开展业务的合法性、合规性,发行人与海尔财务公司之间存款利率定价的合理性、公允性,发行人的风险防范措施进行了核查与说明。

IPO 第 25 问 外协加工是否影响发行人的业务独立性?

一、问题提出

外协加工,是指企业为降低成本、提高生产效率,或因企业技术或资质受限难以独立完成生产制造任务,委托外单位协助负责部分工序、加工部分零部件或半成品的行为。随着我国制造业的发展,外协加工已经成为轻纺工业、资源加工工业以及机械、电子制造业等行业的普遍现象。对于 IPO 企业而言,其业务独立性甚为重要,企业的业务应当独立于控股股东、实际控制人及其控制的其他企业,与控股股东、实际控制人及其控制的其他企业间不得有同业竞争或者显失公平的关联交易。由于外协加工可能产生企业生产以及业务过于依赖外协加工,或与外协加工厂商产生利益输送、关联交易情况,最终对企业的业务独立性造成重大不利影响,因此,IPO 企业存在的外协加工问题是审核部门的关注重点之一。

二、核查思路

外协加工的特点是生产工序单一、为非核心工序,或具有特殊的业务资质,能够满足企业短期的生产加工任务。因此,发行人存在外协加工模式的,参考相关案例,发行人以及中介机构可以从以下几个方面进行核查:

(一)外协加工的具体内容

应核查外协加工的具体内容,是否为核心工艺程序,是否需要特定资质要求，是否存在政策、技术等方面的门槛等。

（二）外协厂商的合法性

应核查外协厂商生产的合法性，即外协厂商的资质情况，如是使用特殊技术的应核查其是否具备资质认证要求，能否正常开展相关业务；外协厂商是否合法合规经营，是否涉及重大诉讼、仲裁，或被行政机关处罚等。

（三）发行人与外协厂商的履约情况以及产品质量责任

核查外协厂商与发行人签订的外协加工协议，侧重于核查外协厂商的权利、义务，发行人与其在产品质量方面的责任划分，以及定价等；核查外协厂商的产品质量情况与交易履约情况，即应核查发行人有无发生外协加工产品的退货以及退货产品比例，有无与外协厂商产生争议或纠纷，如存在纠纷或质量问题，双方的应对措施是什么，发行人与外协厂商是否按照双方签订的协议履行义务等。

（四）外协加工的必要性以及定价公允性

应核查说明外协加工的模式，说明委托外协加工的原因，以及该原因是否具有合理性；应核查发行人与该外协厂商定价的公允性，即是否超过同行业市场价平均水平。

（五）外协加工对发行人业务独立性的影响

应核查外协加工是否为核心工艺程序或关键工序，是否具有核心竞争力，外协加工的产品在发行人自主生产的产品中所占的金额比例情况。

核查外协厂商是否与发行人的股东、实际控制人以及董事、监事、高级管理人员之间存在关联关系，是否存在为发行人代垫费用、代为承担成本或转移定价、关联关系等利益输送情形；核查发行人是否建立了生产、采购及销售的内部管理制度。

（六）外协加工是否具备环保资格

应核查外协环节是否涉及环境污染，是否利用委外加工规避环保核查。

三、案例评析

（一）南方路机（603280）

根据福建南方路面机械股份有限公司（以下简称南方路机）的招股说明

书显示[1]，南方路机存在委外加工情况。对此，根据发行人律师的补充法律意见书显示[2]，发行人律师从以下几个方面进行了核查：

（1）针对线切割工序，外协加工单价主要根据物料厚度变化而进行调整，目前市场上从事线切割的工厂较多，工艺较为成熟，市场竞争充分，各工厂的线切割加工价格不存在显著差异，发行人的外协线切割加工价格公允。

（2）发行人外协厂商生产合法合规，不存在利用委外加工规避环保核查的情形。

（3）外协厂商交付的产品存在质量不符合合同约定的，由外协厂商负责返修，并承担返修相关费用。如果因为逾期交付或定作物出现质量问题，导致发行人客户投诉或发生赔偿纠纷的，外协厂商应承担相应赔偿责任。

（4）热镀锌、线切割均非发行人生产过程中的核心工序，相关工序在行业内工艺流程较为成熟。发行人将相关工序委托外协厂商完成，其原因在于其所需热镀锌、线切割加工量较小，占营业成本比例较低，且相关工序固定资产投入较大，自行开展相关工序并不具备经济性，不会对发行人资产、技术的完整性和业务独立性产生不利影响。

根据上述南方路机 IPO 案例中南方路机的问询及回复意见可知，委外加工应从外协价格定价公允性，外协厂商生产的合法合规性，产品质量方面的责任划分，委外加工的相关工序是否属于发行人的核心生产工序、是否需具备资质认证要求或者技术门槛，外协环节是否涉及环境污染，是否利用委外加工规避环保核查，外协加工是否影响发行人资产、技术的完整性和业务独立性等角度进行核查与说明。

（二）宏昌科技（301008）

根据浙江宏昌电器科技股份有限公司（以下简称宏昌科技）的招股说明

---

[1] 参见《福建南方路面机械股份有限公司首次公开发行股票招股说明书》，载巨潮资讯网，http://www.cninfo.com.cn/new/disclosure/detail?orgId=nssc1000815&announcementId=1214905724&announcementTime=2022-10-26。

[2] 参见《北京市金杜律师事务所关于福建南方路面机械股份有限公司首次公开发行股票并上市的补充法律意见书（一）》，载上海证券交易所网，http://www.sse.com.cn/disclosure/listedinfo/announcement/c/new/2022-10-19/603280_20221019_3_0dk3WE5m.pdf。

书显示[1],报告期内发行人存在委托外协厂商进行模块化组件加工的情形,未披露外协加工总体金额以及占比等数据。针对此情形,发审委要求保荐机构和发行人律师分析并披露外协加工的必要性和合理性,及其是否对发行人独立性和业务完整性构成影响。

根据发行人律师的法律意见书显示[2],发行人律师认为:

(1)发行人外协加工具有必要性和合理性。公司对模块化组件加工程序基本采用外协加工方式进行量产,主要原因是模块化组件产品中的塑料部件体积相对较大,运输成本高且长途运输容易造成错位或者损坏,外协加工有利于合理控制运输成本;通过就近委托外协厂商进行加工及配送,可提高模块化组件的供货效率,及时满足客户需求;通过外协厂商进行一部分非核心零部件的生产,有利于公司将资源投向设计研发环节和核心部件流体电磁阀的生产,突出公司核心产品的竞争优势。

(2)模块化组件的委外加工不涉及关键工序。公司利用自有设备完成模块化组件的生产工艺调试,试生产达到一定品控标准后,才将注塑和组装工序委托给外协厂商并指导其完成加工工序,因此公司外协加工不影响发行人的业务独立性和完整性。

在上述宏昌科技 IPO 案例中,发行人律师主要从外协加工的必要性和合理性、委外加工是否涉及关键工序对委外加工情形进行了论证。

附:主要参考规范

1.《首次公开发行股票注册管理办法》(2023 年发布)

第十二条　发行人业务完整,具有直接面向市场独立持续经营的能力:

(一)资产完整,业务及人员、财务、机构独立,与控股股东、实际控制人及其控制的其他企业间不存在对发行人构成重大不利影响的同业竞争,不

---

[1] 参见《301008 宏昌科技首次公开发行股票并在创业板上市招股说明书》,载深圳证券交易所网 2021 年 5 月 26 日,http://www.szse.cn/disclosure/listed/bulletinDetail/index.html?4e6daf09-4ae4-4e50-893f-38f5ae21e7e2。

[2] 参见《301008 宏昌科技 国浩律师(杭州)事务所关于公司首次公开发行股票并在创业板上市之法律意见书及历次补充法律意见书》,载深圳证券交易所网 2021 年 5 月 26 日,http://www.szse.cn/disclosure/listed/bulletinDetail/index.html?d1946dff-b411-4645-8da3-77af48c0ee20。

存在严重影响独立性或者显失公平的关联交易；

……

（三）不存在涉及主要资产、核心技术、商标等的重大权属纠纷，重大偿债风险，重大担保、诉讼、仲裁等或有事项，经营环境已经或者将要发生重大变化等对持续经营有重大不利影响的事项。

2.《监管规则适用指引——发行类第4号》（2023年发布）

4－10 资产完整性

发行人租赁控股股东、实际控制人房产或者商标、专利来自于控股股东、实际控制人授权使用的，保荐机构和发行人律师通常应关注并核查以下方面：相关资产的具体用途、对发行人的重要程度、未投入发行人的原因、租赁或授权使用费用的公允性、是否能确保发行人长期使用、今后的处置方案等，并就该等情况是否对发行人资产完整性和独立性构成重大不利影响发表明确意见。

如发行人存在以下情形之一的，保荐机构及发行人律师应当重点关注、充分核查论证并发表意见：一是生产型企业的发行人，其生产经营所必需的主要厂房、机器设备等固定资产系向控股股东、实际控制人租赁使用；二是发行人的核心商标、专利、主要技术等无形资产是由控股股东、实际控制人授权使用。

3.《公开发行证券的公司信息披露内容与格式准则第57号——招股说明书》（2023年发布）

第七十三条 发行人应分析披露其具有直接面向市场独立持续经营的能力，主要包括：

（一）资产完整方面。生产型企业具备与生产经营有关的主要生产系统、辅助生产系统和配套设施，合法拥有与生产经营有关的主要土地、厂房、机器设备以及商标、专利、非专利技术的所有权或者使用权，具有独立的原料采购和产品销售系统；非生产型企业具备与经营有关的业务体系及主要相关资产；

（二）人员独立方面。发行人的总经理、副总经理、财务负责人和董事会秘书等高级管理人员不在控股股东、实际控制人及其控制的其他企业担任除董事、监事以外的其他职务，不在控股股东、实际控制人及其控制的其他企业领薪；发行人的财务人员不在控股股东、实际控制人及其控制的其他企业兼职；

（三）财务独立方面。发行人已建立独立的财务核算体系、能够独立作出财务决策；具有规范的财务会计制度和对分公司、子公司的财务管理制度；发行人未与控股股东、实际控制人及其控制的其他企业共用银行账户；

……

4.《保荐人尽职调查工作准则》(2022 年修订)

第六十八条 独立情况

……

查阅商标、专利、版权、特许经营权、非专利技术等无形资产以及房产、土地使用权、主要生产经营设备等主要财产的权属凭证、相关合同等资料，并通过咨询中介机构意见，走访房产管理、土地管理、知识产权管理等部门，必要时进行实物资产监盘等方法，调查发行人是否具备完整、合法的财产权以及是否实际占有；调查商标权、专利权、版权、特许经营权、非专利技术等的权利期限情况，核查相关资产是否存在法律纠纷或潜在纠纷，关注发行人正在申请注册的商标、专利、版权是否存在异议申请的情形；调查金额较大、期限较长的其他应收款、其他应付款、预收及预付账款、合同资产、合同负债、关联方应收款项等产生的原因及交易记录、资金流向等，调查发行人是否存在资产被控股股东或实际控制人及其关联方控制和占用的情况，是否具备与生产经营有关的主要生产系统、辅助生产系统和配套设施或者是否具备与经营有关的业务体系及主要相关资产，是否生产经营所必需的资产系向控股股东、实际控制人租赁使用，是否核心商标、专利、主要技术等无形资产是由控股股东、实际控制人授权使用，判断其资产独立性。如发行人存在租赁控股股东、实际控制人资产或发行人的专利、商标来自控股股东、实际控制人授权的情形，应核查相关资产的具体用途、对发行人的重要程度、未投入发行人的原因、租赁或授权使用费用的公允性、是否能确保发行人长期使用、今后的处置方案等，判断该等情况对发行人资产完整性和独立性的影响。

……

四、实际控制人

IPO 第 26 问　如何认定发行人的实际控制人？

一、问题提出

2018 年修正的《公司法》规定，实际控制人是指虽不是公司的股东，但通过投资关系、协议或其他安排，能够实际支配公司行为的人。然而，上市公司实际控制人，更着重“能否实际支配公司行为”或“能否实际控制、影响公司行为”，与其是否为公司股东，不存在必然关系。因此 2023 年修订的《公司法》在第 265 条第 1 款第 3 项，已将实际控制人的定义调整为：“通过投资关系、协议或者其他安排，能够实际支配公司行为的人。”《上海证券交易所股票上市规则》《深圳证券交易所股票上市规则》，因应《公司法》的修正，在上述基础上，更进一步将能够实际支配公司行为的人，扩展为自然人、法人或者其他组织。

此外，无论是上交所、深交所或是北交所的上市规则，均在关于信息披露、首次公开发行的消极条件、公司治理、退市及风险警示等章节中，将实际控制人与控股股东并列，甚至以“控股股东和实际控制人”为名，在公司治理篇章中单列为一节，使实际控制人负有与控股股东相同的义务。如果在发行上市过程中，因为发行人或发行人上层股东的股权变动、代持等，导致不满足实际控制人在一定期间内〔1〕没有发生变更的消极条件，将成为发行上市的实质障碍。

〔1〕 主板为 36 个月；创业板、科创板及北交所为 24 个月。

二、核查思路

就实际控制人的认定，笔者认为，可以从认定标准及其类型出发，再结合相关法律规范及 IPO 案例，得出当前对实际控制人认定的具体标准及路径，并根据实际控制人的类型，进行针对性的合规审查及安排。具体说明如下：

（一）实际控制人的认定标准和类型

认定标准主要包括实质控制标准和支配可能性标准。其中，实质控制标准，是指拥有公司控制权、能够实际支配公司行为的主体。实际控制人事实上支配公司的经营管理、商业决策、人事任免，甚至是财务管理等内部核心事务。支配可能性标准，是指只要处于控制地位，即具备支配公司运营的能力，无论是否采取控制措施及控制目的为何。认定某一主体为实际控制人的核心要素是：满足处于控制地位的条件，就需要履行法律规定的信息披露等义务。[1] 实际控制人的类型主要包括如下几种：

1. 投资类型实际控制

通过子公司、孙公司、曾孙公司等直接、间接持股，达到单独或联合控制公司股份所代表表决权超过 30%。进一步可分为：(1)金字塔持股结构，以处于控制链顶端的控制人对下层公司逐层进行纵向控制；(2)多重股权架构，通过多条不同的股份控制链条，以累计的方式达到对末端公司进行控制的效果；(3)交叉持股，通过在不同公司之间同时横向及纵向交叉参股，以提升控制人的控制力。

2. 表决权类型实际控制

包括：(1)表决权征集，如对投票、提名权、提案权、召集权等进行征集，由董事会负责将相关文书寄给股东，股东填写完毕后，在会议召开前将文件寄回；(2)代理，在股东确实无法出席会议时，依据授权行为或相关文件，委托代理人行使相关股东权利；(3)信托，由股东将表决权信托给受托人，由受托人以自己的名义对委托人负责。通过上述方式获得对公司的控制地位，则应当认定为实际控制人。

---

〔1〕 参见徐来等：《上市公司实际控制人信义义务体系构建研究》，法律出版社 2022 年版，第 12～14 页。

3. 协议类型实际控制

以签署协议的方式转移公司控制权，对控制范围、程度、期限、一致行动保证、排他性、违约责任等进行约定，使控制人获得对公司经营决策和执行的控制权。

4. 交易优势类型实际控制

垄断和处在垄断地位的公司很容易对市场上存在的其他同类领域竞争者进行操控或产生重大影响。处于市场支配地位的公司能在不考虑其他经营者的情况下，对交易价格和交易条件独立进行决策，其不当然构成实际控制，但如果其进一步滥用市场支配地位，如存在垄断价格、掠夺性定价、独家交易、拒绝交易、强制交易、差别待遇等行为，则将使交易相对方处于弱势地位，成为实际控制人。

5. 其他类型的实际控制

包括：(1)亲属关系控制，通过血缘关系、姻亲关系分散持股，实现对公司的控制；(2)内部人控制，职业经理人、董事、监事、高级管理人员通过职务关系对公司实施控制，又可以称作管理层控制。

6. 无实际控制人

存在两种类型：(1)无控股股东也无实际控制人，发行人股东的持股比例相对分散或制衡，不存在能够实际支配公司行为的主体；(2)有控股股东，无实际控制人，发行人虽有控股股东，但该控股股东本身股权结构分散，因此无法认定最终实际控制人。无实际控制人容易导致股东内部对控制权的争夺，进而影响公司持续经营的能力。因此，监管部门会着重关注公司的内部争议解决机制、内部控制、管理等问题。

(二)认定实际控制人的核查方式

主要核查方式包括：(1)核查发行人是否可依据《上市公司收购管理办法》第 84 条的规定的情况认定实际控制人；(2)核查发行人是否可依据《证券期货法律适用意见第 17 号》第 2 条认定共同实际控制人或无实际控制人；(3)若不存在单一实际控制人，是否存在通过一致行动协议、亲属关系或关联关系形成共同控制的情况；(4)实际控制人认定的核心是保持报告期内发行人控制权的相对稳定，共同控制的认定需要有客观依据；(5)无实际控制人的情况下，需要再加强对内部争议解决、内部控制机制等的关注。

三、案例评析

(一)唯科科技(301196)

厦门唯科模塑科技股份有限公司(以下简称唯科科技)的招股说明书(申报稿)认定,该公司实际控制人为庄某甲、王某夫妻,合计持有厦门唯科72.657%的股份。另有庄某甲家族成员等5人,其一为庄某甲之兄庄某乙,同时任唯科科技的子公司健康产业董事、子公司泉州唯科执行董事兼经理及持股平台执行事务合伙人,另4人通过持股平台合计持有唯科科技5.8761%的股份,上述5人并未被列发行人的共同实际控制人。

针对上述情形,发审委要求保荐机构、发行人律师对下列事项进行核查,并发表明确意见:(1)实际控制人庄某甲家族成员是否在发行人及其子公司任职;(2)相关家族成员最近2年在发行人的任职情况、在经营决策中发挥的具体作用,报告期内发行人公司治理、经营管理的实际运作情况等,补充披露未将上述人员认定为发行人共同实际控制人的原因及合理性。

根据发行人律师出具的补充法律意见书显示[1],根据相关规定,庄某乙虽直接持有发行人的股份,但目前及报告期内均未担任发行人董事、监事及高级管理人员,仅担任子公司健康产业的董事和泉州唯科的董事兼经理,未参与发行人经营决策。此外,认定共同控制人时每人都必须直接持有公司股份和/或者间接支配公司股份的表决权,其余4人未直接持有发行人的股份,也未间接支配发行人股份的表决权,且均未在发行人任职,未参与发行人的经营决策。

在上述唯科科技IPO案例中,因庄某甲夫妻持有股份数达绝对控股,即便其兄庄某乙在发行人子公司任职,也未直接参与经营决策,而其余家族成员未在公司任职,仅为间接持股,因此发行人未将该5人列为共同实际控制人,将实际控制人的人数控制在最小范围,能减少对实际控制人的核查范围,同时符合相关法律法规的认定标准。

---

[1] 参见《301196 唯科科技 国浩律师(上海)事务所关于厦门唯科模塑科技股份有限公司首次公开发行股票并在创业板上市之法律意见书及补充法律意见书》,载深圳证券交易所网2021年12月17日,http://www.szse.cn/disclosure/listed/bulletinDetail/index.html?1f50f75c-1e64-4494-a6fc-fac39cc35bbc。

（二）安集科技（688019）

安集微电子科技（上海）股份有限公司（以下简称安集科技）的招股说明书（申报稿）披露：发行人控股股东为 Anji Cayman，无实际控制人。针对上述情形，发审委要求发行人对下列事项进行核查并发表明确意见：（1）其控股股东的各股东间是否存在一致行动或关联关系，是否存在相关股东对股东会行使控制权；（2）控股股东的董事提名与选任规则、董事会议事规则，及董事会的召开与决议情况，是否存在相关股东通过董事会行使控制权；（3）控股股东的各股东实际控制人间是否存在亲属关系或其他关联关系，是否曾经共同创业或有紧密的商业合作关系，认定发行人无实际控制人的依据是否充分。

根据发行人律师出具的补充法律意见书披露[1]：

（1）Anji Cayman 的各股东持股比例较分散。根据开曼公司章程和《开曼群岛公司法》（The Cayman Islands the Companies Law），无论是投票表决或是举手表决的方式[2]，任一股东均无法对股东会形成有效控制，且各股东之间不存在一致行动关系，也不存在虽不是 Anji Cayman 股东，但通过投资关系、协议或者其他安排能够实际支配 Anji Cayman 股东会的主体，其股权比例如表 14 所示。

表 14　Anji Cayman 各股东股权比例

序号	股东姓名/名称	持股数额/股	持股比例/%
1	RUYI Holdings Inc.	24,752,880	24.02
2	Northern Light Venture CapitalII,Ltd.	22,737,180	22.06
3	Yuding Limited	17,990,736	17.46
4	Oriental Wall Limited	17,184,676	16.67
5	CRS Holdings Inc.	6,761,900	6.56
6	SMS Global Holdings Inc.	5,443,346	5.28

〔1〕参见《上海市锦天城律师事务所关于安集微电子科技（上海）股份有限公司首次公开发行股票并在科创板上市的补充法律意见书（一）》，载上海证券交易所网，http://static. sse. com. cn/stock/disclosure/announcement/c/201904/000056_20190430_LHUJ. pdf。

〔2〕根据《开曼群岛公司法》的规定，在举手表决时，亲自出席的每一位股东均有一表决权；在投票表决时，股东对持有的每一股份有一表决权。

续表

序号	股东姓名/名称	持股数额/股	持股比例/%
7	SGB Holdings Inc.	5,383,598	5.22
8	Anjoin Company Limited	2,810,290	2.73
合计		103,064,606	100.00

(2)通过查阅当地律师事务所出具的《Anji Cayman 尽职调查报告》可知：

①Anji Cayman 的公司章程规定，除当地法律规定须由股东会行使权力以外的所有权利，公司事务均由董事会负责管理。《开曼群岛公司法》对董事提名、董事会会议或由董事会批准的事项未作出具体的法律规定，所有该等事项均应遵守公司的组织章程大纲与章程细则。

②Anji Cayman 现任董事的提名及委任情况如表 15 所示。可见董事未委任任何董事会主席；所有 Anji Cayman 现任董事的任命程序合法有效，董事会议的召开和决议符合《开曼群岛公司法》的规定。

表 15　Anji Cayman 现任董事的提名及委任情况

董事	任职起始时间	委派股东	委派股东持股比例/%
王某敏	2004 年 11 月 14 日	RUYI Holdings Inc.	24.02
杨某	2011 年 6 月 22 日	Northern Light Venture Capital Ⅱ, Ltd.	22.06
朱某人	2004 年 11 月 14 日	Yuding Limited	16.67
王某伟	2013 年 10 月 8 日	Oriental Wall Limited	16.67
俞某	2004 年 6 月 23 日	CRS Holdings Inc.	6.56
Steven Larry Ungar	2004 年 6 月 23 日	SMS Global Holdings Inc.	5.28

③Anji Cayman 现有 6 名董事由前 6 名股东分别委派，6 名董事之间不存在亲属关系和一致行动关系。报告期内，不存在相关股东对 Anji Cayman 董事会行使控制权的情形。

(3)根据发行人律师对 Anji Cayman 董事的访谈及各股东出具的说明文件可知：①Anji Cayman 各股东的实际控制人之间不存在亲属关系或其他关

联关系，未曾共同创业或有紧密的商业合作关系；②Anji Cayman 持有发行人 56.64% 的股权，为发行人的控股股东，且无实际控制人，发行人的经营管理均按照其公司章程进行，故无最终股东控制发行人股东大会。

在上述安集科技 IPO 案例中，其控股股东为开曼公司，该公司股权相对分散，虽然前四大股东的股权占比合计超过 80%，但因该公司的章程约定 6 名董事分别由 6 位股东任命，在董事会中享有同等的表决权，且根据当地律师事务所出具的法律意见书，董事的任免及公司经营决策均按照该开曼公司的章程及相关文件约定，可以确认发行人并不存在实际控制人。在上市过程中，如果公司股权相对分散，也可以参考此模式确定是否存在实际控制人。

IPO 第 27 问　影响实际控制人控制权稳定性的主要因素及解决方案有哪些？

一、问题提出

发行人控制权应具备稳定性，是各证券交易所上市规则中均明确要求的上市发行条件。由于控制权稳定性对整个公司的日常经营、运营管理及重大决策等方面都将产生重大影响，如果证券交易所审核时对控制权稳定性存疑，将成为上市实质障碍。关于影响控制权稳定性的原因，《上海证券交易所股票上市规则（2024 年 4 月修订）》第 12.2.8 条载明的事由有：（1）股份被司法冻结；（2）高比例（80%）股份质押；（3）上交所或保荐人认为应当发表意见的其他情形。然而，在实际案例中遭遇的往往是上市规则中所未明确的情况，必须在前期的尽职调查工作中加以排除。

二、核查思路

根据 IPO 案例及既往项目经验，需要从股权结构，控股股东/实际控制人的年龄、婚姻家庭情况及经济情况等多个方面进行排查，对存在不稳定因素的情况提前进行法律安排。

(一)影响控制权稳定性的主要因素

1. 股权是否过于分散

股权分散容易导致不同股东对于公司管理、重大决策出现分歧,也容易因股东个人原因、股东控制权变动等间接因素而进一步对发行人控制权的稳定性产生影响。

2. 对赌协议

由于对赌协议的内容可能会涉及导致发行人控制权发生变化,以及未达成约定业绩发行人需要出资回购股权等情况,《监管规则适用指引——发行类第 4 号》中特别对如下问题进行了明确:(1)原则上要求发行人在申报前清理对赌协议;(2)若同时满足下列要求则可以不清理:①发行人不作为当事人;②不存在可能导致公司控制权变化的约定;③不与市值挂钩;④不存在严重影响发行人持续经营能力或者其他严重影响投资者权益的情形。

3. 实际控制人的婚姻情况

是否存在未婚同居状况。如果在申报、审核期间,实际控制人发生因离婚、解除同居关系而导致的共同财产分割,将导致发行人控制权稳定性存在不确定性,使发行人的上市进程受到重大影响,甚至形成发行审核实质障碍。

4. 实际控制人是否对外负有大额债务

其债务情况可能导致股份质押、被司法冻结、强制执行等,产生控制权变动。

(二)常见用于强化控制权稳定性的安排

1. 持股平台/员工持股平台

又称为表决权杠杆。持股平台可以分为公司型(由实际控制人控股)及有限合伙型(由实际控制人担任普通合伙人)两种,实际控制人可以通过对持股平台享有控制权,以杠杆方式达到维持发行人控制权稳定性的目的。而契约基金、资管计划及信托计划(三类股东)因受到不具备法人资格、存在实际代持、存续期到期、实际出资人人数限制等因素的影响,存在确权困难、股权不稳定及股东人数可能超过 200 人等问题而面临诸多限制,因此不再被作为持股工具。

2. 融资安排

为了降低在公司发展过程中因为融资需求释出的股比比例,发行人可以提前布局,采用股权债权双融资、约定等比例增资、认购的方式,也可以在融资条件中降低退出条件的要求,降低股权释出的比例,以降低因融资对控制权稳定性的影响。

3. 表决权差异化安排

又称为 AB 股、同股不同权。表决权差异化安排有助于实际控制人以更少的持股比例,实现、维持控制权稳定。然而,我国为了维持同股同权原则,直到实施科创板注册制后,才有条件地接受实行表决权差异化的公司在境内上市,但是对于预估市值、净利润、营业收入等有较高的要求。

4. 一致行动协议

又称为表决权委托。由于我国《公司法》对于一致行动并没有明文规定,现行审核主要根据中国证监会发布的《上市公司收购管理办法》第 83 条第 1 款的规定:"本办法所称一致行动,是指投资者通过协议、其他安排,与其他投资者共同扩大其所能够支配的一个上市公司股份表决权数量的行为或者事实。"因此,股权结构较为分散的发行人,还可以让持股比例较高的股东签订一致行动协议,使发行人的表决权相对集中,达到认定实际控制人的发行条件。

三、案例评析

(一)优刻得(688158)

根据优刻得科技股份有限公司(以下简称优刻得)[1]的招股说明书(申报稿)披露[2]:发行人于 2019 年第一次临时股东大会表决通过《关于〈设置特别表决权股份的方案〉的议案》,设置特别表决权股份。季某华、莫某峰、华某所持有的每份 A 类股份拥有的表决权数量为每份 B 类股份拥有的表决权数量的 5 倍。

针对上述情形,发审委要求发行人从设置特别表决权股份的合规性、公司治理结构的稳定和有效性、持有特别表决权的必要性和合理性等角度进

〔1〕 优刻得是我国科创板注册制实施后,首个采用表决权差异化安排并成功上市发行股票的公司,于 2020 年 1 月 20 日在上交所科创板上市。

〔2〕 参见《优刻得科技股份有限公司首次公开发行股票并在科创板上市招股说明书(申报稿)》,载上海证券交易所网,http://static.sse.com.cn/stock/disclosure/announcement/c/201904/000040_20190401_9GKD.pdf。

行说明。根据发行人律师出具的补充法律意见书显示〔1〕：

(1)发行人设置特别表决权股份的主要法律依据包括《公司法》第131条〔2〕，国务院《关于推动创新创业高质量发展打造"双创"升级版的意见》第26条，《关于在上海证券交易所设立科创板并试点注册制的实施意见》第5条，《上海证券交易所科创板股票上市规则》第4.5.2条、第2.1.4条〔3〕，《上市公司章程指引》(2019年修订)第15条〔4〕等。

(2)设置特别表决权前2年内，三个共同实际控制人具体管理发行人并共同对其业务经营及发展起决定性作用，合计持股比例最高且一直处于控股地位，在历届股东会/股东大会中均表决一致，且能够共同决定董事会半数以上成员，并在历次董事选举中保持一致决策，又经发行人股东在公司章程中确定为共同实际控制人，特别表决权设置后，三个共同实际控制人合计持有发行人表决权的比例上升为64.71%，进一步强化了其对发行人的控制能力。若其他股东欲调整现有特别表决权安排，须修改公司章程，相关决议应当经不低于出席股东大会会议的股东所持表决权的2/3以上通过，实操难度较大，现有特别表决权安排具有实际层面的稳定性。

(3)进一步稳固三个共同实际控制人控制权是降低本次发行及上市后再融资对共同控制权稀释影响的现实需要，本次发行前，三个共同实际控制人合计直接、间接持有发行人29.7305%的股份，系发行人的共同控股股东及实际控制人。公司本次拟发行不超过12,140万股，占发行后总股本的比例不低于21.56%，发行后情况(不含采用超额配售选择权发行的股票数量)如表16所示(不考虑发行人现有股东参与认购的情况，下同)。

〔1〕 参见《北京市君合律师事务所关于优刻得科技股份有限公司首次公开发行股票并在上海证券交易所科创板上市之补充法律意见书(一)》，载上海证券交易所网，http://static.sse.com.cn/stock/disclosure/announcement/c/201905/000040_20190506_33W4.pdf。

〔2〕 2023年修订的《公司法》第95条第1款第5项已规定股份有限公司可发行类别股。

〔3〕 此规定已修订，现行有效规定为《上海证券交易所科创板股票上市规则(2023年8月修订)》。

〔4〕 此规定已修订，现行有效规定为《上市公司章程指引》(2023年修订)。

表 16　发行前和发行后的股本结构

序号	股东名称	本次发行前股本结构		本次发行后股本结构	
		持股数/股	所占比例/%	持股数/股	所占比例/%
1	季某华	50,831,173	13.9633	50,831,173	10.4713
2	莫某峰	23,428,536	6.4357	23,428,536	4.8263
3	华某	23,428,536	6.4357	23,428,536	4.8263
4	其他现有股东	266,343,919	73.1653	266,343,919	54.8674
5	公众股东	—	—	121,400,000	25.0086
合计(除公众股东)		364,032,164	100.00	485,432,164	100.00

在发行人本次发行并上市后,控股股东及三个共同实际控制人在发行人层面的持股比例较发行前将有所下降,直接持股未达 20%。本次特别表决权引入系为了保证发行人控制权的稳定,从而确保发行人在上市后不会因实际控制权在增发股份后减弱而对公司的生产经营产生重大不利影响,保护发行人及其全体股东的利益。

(4)优刻得(开曼)层面设置特别表决权后,三个共同实际控制人在优刻得(开曼)层面合计持有 41.08% 的股份,按照每 1 份特别表决权股份对应 3 份普通表决权股份,三个共同实际控制人持有表决权的比例合计为 67.65%。该等安排增强了公司股权结构和控制权结构的稳定性,公司决策及运行良好。发行人决定终止红筹架构后,先后经历了多次增资,三个共同实际控制人在发行人中直接持有权益的份额合计降为 26.8347%。本次发行及上市前,为基本保持三个共同实际控制人与优刻得(开曼)历史上股东会层面表决权比例(67.65%)相似的比例,设置特别表决权,按照每 1 份特别表决权股份对应 5 份普通表决权股份,三个共同实际控制人合计持有发行人表决权的比例上升为 64.71%。

在上述优刻得 IPO 案例中,发行人在申报前即采取表决权差异化安排,并在申报时对特别表决权的比例进行扩大,使三个共同实际控制人在合计直接持股未达 20% 的情况下维持对发行人的控制权,并在公司章程中对控制权稳定性进行了确认,进一步强化了相关安排的稳定性。优刻得作为我国第一个采取表决权差异化并成功在 A 股上市的公司,其经验值得借鉴。

（二）奥精医疗（688613）

根据奥精医疗科技股份有限公司（以下简称奥精医疗）的招股说明书（申报稿）披露[1]：胡某、崔某斋、黄某兰系发行人的实际控制人，其对发行人的持股比例分别为9.49%、6.33%和3.76%；黄某兰系北京银河九天的执行事务合伙人，北京银河九天对发行人的持股比例为7.76%；李某对发行人的持股比例为0.73%。上述股东共同签有《一致行动协议书》，如果无法达成一致意见，应按照黄某兰的意向进行表决。崔某斋与黄某兰系夫妻关系，胡某系其二人的女婿。

针对上述情形，发审委要求发行人对下列事项进行说明：（1）崔某斋是否在发行人的生产经营中始终起到主导作用；（2）一致行动协对于以黄某兰意向为准的安排的原因，相关安排是否可能影响控制权稳定；（3）共同实际控制人中，最近2年持有、支配公司股份表决权比例最高的人是否发生变化；（4）未将崔某斋之女崔某认定为实际控制人的原因。

根据发行人律师出具的补充法律意见书显示[2]：

（1）自公司成立至该补充法律意见书发布时（除发行人创立初期因两位原始股东退出的短暂期间外），发行人的共同实际控制人、发行人的控制权未发生变更。崔某斋自发行人设立始，先后担任了总经理、首席科学家等职务，主管公司技术研发与产品开发，作为技术带头人参与多项已授权专利及正在申请中的专利的研发，并参与发行人多项核心研发项目，对于发行人的生产经营始终起着主导作用。发行人现有已授权的原始取得的发明专利共17项，其中崔某斋作为主要发明人的共12项；正在申请的发明专利共13项，其中崔某斋作为主要发明人的共7项。

（2）黄某兰为公司创始股东，2016年8月以来持有及实际支配的公司股份表决权比例在共同实际控制人中始终最高。在不同时期，曾于发行人分别担任董事、总经理、副总经理职务，主要负责公司的经营管理，选定及聘任

---

〔1〕参见《奥精医疗科技股份有限公司首次公开发行股票并在科创板上市招股说明书（申报稿）》，载上海证券交易所网，http://static.sse.com.cn/stock/disclosure/announcement/c/202006/000583_20200619_0W79.pdf。

〔2〕参见《奥精医疗科技股份有限公司首次公开发行股票并在科创板上市申请文件招股意向书附录》，载上海证券交易所网，http://www.sse.com.cn/disclosure/listedinfo/announcement/c/new/2021-04-28/688613_20210428_3.pdf。

高级管理人员等工作。2020 年 5 月 27 日，经董事会和股东大会选举，黄某兰成为发行人董事，并约定若无法达成一致意见以其意向为准。通过上述安排，共同实际控制人及所推选的董事在董事会的席位由 3 席变为 4 席，进一步增强了共同实际控制人的控制权。

（3）最近 2 年发行人实际控制人中持有、实际支配公司股份表决权比例最高的人始终为黄某兰，未发生变化。

（4）崔某未直接或间接持有公司股份，未担任公司董事、高级管理人员，仅作为核心技术人员参与公司工作，在公司经营决策中未发挥重要作用；胡某在股东大会、董事会系根据个人意志、独立判断、独立行使股东及董事表决权。因此发行人未将崔某认定为实际控制人。

在上述奥精医疗 IPO 案例中，涉及发行人股东以《一致行动协议书》将公司经营决策权交由最大股东行使，但该大股东并未持续稳定地在公司任职并参与经营管理，而且签订该协议书的股东持股比例合计未达 30%，导致发审委对其实际控制能力产生怀疑。因此，涉及实际控制人认定时，应当特别注意对于（自然人）大股东的家庭成员是否直接或间接持股、是否参与公司事务均需要作出明确的安排，以免造成实际控制人的变动或认定困难。

附：主要参考规范

1.《公司法》（2023 年修订）

第二百六十五条 本法下列用语的含义：

……

（三）实际控制人，是指通过投资关系、协议或者其他安排，能够实际支配公司行为的人。

2.《上海证券交易所股票上市规则（2024 年 4 月修订）》

15.1 本规则下列用语具有如下含义：

……

（七）实际控制人：指通过投资关系、协议或者其他安排，能够实际支配公司行为的自然人、法人或者其他组织。

……

3.《深圳证券交易所股票上市规则(2024 年修订)》

15.1　本规则下列用语具有如下含义:

……

(五)实际控制人:指通过投资关系、协议或者其他安排,能够实际支配公司行为的自然人、法人或者其他组织。

……

4.《深圳证券交易所创业板股票上市规则(2024 年修订)》

13.1　本规则下列用语具有以下含义:

……

(七)实际控制人:指通过投资关系、协议或者其他安排,能够实际支配公司行为的人。

……

5.《北京证券交易所股票上市规则(试行)》(2024 年 4 月修订)

12.1　本规则下列用语的具体含义或计算方法如下:

……

(九)实际控制人,是指通过投资关系、协议或者其他安排,能够支配、实际支配公司行为的自然人、法人或者其他组织。

……

(十一)控制,是指有权决定一个企业的财务和经营政策,并能据以从该公司的经营活动中获取利益。有下列情形之一的,为拥有上市公司控制权(有确凿证据表明其不能主导公司相关活动的除外):

1. 为上市公司持股 50% 以上的控股股东;

2. 可以实际支配上市公司股份表决权超过 30%;

3. 通过实际支配上市公司股份表决权能够决定公司董事会半数以上成员选任;

4. 依其可实际支配的上市公司股份表决权足以对公司股东大会的决议产生重大影响;

5. 中国证监会或者本所认定的其他情形。

6.《北京证券交易所向不特定合格投资者公开发行股票并上市业务规则适用指引第 1 号》(2023 年修订)

1－5 经营稳定性

《上市规则》第 2.1.4 条第(六)项规定了发行人不得存在对经营稳定性具有重大不利影响的情形。发行人应当保持主营业务、控制权、管理团队的稳定,最近 24 个月内主营业务未发生重大变化;最近 12 个月内曾实施重大资产重组的,在重组实施前发行人应当符合《上市规则》第 2.1.3 条规定的四套标准之一(市值除外);最近 24 个月内实际控制人未发生变更;最近 24 个月内董事、高级管理人员未发生重大不利变化。

……

实际控制人为单名自然人或有亲属关系多名自然人,实际控制人去世导致股权变动,股份受让人为继承人的,通常不视为公司控制权发生变更。其他多名自然人为实际控制人,实际控制人之一去世的,保荐机构及发行人律师应结合股权结构、去世自然人在股东大会或董事会决策中的作用、对发行人持续经营的影响等因素综合判断。

7.《企业会计准则第 36 号——关联方披露》(2006 年发布)

第三条 ……

控制,是指有权决定一个企业的财务和经营政策,并能据以从该企业的经营活动中获取利益。

共同控制,是指按照合同约定对某项经济活动所共有的控制,仅在与该项经济活动相关的重要财务和经营决策需要分享控制权的投资方一致同意时存在。

重大影响,是指对一个企业的财务和经营政策有参与决策的权力,但并不能够控制或者与其他方一起共同控制这些政策的制定。

8.《证券期货法律适用意见第 17 号》(2023 年发布)

第四条 关于《首次公开发行股票注册管理办法》第三十一条"中国证监会规定的其他情形"的理解与适用:

《首次公开发行股票注册管理办法》第三十一条规定,存在相关情形之一的,交易所或者中国证监会应当终止相应发行上市审核程序或者发行注册程序。除了列举的十种情形外,还有"中国证监会规定的其他情形"。现提出如下适用意见：

发行人申报后，通过增资或者股权转让产生新股东的，原则上应当终止发行上市审核程序或者发行注册程序，但股权变动未造成实际控制人变更，未对发行人股权结构的稳定性和持续经营能力造成不利影响，且符合下列情形的除外：新股东产生系因继承、离婚、执行法院判决、执行仲裁裁决、执行国家法规政策要求或者由省级及以上人民政府主导，且新股东承诺其所持股份上市后三十六个月之内不转让、不上市交易（继承、离婚原因除外）。

在核查和信息披露方面，发行人申报后产生新股东且符合上述要求无需重新申报的，应当比照申报前十二个月新增股东的核查和信息披露要求执行。除此之外，保荐机构和发行人律师还应当对股权转让事项是否造成发行人实际控制人变更，是否对发行人股权结构的稳定性和持续经营能力造成不利影响进行核查并发表意见。

五、发行人的业务

IPO 第 28 问 如何核查发行人业务获取的合规性?

一、问题提出

《监管规则适用指引——发行类第 5 号》中明确规定,业务方面应关注并核查发行人的业务获取方式是否影响独立性,发行人是否具备独立面向市场获取业务的能力。由此可见,业务获取方式对发行人能否满足发行条件中的独立性较为重要。实践中,发行人业务获取的合规性的问题主要系由发行人面向客户群体的特殊性引起。例如,若发行人的客户为军队,根据《中国人民解放军装备采购条例》第 22 条的规定,装备采购采用公开招标采购、邀请招标采购、竞争性谈判采购、单一来源采购、询价采购,以及总装备部认可的其他装备采购方式;若发行人客户为国家机关、事业单位或国有企业,根据《政府采购法》第 26 条的规定,政府采购的方式包括公开招标、邀请招标、竞争性谈判、单一来源采购、询价以及国务院政府采购监督管理部门认定的其他采购方式。因此,发行人在面对特定客户群体时,需要根据相应的法律法规履行招投标等相关程序。

二、核查思路

(一)核查内容

实践中审核关注的问题主要是发行人的业务获取是否合法合规,常见的反馈问题包括:(1)发行人业务主要客户的获取方式、履行的相关程序;(2)采用招投标方式和非招投标方式获取业务的具体比例、合同签署对象、所涉金额、具体业务内容;(3)报告期内发行人采用各种采购方式获取的合同数量、合同金额及占比；(4)结合《政府采购法》《招标投标法》《招标投标法实施条例》等规定说明发行人业务获取过程是否合法合规。

针对上述发行人业务获取合规性的反馈问题，发行人应在充分论述发行人客户群体类别及相应的采购法律依据的前提下，结合发行人报告期内获取业务、签署合同的情形，分析发行人获取业务的合法合规性。同时，应注意分析不同客户的采购方式、具体主体性质、适用的法律条款以及发行人采取的获取方式是否满足法律法规的特定要求。主要核查要点包括：(1)发行人客户群体情况、分类；(2)发行人业务获取过程；(3)发行人业务主要客户的获取方式及程序；(4)不同业务获取方式的具体业务内容；(5)报告期内发行人采用各种采购方式获取业务所签订的合同情况。

(二)核查程序

常见的核查方式包括：(1)查阅《政府采购法》《招标投标法》《招标投标法实施条例》《中国人民解放军装备采购条例》《中国人民解放军装备采购方式与程序管理规定》等相关法律法规；(2)取得报告期内公司签署的合同清单，并根据客户性质、合同金额及合同内容查询所应履行的政府采购程序；(3)查阅与主要客户签署的合同以及合同签署的过程文件，包括但不限于竞争性谈判文件、招标文件、中标公告等，结合访谈记录核查发行人获取业务的合法合规性；(4)采取分层抽样方式，按照各业务招投标最低限额制定分层标准，结合随机抽查方式对报告期主营业务收入对应的合同进行核查；(5)采取分层抽样方式，按照各业务招投标最低限额制定分层标准，结合随机抽查方式对报告期各期期末尚在执行的合同进行核查；(6)查询中国法院网、中国政府采购网、信用中国及国家企业信用信息公示系统等公开信息网站，核查发行人信用信息情况、是否涉诉以及是否因参与政府采购或招投标活动而受到行政处罚。

三、案例评析

(一)高凌信息(688175)

珠海高凌信息科技股份有限公司(以下简称高凌信息)于 2022 年 3 月

15 日在上交所科创板上市。根据其招股说明书显示[1]，公司主营业务所面向的客户群体主要是国防单位、政府和科研院所等，公司主要通过直销、参与招投标进行销售。根据保荐工作报告，公司获取军用通信业务主要通过竞争性谈判、直接签约等方式；公司获取网络内容安全和网络空间内生安全业务主要通过单一来源采购、邀标等方式；公司获取环保物联网应用业务主要通过公开招标、直接签约等方式。

针对该等情形，审核部门在审核其发行上市申请时要求其详细披露如下内容：(1)发行人三类业务主要客户的获取方式、履行的相关程序，采用招投标方式和非招投标方式获取业务的具体比例、合同签署对象、所涉金额、具体业务内容；(2)报告期内发行人采用各种采购方式获取的合同数量、合同金额及占比；(3)结合《政府采购法》《招标投标法》《招标投标法实施条例》等规定说明发行人业务获取过程是否合法合规。

根据发行人披露的招股意向书显示，发行人通过以下方式进行了核查：

(1)整理发行人各类业务所适用的采购方式。根据报告期内公司各类业务的相关合同，核查采用各种采购方式获取的合同数量、合同金额及占比，以及适用的法律依据。

(2)针对军用电信网通信设备，核查报告期内公司军用电信网通信设备采取各种方式签署的合同情况，分析军队客户、国家机关及事业单位客户、企业客户的采购方式。

(3)针对环保物联网应用，核查报告期内公司环保物联网应用业务采取各种方式签署的合同情况，分析国家机关及事业单位客户、企业客户的采购方式。

(4)针对网络内容安全及网络空间内生安全，核查报告期内发行人网络内容安全及网络空间内生安全采取各种方式签署的合同情况，分析国家机关及事业单位客户、企业客户的采购方式。

在上述高凌信息 IPO 案例中，发行人详细披露了针对不同业务主要客户的业务获取方式、采购方式、具体主体性质等，对于拟上市公司获取军用

---

[1] 参见《珠海高凌信息科技股份有限公司首次公开发行股票并在科创板上市招股说明书》，载巨潮资讯网，http://www.cninfo.com.cn/new/disclosure/detail?stockCode=688175&announcementId=1212535107&orgId=9900046848&announcementTime=2022-03-10。

通信业务、网络内容安全和网络空间内生安全业务、环保物联网应用业务的合规性核查具有参考价值。

（二）经纬股份（301390）

杭州经纬信息技术股份有限公司（以下简称经纬股份）于 2022 年 2 月收到深交所《关于杭州经纬信息技术股份有限公司首次公开发行股票并在创业板上市申请文件的审核问询函》，问询函中针对业务获取模式向经纬股份提出了相关问题。[1] 经纬股份的申报文件显示，报告期内经纬股份的下游客户主要系国有企业，发行人主要通过招投标及谈判委托的方式承接业务。发行人通过招投标等方式承接的业务所对应的报告期内各期期末收入占比分别为 57.24%、68.92%、63.75%和 60.40%。

问询函要求发行人说明如下问题：（1）招投标中主要的竞标对手；（2）通过招投标程序获取项目的程序是否合法合规，是否存在纠纷或潜在纠纷；（3）是否存在应履行公开招投标程序而未履行的项目，及相关项目未履行招投标程序的原因，是否存在合同被撤销风险，是否存在法律纠纷，对发行人主营业务有何影响；（4）是否存在不正当竞争或商业贿赂等违法违规行为，客户主要经办人员是否与发行人实际控制人、控股股东、董事、监事、高级管理人员、其他核心人员存在关联关系，是否存在委托持股或其他利益安排情形。

发行人律师的主要核查程序如下：

（1）查阅《招标投标法》《政府采购法》等法律法规，确定核查范围；

（2）核查发行人客户的招投标资料，并结合发行人业务和管理层访谈情况，统计分析发行人报告期内招投标情况，分析判断其相关程序是否符合《招标投标法》等相关规定；

（3）分析发行人报告期内未通过招投标方式产生收入的原因和合理性；

（4）就应履行公开招投标程序而未履行的招投标项目访谈相应客户，核查客户出具的确认函；

---

[1] 参见《301390 经纬股份 北京市中伦律师事务所关于公司首次公开发行股票并在创业板上市的法律意见书及补充法律意见书》，载深圳证券交易所网 2023 年 4 月 19 日，http://www.szse.cn/disclosure/listed/bulletinDetail/index.html?9b123b2a-51e5-4404-92f6-704144c8f5eb。

(5)查阅发行人销售活动的相关内控制度;

(6)登录中国裁判文书网、中国执行信息公开网、全国建筑市场监管公共服务平台、发行人受管辖的特定住房和建设局官方网站、信用中国、国家企业信用信息公示系统等公开网站进行查询;

(7)对主要客户进行访谈;

(8)通过企查查网站查询发行人主要客户的股东、主要人员信息,与发行人关联方、工资表进行比对。

上述经纬股份 IPO 案例为主要通过招投标及谈判委托的方式承接业务的拟 IPO 企业业务获取的具体核查方式提供了借鉴经验。

IPO 第 29 问 如何全面核查发行人的产品质量问题?

一、问题提出

产品质量问题是大部分行业面临的重要经营风险之一。市场上流通的大部分产品的质量须符合相应国家标准、行业标准,发行人与客户签订的产品销售合同中通常包括产品质量要求。实践中,监管部门审核时若察觉发行人销售产品存在产品质量风险,往往会要求发行人披露其产品可能导致的风险、产品纠纷等事项,如何应对产品质量问题常使企业备受困扰。

二、核查思路

(一)核查内容

关于产品质量问题,审核关注的问题主要包括发行人产品是否满足国家标准、行业标准等的要求,是否存在潜在纠纷,反馈问题包括但不限于:(1)产品是否符合国家、行业标准或质量规范要求;(2)发行人与客户是否发生产品质量纠纷;(3)发行人产品质量的核心内控制度及执行情况;(4)发行人与客户、供应商之间的产品质量责任如何划分;(5)相关退换货约定及退换货情况,是否存在纠纷或潜在纠纷。

针对发行人的产品质量问题,首先,需要明确发行人产品所对应的国家、行业标准或其他质量规范的要求;若发行人所涉产品较多,还需要明确各主要产品涉及的执行标准。其次，报告期内，发行人与客户是否发生产品质量纠纷也为关注重点；若存在纠纷情况，需要充分说明争议内容，并对发行人产品质量实际情形进行详尽分析。再次，发行人有关产品质量的内部制度及其执行情况亦系判断发行人对产品质量管控的重要依据。最后，在具体合同中，发行人、供应商、客户各方对产品质量问题、退换货的约定情况以及发生质量问题或退换货的实际情况亦是判断产品质量问题的重要标准。

实践中，具体核查内容如下：(1)整理发行人各类型产品所需满足的国家标准、行业标准，分析发行人产品是否满足相关要求；(2)了解发行人与客户关于产品质量的纠纷情况，判断纠纷的重大性；(3)了解发行人产品质量保障制度及执行过程；(4)关注合同中对于退换货的约定。

(二)核查程序

主要核查方式包括：(1)查询发行人与产品质量保障相关的制度文件，评价发行人产品质量保障内部控制设计是否有效、是否落实；(2)对公司产品中心、采购部门、生产部门等负责人进行访谈，核查发行人产品质量内控制度的执行情况；(3)核查发行人与客户、供应商签订的合同中有关产品质量、退换货等的约定情况；(4)核查发行人实际发生的产品质量纠纷情况，取得相应的产品合同、诉讼、仲裁资料；(5)查询中国裁判文书网，核查发行人是否与客户存在产品质量方面的诉讼纠纷。

三、案例评析

(一)怡合达(301029)

东莞怡合达自动化股份有限公司(以下简称怡合达)于2021年7月23日在深交所创业板上市。根据其招股说明书披露[1]，发行人已开发涵盖172个大类、1352个小类、60余万个最小库存单位的工厂自动化零部件产品体系，产品供应包括自制供应、代工供应和集约化采购供应。

[1] 参见《301029 怡合达 首次公开发行股票并在创业板上市招股说明书》，载深圳证券交易所网2021年7月16日，http://www.szse.cn/disclosure/listed/bulletinDetail/index.html?f005a639-c40e-4436-b123-fc54e2292d1e。

发行人律师出具的补充法律意见书显示[1],发行人律师主要通过以下方式进行了核查:

(1)核查公司质量管理认证的通过情况,核查公司在自制生产中建立的管理体系,分析公司生产过程中首检、巡检、终检的情况以及规范成品出入库的检验标准;核查公司在外采购产品时对供应商的考核、控制和管理,以及剩余公司各类 FA 工厂自动化零部件产品对国家标准、行业标准或企业标准的履行情况,以及公司与供应商、客户间是否存在重大产品质量纠纷。

(2)根据报告期内发行人与终端客户的交易情况,判断公司与工业自动化设备部分客户是否存在纠纷,公司及分公司、子公司是否存在因违反有关产品及服务质量,技术监督方面的法律、法规而被有关部门处罚的情况。

(3)根据公司对供应商的品质管控制度及流程,说明公司的日常质量管理方式、负责人、采购过程质量管理、生产过程质量控制、成品入库及出库质量控制、售后服务质量控制。

(4)根据公司与供应商签订的《供应商合作协议书》,厘清公司与供应商之间的产品质量责任分担原则。同时结合供应商保证内容、维修承诺、不良处理、相关技术支持等情况综合分析责任分配情况。

(5)根据报告期内公司与供应商采购入库后因产品质量发生的退换货情况,说明退换货产品金额及其占采购总额的比例,判断相关情形是否构成较大影响。

上述怡合达 IPO 案例是具有繁多产品品类的典型案例,审核机构重点关注产品是否符合国家、行业标准或质量规范要求;与终端客户是否发生产品质量纠纷;产品质量的核心内控制度及执行情况;产品质量责任划分;退换货约定及退换货情况等。发行人律师披露的以上方式可为产品质量的核查提供借鉴。

(二)万得凯(301309)

浙江万得凯流体设备科技股份有限公司(以下简称万得凯)于 2022 年 9

---

[1] 参见《广东华商律师事务所关于东莞怡合达自动化股份有限公司首次公开发行 A 股股票并在创业板上市的补充法律意见书(一)》,载深圳证券交易所网,https://reportdocs.static.szse.cn/UpFiles/rasinfodisc/RAS_0001751CE6960B3FE6DD55FAFF081F3F.pdf。

月 19 日在深交所创业板上市，招股说明书披露，发行人存在产品质量风险[1]。其在上市过程中被问及发行人的产品是否存在质量事故、是否发生产品召回事件、是否接受主管部门的现场检查或飞行检查等、是否存在纠纷或潜在纠纷。

对此，中介机构主要对发行人的下列材料进行了查验：(1) 发行人及其子公司所在地相关政府主管部门出具的证明文件；(2) 发行人报告期内的销售明细账、应收账款及预收账款明细账；(3) 发行人及其实际控制人、董事、高级管理人员、主要销售人员报告期内的银行流水；(4) 发行人及其实际控制人、董事、高级管理人员、主要销售人员出具的承诺文件。此外，中介机构通过中国证监会官方网站、国家企业信用信息公示系统、信用中国、中国裁判文书网、中国执行信息公开网、中国市场监管行政处罚文书网、浙江政务服务网对发行人及其子公司、实际控制人、董事、高级管理人员、主要销售人员的有关信息进行了查验；对发行人的实际控制人、发行人及其子公司的主要客户及供应商进行了访谈。

上述万得凯 IPO 案例中，万得凯针对产品质量的问询获取了政府部门证明文件、发行人相关人员承诺文件、银行流水等，并通过网络核查和访谈的方式进行了核查，对同类问题具有参考价值。

IPO 第 30 问　如何全面核查委外加工？

一、问题提出

委外加工，即委托加工，通常而言是指由委托方提供原材料和主要材料，受托方收取加工费，按照委托方的要求制造货物并代垫部分辅助材料的业务。在实践案例中，常常会遇到发行人将部分业务委托给第三方外协加工的情形，尤其对于部分轻资产企业而言，其自身以研发为主要业务，加工

[1] 参见《301309 万得凯 首次公开发行股票并在创业板上市招股说明书》，载深圳证券交易所网 2022 年 9 月 13 日，http://www.szse.cn/disclosure/listed/bulletinDetail/index.html?7f81e0e4-0a9b-4361-945c-d17f3473df76。

部分通常通过与外部第三方合作，由第三方完成。从形式上看，双方一般签订委托加工合同，合同价款表现为加工费，且加工费与受托方持有的主要材料价格变动无关。因此，针对委外加工，审核要点在于其是否影响发行人的持续经营能力、发行人与其是否存在利益输送、是否构成重大依赖以及发行人如何管理委外加工业务。

二、核查思路

（一）核查内容

关于委外加工问题，由于业务及财务数据的真实性一向是审核中的红线，区别于常规的与供应商相关的反馈问题，因委外加工具有对生产独立的影响、供应商依赖性、暗藏利益输送等特征，发行人通常会被要求作出更加细致的披露。审核关注的问题主要包括外协厂商的基本情况、委外的工序是否属于核心工序、是否存在规避环保要求的情形、外协厂商与发行人及相关主体的关联关系等。

具体而言，核查要点一般包括：（1）委外加工的具体内容、占比、定价是否公允；（2）委外加工的合同是否合理、是否存在损害发行人利益的情形；（3）委外加工所述工序是否属于核心生产工序、是否存在污染；（4）外协厂商是否与发行人及其董事、监事、高级管理人员及核心技术人员存在关联关系。

（二）核查程序

具体的核查方式包括：（1）查阅发行人与外协厂商签署的合同、委托加工台账、会计账簿及凭证；（2）查阅发行人外协厂商出具的确认函、访谈发行人相关部门负责人并查阅发行人出具的书面说明；（3）登录中国裁判文书网、国家企业信用信息公示系统、中国执行信息公开网、信用中国及相关政府主管部门官方网站等核查外协厂商是否存在被诉案件、执行案件、行政处罚等情形；（4）查阅发行人股东、董事、监事、高级管理人员、核心技术人员填写的调查问卷及出具的承诺函；（5）查阅发行人报告期内的员工花名册、离职人员名单。

三、案例评析

(一)智微智能(001339)

深圳市智微智能科技股份有限公司(以下简称智微智能)于 2022 年 8 月 15 日在深交所主板上市,根据其披露的招股说明书[1],发行人存在委外加工情形。针对该情形,发行人律师出具了补充法律意见书,在补充法律意见书中通过如下方式对上述问题进行了论证:

(1)根据发行人提供的外协加工合同、外协加工明细表、外协厂商及发行人出具的书面说明并经经办律师对发行人相关负责人进行访谈,分析报告期内公司外协加工具体情况。论证公司选取外协厂商时的考虑因素,分析报告期内公司外协生产费用定价公允性。

(2)根据发行人、外协厂商的说明,并在中国裁判文书网、国家企业信用信息公示系统、中国执行信息公开网、信用中国及相关政府部门官方网站等进行核查,确认为发行人提供外协加工服务的厂商存在的受处罚情况、涉及诉讼的判决情况,并分析是否构成重大性。

(3)根据发行人与外协厂商签署的合同、发行人及其外协厂商的说明,并访谈发行人相关部门负责人,分析发行人与外协厂商签订的合同中对产品质量责任分摊的相关约定。例如,如因外协方造成的产品质量问题给发行人带来损失的,发行人有权向外协方追溯并要求外协方承担相应的赔偿责任。另外,综合分析公司采取的其他控制外协产品质量的措施,如派人驻厂监督生产质量等。

(4)根据发行人提供的资料及说明,并访谈发行人相关负责人,分析外协加工的技术门槛、相关工序是否属于公司的核心工序、发行人委托外协厂商加工相关工序是否需要具备特殊资质认证要求,最终归纳判断外协是否会导致公司的主要产品和生产工序产生外部依赖。

(5)根据发行人提供的资料、发行人及外协厂商出具的书面说明并在生态环境主管部门网站、企查查等网站对外协厂商的环保处罚记录、固定污染

[1] 参见《001339 智微智能 首次公开发行股票招股说明书》,载深圳证券交易所网 2022 年 8 月 3 日,http://www.szse.cn/disclosure/listed/bulletinDetail/index.html?17cc234a-d7fb-43cd-9890-8c41032d291d。

源排污登记情况进行查询，确认外协厂商是否已取得固定污染源排污登记回执，分析报告期内外协厂商是否存在因环保问题受到生态环境部门行政处罚的情形。结合外协加工金额及占比的大小，分析相关工序是否属于发行人的核心工序，并据此论证发行人不存在利用委外加工规避环保核查的情形。

（6）根据发行人及其外协厂商的说明，发行人与外协厂商签署的合同，发行人股东、董事、监事、高级管理人员、核心技术人员填写的调查问卷，发行人报告期内的员工花名册、离职人员名单，并经访谈发行人相关负责人，登录国家企业信息信用公示系统等网站进行核查，确认发行人报告期内采用市场化原则选择外协厂商，论证发行人报告期内合作的外协厂商与发行人股东、董事、监事、高级管理人员、核心技术人员、前员工及上述人员近亲属之间不存在关联关系或者利益安排。

在上述智微智能 IPO 案例的审核问询中，监管机关就委外加工情形重点关注以下方面：（1）外协定价公允性；（2）外协厂商生产的合法合规性、发行人与其在产品质量方面的责任划分；（3）委外加工的相关工序是否属于发行人的核心生产工序、是否需具备资质认证要求或者技术门槛；（4）外协环节是否涉及环境污染、是否利用委外加工规避环保核查；（5）外协加工是否影响发行人资产、技术的完整性和业务独立性；（6）外协厂商与发行人股东、董事、监事、高级管理人员、核心技术人员、前员工及上述人员近亲属是否存在关联关系或者利益安排等。

（二）源飞宠物（001222）

温州源飞宠物玩具制品股份有限公司（以下简称源飞宠物）于 2022 年 8 月 18 日在深交所主板上市，根据其披露的招股说明书[1]，发行人存在外协加工情形。中介机构对上述事项的核查方式和核查过程具体如下：

（1）查阅发行人相关《审计报告》《招股书说明书》；

（2）查阅发行人前五大委外加工供应商与发行人的交易协议、资金凭证等单据资料；

---

〔1〕 参见《001222 源飞宠物 源飞宠物首次公开发行股票并上市招股说明书》，载深圳证券交易所网 2022 年 8 月 2 日，http://www.szse.cn/disclosure/listed/bulletinDetail/index.html? a36d6c9e-52ac-4f1c-a094-b2a73c74b372。

(3)查阅发行人主要委外加工供应商的工商登记信息或身份信息,并走访发行人主要委外加工供应商,了解其与发行人的合作历史;

(4)查阅发行人的委外加工程序管控制度;

(5)查验发行人出具的说明。

在上述源飞宠物 IPO 案例中,报告期内委外加工的内容、采购金额及占比、主要供应商情况;主要供应商与发行人合作历史;主要供应商与发行人及其控股股东、实际控制人、董事、监事、高级管理人员是否存在关联关系、非交易性资金往来关系;发行人是否将主要工序委外加工,对委外加工商是否存在重大依赖,外协厂商是否取得生产经营资质等问题受到了关注。

附:主要参考规范

1.《中国人民解放军装备采购条例》(2002 年发布)

第二十二条　装备采购采用下列方式:

(一)公开招标采购;

(二)邀请招标采购;

(三)竞争性谈判采购;

(四)单一来源采购;

(五)询价采购;

(六)总装备部认可的其他装备采购方式。

第二十三条　采购金额达到规定的限额标准以上、通用性强、不需要保密的装备采购项目,采用公开招标方式采购。

2.《政府采购法》(2014 年发布)

第二条　在中华人民共和国境内进行的政府采购适用本法。

本法所称政府采购,是指各级国家机关、事业单位和团体组织,使用财政性资金采购依法制定的集中采购目录以内的或者采购限额标准以上的货物、工程和服务的行为。

……

第二十六条　政府采购采用以下方式:

(一)公开招标;

(二)邀请招标;

（三）竞争性谈判；

（四）单一来源采购；

（五）询价；

（六）国务院政府采购监督管理部门认定的其他采购方式。

公开招标应作为政府采购的主要采购方式。

第二十七条 采购人采购货物或者服务应当采用公开招标方式的，其具体数额标准，属于中央预算的政府采购项目，由国务院规定；属于地方预算的政府采购项目，由省、自治区、直辖市人民政府规定；因特殊情况需要采用公开招标以外的采购方式的，应当在采购活动开始前获得设区的市、自治州以上人民政府采购监督管理部门的批准。

3.《涉密专用信息设备采购管理规定》(2017 年发布)

第六条 专用设备原则上应当实行集中采购，不得通过互联网信息平台进行交易，采购过程和结果信息不得公开。

4.《招标投标法》(2017 年修正)

第三条 在中华人民共和国境内进行下列工程建设项目包括项目的勘察、设计、施工、监理以及与工程建设有关的重要设备、材料等的采购，必须进行招标：

（一）大型基础设施、公用事业等关系社会公共利益、公众安全的项目；

（二）全部或者部分使用国有资金投资或者国家融资的项目；

（三）使用国际组织或者外国政府贷款、援助资金的项目。

……

第六十六条 涉及国家安全、国家秘密、抢险救灾或者属于利用扶贫资金实行以工代赈、需要使用农民工等特殊情况，不适宜进行招标的项目，按照国家有关规定可以不进行招标。

5.《必须招标的工程项目规定》(2018 年发布)

第五条 本规定第二条至第四条规定范围内的项目，其勘察、设计、施工、监理以及与工程建设有关的重要设备、材料等的采购达到下列标准之一的，必须招标：

（一）施工单项合同估算价在 400 万元人民币以上；

（二）重要设备、材料等货物的采购，单项合同估算价在 200 万元人民币以上；

（三）勘察、设计、监理等服务的采购，单项合同估算价在 100 万元人民币以上。

……

6.《保荐人尽职调查工作准则》（2022 年修订）

第二十七条　销售情况

……

获取发行人报告期内产品返修率、客户诉讼和产品质量纠纷等方面的资料，调查发行人销售维护和售后服务体系的建立及其实际运行情况，分析客户诉讼和产品质量纠纷对未来销售的影响及销售方面可能存在的或有负债。查阅销售合同、销售部门对销售退回的处理意见等资料，核查是否存在大额异常的销售退回，判断销售退回的真实性。对产品大量出口的，应函证或走访海关等相关机构或通过亲自登录发行人报关系统、出口退税申报系统等方式，取得运费（如有）、出口报关单、纳税申报等相关凭证，调查其销售方式、销售途径和客户回款情况，确认销售的真实性，判断收入确认标准的合理性。

7.《监管规则适用指引——法律类第 2 号：律师事务所从事首次公开发行股票并上市法律业务执业细则》（2022 年发布）

第二十九条　律师应当查验发行人是否存在因环境保护、知识产权、产品质量、劳动安全、网络信息安全、人身权等原因产生的侵权之债。如存在，律师应当判断是否对本次发行上市产生影响。

8.《公开发行证券的公司信息披露内容与格式准则第 57 号——招股说明书》（2023 年发布）

第四十三条　发行人应按照业务重要性顺序，清晰、准确、客观、完整披露主营业务、主要产品或服务及演变情况。发行人经营多种业务、产品或服务的，分类口径应前后一致。发行人的主营业务、主要产品或服务分属不同行业的，应分行业分别披露相关信息。主要包括：

（一）主营业务、主要产品或服务的基本情况，主营业务收入的主要构成及特征；

（二）主要经营模式，如采购模式、生产或服务模式、营销及管理模式等，分析采用目前经营模式的原因、影响经营模式的关键因素、经营模式和影响因素在报告期内的变化情况及未来变化趋势。发行人的业务及模式具有创新性的,应披露其独特性、创新内容及持续创新机制;

(三)成立以来主营业务、主要产品或服务、主要经营模式的演变情况;

(四)结合主要经营和财务数据,分析发行人主要业务经营情况和核心技术产业化情况;

(五)主要产品或服务的工艺流程图或服务的流程图,结合流程图关键节点说明核心技术的具体使用情况和效果;相关业务无固定流程的,发行人应结合业务和产品特征针对性分析业务关键环节和核心技术在业务中的具体表现;

(六)结合所属行业特点,披露报告期各期具有代表性的业务指标,并分析变动情况及原因;

(七)结合主要产品和业务,披露符合产业政策和国家经济发展战略的情况。

第四十五条 发行人应披露销售情况和主要客户,主要包括:

(一)报告期各期主要产品或服务的规模(产能、产量、销量,或服务能力、服务量)、销售收入、产品或服务的主要客户群体、销售价格的总体变动情况。存在多种销售模式的,应披露各销售模式的规模及占当期销售总额的比例;

(二)报告期各期向前五名客户合计销售额占当期销售总额的比例;向单个客户的销售占比超过百分之五十的、新增属于前五名客户或严重依赖少数客户的,应披露客户名称或姓名、销售比例;上述客户为发行人关联方的,应披露产品最终实现销售情况;受同一实际控制人控制的客户,应合并计算销售额。

9.《监管规则适用指引——发行类第 5 号》(2023 年发布)

5-15 资金流水核查

二、核查要求

……

发行人在报告期内存在以下情形的,保荐机构及申报会计师应考虑是否需要扩大资金流水核查范围:(1)发行人备用金、对外付款等资金管理存在重大不规范情形;(2)发行人毛利率、期间费用率、销售净利率等指标各期存在较大异常变化,或者与同行业公司存在重大不一致;(3)发行人经销模式占比较高或大幅高于同行业公司,且经销毛利率存在较大异常;(4)发行人将部分生产环节委托其他方进行加工的,且委托加工费用大幅变动,或者单位成本、毛利率大幅异于同行业;(5)发行人采购总额中进口占比较高或者销售总额中出口占比较高,且对应的采购单价、销售单价、境外供应商或客户资质存在较大异常;(6)发行人重大购销交易、对外投资或大额收付款,在商业合理性方面存在疑问;(7)董事、监事、高管、关键岗位人员薪酬水平发生重大变化;(8)其他异常情况。

……

六、关联交易及同业竞争

IPO 第 31 问　发行人控股子公司的少数股东是否需被认定为关联方？

一、问题提出

是否完整、准确地披露关联方是 IPO 常规审核要点，在现行规则体系下，发行人及中介机构应完整、准确地履行关联方披露义务并承担相应责任。《上市公司信息披露管理办法》(2021 年修订)、《上海证券交易所股票上市规则(2024 年 4 月修订)》、《深圳证券交易所股票上市规则(2024 年修订)》均明确规定，中国证监会、证券交易所或者上市公司可以根据实质重于形式的原则，认定其他与上市公司有特殊关系，可能或者已经造成上市公司对其利益倾斜的法人(或者其他组织)或者自然人为上市公司的关联人。发行人控股子公司的少数股东是否应基于“实质重于形式原则”被认定为发行人关联方，需在具体 IPO 项目中进行甄别和把握。

二、核查思路

根据 IPO 案例及既往项目经验，笔者认为，可以从以下方面考虑前述少数股东是否为“可能或者已经造成上市公司对其利益倾斜的法人(或者其他组织)或者自然人”:

(一)少数股东持股比例

《上海证券交易所上市公司关联交易实施指引》[1]第 8 条第 5 项、第 10

---

[1] 此法规已于 2022 年 1 月 7 日因《上海证券交易所上市公司自律监管指引第 5 号——交易与关联交易》而废止。

条第 5 项将持有对上市公司具有重要影响的控股子公司 10% 以上股份的法人或其他组织、自然人等认定为上市公司关联方。尽管前述规定已经废止，但其仍可以作为是否应将控股子公司少数股东作为关联方认定及披露的考虑因素。

（二）少数股东特殊身份

如发行人控股子公司的少数股东为发行人客户或供应商，该子公司与发行人客户或供应商之间存在较大金额的交易，或该客户或供应商开展业务对发行人存在依赖，在该种情形下较为容易出现发行人对少数股东存在利益倾斜的情形。将前述发行人控股子公司少数股东认定为关联方，并对发行人关联交易必要性、合理性、公允性发表意见，是一种更为审慎和充分的做法。

（三）其他可能存在利益输送的情形

根据现有关于关联方定义的主要法律规定，“实质重于形式原则”的出发点在于是否可能产生利益倾斜，因此如发行人与少数股东之间存在可能产生利益倾斜的情形时，均建议进行核查并根据具体情形决定是否应予披露，包括但不限于报告期内发行人与少数股东存在对发行人产生较大影响的资金往来、异常业务往来，少数股东的高级管理人员曾在发行人重要供应商或客户处任职等。

三、案例评析

（一）工大科雅（301197）

根据河北工大科雅能源科技股份有限公司（以下简称工大科雅）的招股说明书（申报稿）显示，发行人拥有 2 家控股子公司：安阳科雅和天津科雅智能，发行人将控股子公司天津科雅智能的少数股东天津汇川（有限合伙）、控股子公司安阳科雅的少数股东安阳益和采暖认定为关联方。

根据发行人及保荐机构出具的问询函的回复显示[1]，基于 3 家控股子公司的少数股东均为持有对发行人具有重要影响的控股子公司 10% 以上股

[1] 参见《关于河北工大科雅能源科技股份有限公司首次公开发行股票并在创业板上市申请文件的第二轮审核问询函的回复》，载深圳证券交易所网，https://reportdocs.static.szse.cn/UpFiles/rasinfodisc1/202111/RAS_202111_00017D45A3E3013FB23CF5940C3E683F.pdf。

份的法人,虽与发行人及其关联方均不存在法定的关联关系,考虑信息披露的谨慎性,发行人按照“实质重于形式原则”已将上述 3 家少数股东认定为自身的关联方。其中,天津科雅智能的少数股东天津汇川为持有前者 40% 股份的法人,如前所述,发行人已将其披露为关联方。天津汇川的两名合伙人刘某川、于某君曾在发行人的过往供应商四平艾维担任高级管理人员,但发行人与四平艾维不存在关联关系或其他利益安排。安阳科雅的少数股东安阳益和采暖为持有前者 40% 股份的法人,发行人已将其披露为关联方。石家庄科雅智能为工大科雅与鑫燃热力于 2021 年 9 月 30 日共同设立的公司,由工大科雅持有 60% 的股权,鑫燃热力持有 40% 的股权。鉴于鑫燃热力为持有对发行人具有重要影响的控股子公司 10% 以上股份的法人,发行人根据“实质重于形式原则”认定其为关联方。

在上述工大科雅 IPO 案例中,发行人及保荐人基于子公司少数股东持股比例超过 10%、部分少数股东合伙人曾在发行人过往供应商担任高级管理人员,考虑信息披露的谨慎性,按照“实质重于形式的原则”将控股子公司少数股东认定为关联方。

(二)美邦科技(832471)

河北美邦工程科技股份有限公司(以下简称美邦科技)的招股说明书(申报稿)未将发行人控股子公司的少数股东认定为关联方。针对上述情形,北交所要求发行人对下列事项进行说明,请保荐机构、发行人律师、申报会计师核查并发表明确意见:结合子公司净利润占上市公司利润的比例、少数股东持股比例及上市公司已有案例,说明是否应将潘某华、殷某华、郭某新及其亲属控制的企业认定为发行人关联方,核查发行人与前述自然人和自然人控制企业之间的资金往来,说明是否存在关联方非关联化的情况。

根据发行人及保荐机构出具的问询函的回复显示[1],主要基于《公司法》《上市公司信息披露管理办法》《北京证券交易所股票上市规则(试行)》等法律法规并未明确将发行人控股子公司的少数股东规定为公司的关联

〔1〕 参见《关于河北美邦工程科技股份有限公司公开发行股票并在北交所上市申报文件的审核问询函之回复》,载北京证券交易所网,http://www.bse.cn/disclosure/2023/2023-03-08/1678260810_685629.pdf。

方，结合相关上市公司或拟上市公司已有案例，及发行人不存在关联方非关联化的情形，不将发行人控股子公司的少数股东认定为关联方。但为了提高信息披露质量，便于投资者价值判断和投资决策，发行人已在招股说明书“第六节　公司治理”之“八、其他事项”中披露与控股子公司的少数股东及董事、监事、高级管理人员（及其重要关联方）之间的主要交易情况。

在上述美邦科技 IPO 案例中，发行人基于现行规则以及过会案例，对未将发行人控股子公司少数股东认定为关联方的合法性及合理性进行了说明。但为了提高信息披露质量，便于投资者价值判断和投资决策，发行人仍补充披露了与控股子公司的少数股东及董事、监事、高级管理人员（及其重要关联方）之间的主要交易情况。

IPO 第 32 问　什么是关联交易非关联化？

一、问题提出

根据中国证监会发布的《关于进一步提高首次公开发行股票公司财务信息披露质量有关问题的意见》的规定，发行人及各中介机构应严格按照企业会计准则、《上市公司信息披露管理办法》和证券交易所颁布的相关业务规则的有关规定进行关联方认定，充分披露关联方关系及其交易，其中，对于发行人申报期内关联方注销及非关联化的情况，发行人应充分披露上述交易的有关情况并将关联方注销及非关联化之前的交易作为关联交易进行披露；会计师事务所、保荐机构应关注在非关联化后发行人与上述原关联方的后续交易情况，非关联化后相关资产、人员的去向等。另外，根据《公开发行证券的公司信息披露内容与格式准则第 57 号——招股说明书》第 78 条的规定，发行人应披露报告期内关联方变化情况。关联方变为非关联方的，发行人应比照关联交易的要求持续披露与原关联方的后续交易情况，以及原关联方相关资产、人员的去向等。

根据前述规定，发行人报告期内存在关联交易非关联化情形的，发行人及中介机构应比照关联交易的要求，充分、持续披露与原关联方的相关交易，目的在于核实关联方变更为非关联方的背景原因、真实性，以进一步确认发行人是否完整、充分披露关联方关系及关联交易。

二、核查思路

"什么是关联交易非关联化"这一问题主要包括关联企业股权转让/注销关联方存疑或发行人通过第三方隐瞒关联交易，笔者认为，可以从关联方变更的真实性、合理性以及交易的合理性等方面对此进行核查与披露。

（一）关联企业股权转让真实性、注销合理性

在企业 IPO 过程中，如实际控制人控制企业与发行人存在同业竞争，会通过注销企业或转让关联方股权的方式解决同业竞争问题；另外，在关联方为企业所在供应链上下游时，也会采取前述方式以减少潜在的关联交易。如报告期内存在前述情形，需特别注意核查注销关联方/转让关联方股权等的原因，注销后资产、人员、债务的处置或安置情况，相关关联方业务及财务情况；注意核查是否存在交易或资金往来及与发行人实际控制人、股东、高级管理人员的资金往来，以确认是否存在关联交易非关联化的情形，是否存在替发行人代垫成本费用等情形。

（二）通过第三方隐瞒关联交易

少数发行人为了顺利通过 IPO 审核，虚假减少关联交易，即将其原本与关联方发生的交易形式变更为发行人与第三方发生交易、第三方与发行人关联方发生交易，通过增加一层交易将关联交易非关联化。对于该类情形，中介机构需注意核查发行人与关联方终止交易的商业合理性以及真实性，更换后的交易对手与关联方是否存在联系人、地点等信息相同从而导致交易目的存疑的情形，如存在前述可疑情形，应进一步要求关联方配合提供财务账套和资金流水以核查交易款流向，确认实际交易主体。

三、案例评析

（一）钜泉科技（688391）

根据发行人钜泉光电科技（上海）股份有限公司（以下简称钜泉科技）及

保荐机构出具的问询函的回复显示[1]，发行人于 2019 年 10 月转让所持有的前景无忧的股权，发行人董事长于 2020 年 6 月辞任前景无忧的监事，前次 IPO 不予核准的理由为未能充分披露发行人与前景无忧的关联交易情况。公开资料显示：2019 年年初和年末，前景无忧的净资产金额分别为 9072.61 万元和 10,837.03 万元，发行人转让前景无忧股份的价格低于其净资产份额。基于前述，监管机构请发行人结合与前景无忧的持续合作情况，分析发行人退出前景无忧的合理性、股权转让价格的定价依据及公允性、是否存在股份代持、是否关联交易非关联化。

根据发行人反馈回复显示，发行人将所持前景无忧 16.25% 的股权对外转让源于双方前期合作基础已发生改变，导致已较大背离了初始目标，由于结束合作的谈判始于 2019 年年初，股权转让退出价格更接近前景无忧 2018 年年末净资产的对应比例，同时发行人投资前景无忧的初衷并非以财务性投资和获取投资收益，且退出时的目的为尽快解除与前景无忧的专属合作、规范关联交易，因此股权转让定价合理，股权转让真实，不存在代持。另公司虽然对外转让了前景无忧的股权，但仍然将发行人与前景无忧的后续交易比照关联交易进行了详细披露，不存在关联交易非关联化的情形。

在上述钜泉科技的 IPO 案例中，保荐机构和其他证券服务机构通过查阅发行人与关联方之间的协议、对发行人退出关联方的缘由进行访谈、取得关联方董事长对相关事项的书面确认文件、查阅相关市场的行业报告与研究报告，以及核查董事、监事、高级管理人员流水等方式对关联方股权转让合理商业背景和真实性进行核查，从而确认发行人不存在关联交易非关联化的情况。

（二）美庐生物（已撤回发行上市申请）

根据深交所于 2022 年 11 月 29 日作出的《关于对美庐生物科技股份有限公司给予通报批评处分的决定》（深证审纪〔2022〕5 号）显示[2]，2021 年

---

〔1〕 参见《关于钜泉光电科技（上海）股份有限公司首次公开发行股票并在科创板上市申请文件审核问询函的回复报告》，载上海证券交易所网，http://static.sse.com.cn/stock/information/c/202203/f70c306655dd4b568a5222dd7749fe64.pdf。

〔2〕 参见《关于对美庐生物科技股份有限公司给予通报批评处分的决定》，载深圳证券交易所网，http://reportdocs.static.szse.cn/UpFiles/zqjghj/sup_jghj_000184C19E6D3B3FECE72D44D24BFF3F.pdf。

9 月 28 日，其受理了美庐生物科技股份有限公司（以下简称美庐生物）首次公开发行股票并在创业板上市的申请，发行人于 2022 年 4 月撤回发行上市申请。经查明，在发行上市申请过程中，发行人存在未真实终止与关联供应商的关联交易，相关信息披露不真实的情形。

具体情况如下：江西浩航科技有限公司（以下简称江西浩航）2019 年成为发行人的前五大供应商之一，发行人实际控制人的弟弟为该公司关键销售人员，发行人将江西浩航视同关联方进行披露。发行人称，为减少与江西浩航的关联交易，于 2020 年 4 月终止与其的采购合作，从湖南长沙运发包装实业有限公司（以下简称长沙运发）采购包材。但实际代表长沙运发与发行人对接采购事宜的仍为实际控制人的弟弟，对于发行人与长沙运发签订的采购合同，均实际由江西浩航生产并运输至发行人。经查，长沙运发将发行人支付的 2375 万元的采购款中的 2267 万元转支付给了江西浩航。

在上述证券交易所现场督导案例中，发行人试图通过增加第三方，以发行人与第三方、第三方与发行人关联方发生交易的方式刻意将关联交易去关联化，关联交易信息披露失实。在发行人为了减少关联交易而终止与某关联方之间的交易时，证券服务机构需尤其注意该类交易终止的商业合理性，并且要对发行人与新的交易对手之间的交易资料进行充分核查，同时取得发行人关联方的银行流水、票据流转信息，确认是否存在上述案例中类似的情况，以完整、正确披露关联交易信息。

IPO 第 33 问 其他主要股东控制的公司是否须纳入同业竞争核查范围？

一、问题提出

根据《首次公开发行股票注册管理办法》第 12 条的规定，发行人应业务完整，具有直接面向市场独立持续经营的能力，其中包括发行人与控股股东、实际控制人及其控制的其他企业间不存在对发行人构成重大不利影响的同业竞争。前述关于同业竞争的要求已经和科创板、创业板既有标准保持一致，已经不再是那不可触碰的监管红线。

是否“构成重大不利影响同业竞争”主要关注两个要素:(1)何为竞争方;(2)发行人与竞争方之间是否存在对发行人构成重大不利影响的竞争关系。《证券期货法律适用意见第17号》第1条对《首次公开发行股票注册管理办法》第12条对同业竞争的判断原则和核查范围进一步提出适用意见,中介机构应当针对发行人控股股东、实际控制人及其近亲属全资或者控股的企业进行核查,存在同业竞争的,若竞争方的同类收入或者毛利占发行人主营业务收入或者毛利的比例达30%以上,如无充分相反证据,原则上应当认定为构成重大不利影响的同业竞争。

前述IPO审核规则关于同业竞争的核查范围与已失效的《首发业务若干问题解答》规定的内容无实质变更,均为仅明确规定发行人控股股东、实际控制人及其近亲属全资或者控股的企业属于同业竞争核查范围。但既往IPO审核案例中,除了发行人控股股东、实际控制人外,其他主要股东(持股5%以上)控制企业是否与发行人存在同业竞争问题亦曾被监管部门关注过,发行人是否以及在何种情形下应披露、解决前述情形这一问题应被重视。

二、核查思路

根据过往IPO审核案例经验以及审慎、充分核查原则,如何把握核查及披露程度,以下核查思路可供参考:

(一)持股5%以上股东控制企业纳入核查范围

虽然相关规则未将控股股东、实际控制人之外的持股5%以上的主要股东控制企业纳入同业竞争核查范围,但基于持股5%以上的主要股东对发行人存在一定影响且其控制的企业作为发行人关联方,如存在同业及竞争关系时,实质上仍存在发生利益输送、单方让渡商业机会等非公平竞争的可能性。因此,在证券服务机构对发行人IPO核查过程中,建议先将持股5%以上股东控制企业纳入核查范围并根据实际情况具体分析,如存在可能存在重大不利影响的同业竞争关系时,尽早与主要股东沟通并解决问题。

(二)如存在其他主要股东曾持股比例较高或其他实际控制人认定存疑情形时,对主要股东控制企业是否存在同业竞争应重点关注

如存在此种情形,实质问题不仅为主要股东同业竞争是否存在重大不

利影响，还在于实际控制人认定是否准确、发行人及中介机构是否利用实际控制人认定以规避对发行人存在重大不利影响的同业竞争，而实际控制人认定及同业竞争往往是 IPO 审核中监管机构关注的常规、重点问题。如存在其他主要股东曾持股比例较高或存在主要股东派驻财务等重要岗位人员对发行人存在一定控制的情形时，建议同时通过访谈、核查主要岗位人员、取得主要股东确认等方式核实主要股东持股比例变更、变更价格以及其未被认定为实际控制人的合理性，并充分论证披露，避免引致监管部门的怀疑。

三、案例评析

（一）创耀科技（688259）

根据发行人创耀（苏州）通信科技股份有限公司（以下简称创耀科技）及保荐机构出具的问询函的回复显示[1]，东软载波于 2015 年全资收购上海东软载波微电子有限公司，该公司和创达特在宽带载波通信芯片业务上有一定的重合，导致了东软载波与发行人在相关产品市场形成了竞争关系，因为创达特 2019 年启动上市工作，东软载波为创达特持股 5% 以上的股东，需解决同业竞争的问题，考虑其他股东或者投资机构筹集资金以及履行决策程序等时间不可控等因素，为尽快解决上述问题，故由发行人采取回购股权的方式实现东软载波的退出。

在上述创耀科技 IPO 案例中，审核部门要求发行人进一步说明东软载波以减资形式退出创达特、其他股东未购买其股份的原因，结合减资前后股份转让价格说明减资价格是否公允。发行人解释系为了解决持股 5% 以上的股东同业竞争问题最终由发行人进行回购，减资价格与减资前后股份转让的价格一致且参考了第三方评估机构的评估值，减资价格公允。

（二）速达股份（预披露，提交注册）

根据发行人郑州速达工业机械服务股份有限公司（以下简称速达股份）

---

〔1〕 参见《关于创耀（苏州）通信科技股份有限公司首次公开发行股票并在科创板上市申请文件的审核问询函的回复》，载上海证券交易所网，http://static.sse.com.cn/stock/information/c/202103/e548c32ed3b3481b8ec07c103280f0fd.pdf。

及保荐机构出具的问询函的回复显示[1]，发行人 2015 年在新三板挂牌时，郑煤机出具了《关于避免同业竞争的说明及承诺函》，郑煤机下属 3 家控股子公司综机公司、舜立机械、潞安机械和 1 家参股公司郑龙机械存在维修业务，和发行人存在同业竞争，郑煤机承诺在其持有上述 4 家公司的权益期间，上述 4 家公司未来从事液压支架维修业务的范围仅限定在特定客户之内，否则将采取包括但不限于停业经营、将相竞争的业务纳入发行人或将相竞争的业务对外转让等方式。2019 年 11 月 1 日，发行人股东大会通过郑煤机变更《关于避免同业竞争的说明及承诺函》的议案，变更的主要内容系综机公司仍可持续经营液压支架维修业务。对此，审核部门要求发行人进一步披露：(1)郑煤机是否持股或者控制其他与发行人从事相同或相似业务的主体，郑煤机的维修业务与发行人提供的维修与再制造业务是否存在市场竞争关系，相关业务竞争关系是否对发行人构成重大不利影响；(2)发行人是否存在通过重叠客户向前述同业竞争主体进行利益输送或前述同业竞争主体通过将销售价差由发行人承担的方式侵害发行人利益的情形，前述同业竞争主体是否存在替发行人承担相关成本、费用或发行人通过重叠供应商向前述主体利益输送的情形。

基于发行人首轮回复显示发行人系承接郑煤机售后服务部而成立，设立至今免费为郑煤机销售的液压支架提供质保期内售后服务，发行人在业务方面从完全依赖郑煤机到逐步独立，目前仍和郑煤机存在关联交易。在第二轮问询[2]中，审核部门进一步要求发行人补充说明未将郑煤机认定为共同实际控制人的合理性，全面具体比较并披露发行人和综机公司的维修业务，包括经营地域、客户、服务的定位、未来发展战略等，说明综机公司是否向发行人主要客户开拓业务，综机公司作为郑煤机的子公司是否导致发行人与之存在非公平竞争、是否导致利益输送、是否导致相互或单方让渡商业机会的情形；结合综机公司维修业务收入及毛利占发行人主营业务收入

[1] 参见《关于郑州速达工业机械服务股份有限公司申请首次公开发行股票并在创业板上市的审核中心意见落实函的回复》，载深圳证券交易所网，http://reportdocs.static.szse.cn/UpFiles/rasinfodisc/RAS_000176D1C0794C3FEDCD86B18202E13F.pdf。

[2] 参见《关于郑州速达工业机械服务股份有限公司首次公开发行股票并在创业板上市申请文件第二轮审核问询函的回复》，载深圳证券交易所网，http://reportdocs.static.szse.cn/UpFiles/rasinfodisc/RAS_0001765EED38233FD8D33D6DCF12583F.pdf。

与毛利达30%以上的事实，说明发行人是否存在通过未将郑煤机认定为实际控制人进而规避发行条件的情形。

最后一轮书面问询中[1]，实际控制人和同业竞争仍为关注事项，基于以下事实：(1)郑煤机是发行人创始股东，发行人设立时郑煤机和李某元持有的发行人股份均为40%，报告期内郑煤机的持股比例从31.48%降为29.82%，李某元和郑煤机支配的发行人表决权比例差异从0.28%增加到6.25%；(2)贾某国和李某生原为郑煤机的中高层管理人员，持股比例远低于郑煤机；(3)发行人和郑煤机的客户、供应商存在重叠，郑煤机向发行人派驻财务人员，双方存在关联交易、共同投资等往来。审核部门请发行人说明以下问题：(1)郑煤机是否实际控制发行人，发行人在首发申报前变更郑煤机《关于避免同业竞争的说明及承诺函》的原因及合理性，结合变更承诺时相关规则说明是否存在刻意规避发行条件的动机；(2)发行人和综机公司的业务差异仅为主要经营地域不同，产品或服务的定位不同，认定不存在同业竞争的理由是否充分。

2021年1月20日，深交所上市审核中心出具《创业板上市委2021年第5次审议会议结果公告》，认为速达股份(首发)：不符合发行条件、上市条件和信息披露要求。根据深交所在证券交易所上市委会议上提出问询的主要问题及历轮问询，发行人第二大股东郑煤机对发行人存在重大影响而不构成实际控制，发行人第一大股东李某元与贾某国、李某生形成一致行动关系是否系避免将郑煤机认定为实际控制人或共同实际控制人而进行的相关安排，以及郑煤机下属企业综机公司与发行人在区域及服务定位上存在潜在竞争关系导致综机公司业务开展对发行人可能造成的不利影响系该项目未经审议通过的主要原因。2023年2月7日，深交所受理速达股份的主板申报材料，根据招股说明书(申报稿)显示[2]，发行人实际控制人李某元、贾某国、李某生为速达股份共同实际控制人，报告期内未发生变化。郑煤机从未

[1] 参见《关于郑州速达工业机械服务股份有限公司申请首次公开发行股票并在创业板上市的审核中心意见落实函的回复》，载深圳证券交易所网，http://reportdocs.static.szse.cn/UpFiles/rasinfodisc/RAS_000176D1C0794C3FEDCD86B18202E13F.pdf。

[2] 参见《郑州速达工业机械服务股份有限公司首次公开发行股票并在主板上市招股说明书(申报稿)》，载深圳证券交易所网，http://reportdocs.static.szse.cn/UpFiles/rasinfodisc1/202302/RAS_202302_C99DB344150B4200B7BFF4EE30920B84.pdf。

将发行人纳入合并报表范围，一直作为联营企业采用权益法进行核算。速达股份已于 2023 年 8 月 31 日通过深交所上市委员会会议，并于 2023 年 11 月 20 日提交注册。

上述速达股份 IPO 案例中，审核部门的关注点始于第二大股东控制企业是否存在同业竞争，最后落脚于发行人实际控制人认定准确性以及是否刻意规避发行条件，该核查思路值得借鉴。

IPO 第 34 问 实际控制人参股子公司是否须纳入同业竞争核查范围？

一、问题提出

《首次公开发行股票注册管理办法》第 12 条、《证券期货法律适用意见第 17 号》第 1 条等 IPO 审核规则未规定实际控制人参股子公司应纳入同业竞争核查范围，但在具体案例中监管部门会对经营类似业务的实际控制人参股公司进行关注。中介机构是否或者在何种情况下需要对实际控制人参股公司是否经营与发行人相同或类似业务进行核查并披露，需结合实际控制人参股比例、参股公司与发行人业务相似性、是否对发行人存在不利影响等因素综合考量。

二、核查思路

如果实际控制人直接及间接所持参股公司股权比例较高且该参股公司经营业务与发行人属于同一行业，监管部门通常会关注并要求发行人及中介机构论证实际控制人是否对该参股公司形成控制，如不构成控制，相关依据是否真实、合理、充分，是否存在规避同业竞争监管要求的情形，以及实际控制人对该等股权权益的未来处置计划，并要求发行人充分提示风险。

该类 IPO 审核问询的实质之一仍在于竞争方参股公司是否属于实际控制人控制企业，即《证券期货法律适用意见第 17 号》第 1 条所列举的同业竞争核查范围。因此，虽然实际控制人未控股参股公司，但如果实际控制人持股比例较高（如超过 30%），需进一步结合参股公司章程、董事会成员提名、管理层的实际经营情况对参股公司控制权进行核查，同时关注发行人、参股公司重叠供应商、客户情况及各自与前述供应商、客户交易的公允性，充分论证不构成控制、不存在为发行人承担成本费用或其他特殊利益输送安排等对发行人利益可能存在重大不利影响的情况，并在申报文件中对实际控制人参股企业相关信息进行充分披露，向投资人提示风险。

三、案例评析［普瑞眼科（301239）］

根据发行人成都普瑞眼科医院股份有限公司（以下简称普瑞眼科）及保荐机构出具的问询函的回复显示〔1〕，发行人实际控制人徐某阳通过上海灵锐和香港灵锐间接参股了多家德视佳眼科诊所，与发行人属同一行业，但认定不存在同业竞争的情形。徐某阳自 2012 年通过其控制的公司先后与德视佳集团在中国地区共同投资若干家主体，曾担任上述公司副董事长、董事、总经理，后分别于 2020 年 5 月至 9 月离职。其中，徐某阳通过上海灵锐分别持有上海德视佳 30% 股权、重庆德视佳 10% 股权、广州德视佳 30% 股权、北京德视佳 30% 股权、深圳德视佳 28.67% 股权。

深交所第二轮审核问询函要求中介机构核查以下问题：(1) 徐某阳对各家德视佳企业不够构成控制的依据是否真实、合理、充分，是否通过重叠的供应商为发行人承担成本费用，或存在其他特殊利益安排等情形；(2) 徐某阳于 2020 年 5 月至 9 月分别离职上述企业的原因，并补充披露上述企业是否与发行人子公司或附属眼科医院存在地域重叠的情形，结合各家德视佳企业主要财务数据情况，说明上述企业是否对发行人生产经营构成重大不利影响、是否存在对发行人产生重大不利影响的同业竞争情形，并作充分风险提示。

在上述普瑞眼科 IPO 案例中，发行人基于审核规则对同业竞争的明确定义，认定实际控制人参股公司与发行人属于同一行业但不构成同业竞争，并在证券交易所问询下，从参股公司章程及相关文件中关于董事会、股东会表决事项及决议要求、董事会的组成及成员提名、产生情况以及股权结构方

---

〔1〕 参见《关于成都普瑞眼科医院股份有限公司首次公开发行股票并在创业板上市申请文件的第二轮审核问询函的回复》，载深圳证券交易所网，https://reportdocs.static.szse.cn/UpFiles/rasinfodisc/RAS_000178E9752EFF3FE92B76B29B64DB3F.pdf。

面进一步论述实际控制人对参股企业不存在实际控制，尽管参股公司业务开展区域与发行人有所重合，但参股公司业务规模较小，相应业务开展与发行人相互独立，不会对发行人主营业务产生重大影响，同时补充披露了实际控制人参股同行业公司的风险。

附：主要参考规范

1.《企业会计准则第36号——关联方披露》(2006年发布)

第四条 下列各方构成企业的关联方：

（一）该企业的母公司。

（二）该企业的子公司。

（三）与该企业受同一母公司控制的其他企业。

（四）对该企业实施共同控制的投资方。

（五）对该企业施加重大影响的投资方。

（六）该企业的合营企业。

（七）该企业的联营企业。

（八）该企业的主要投资者个人及与其关系密切的家庭成员。主要投资者个人，是指能够控制、共同控制一个企业或者对一个企业施加重大影响的个人投资者。

（九）该企业或其母公司的关键管理人员及与其关系密切的家庭成员。关键管理人员，是指有权力并负责计划、指挥和控制企业活动的人员。与主要投资者个人或关键管理人员关系密切的家庭成员，是指在处理与企业的交易时可能影响该个人或受该个人影响的家庭成员。

（十）该企业主要投资者个人、关键管理人员或与其关系密切的家庭成员控制、共同控制或施加重大影响的其他企业。

2.《上市公司信息披露管理办法》(2021年修订)

第六十二条 本办法下列用语的含义：

……

（四）上市公司的关联交易，是指上市公司或者其控股子公司与上市公司关联人之间发生的转移资源或者义务的事项。

关联人包括关联法人（或者其他组织）和关联自然人。

具有以下情形之一的法人(或者其他组织),为上市公司的关联法人(或者其他组织):

1. 直接或者间接地控制上市公司的法人(或者其他组织);

2. 由前项所述法人(或者其他组织)直接或者间接控制的除上市公司及其控股子公司以外的法人(或者其他组织);

3. 关联自然人直接或者间接控制的、或者担任董事、高级管理人员的,除上市公司及其控股子公司以外的法人(或者其他组织);

4. 持有上市公司百分之五以上股份的法人(或者其他组织)及其一致行动人;

5. 在过去十二个月内或者根据相关协议安排在未来十二月内,存在上述情形之一的;

6. 中国证监会、证券交易所或者上市公司根据实质重于形式的原则认定的其他与上市公司有特殊关系,可能或者已经造成上市公司对其利益倾斜的法人(或者其他组织)。

具有以下情形之一的自然人,为上市公司的关联自然人:

1. 直接或者间接持有上市公司百分之五以上股份的自然人;

2. 上市公司董事、监事及高级管理人员;

3. 直接或者间接地控制上市公司的法人的董事、监事及高级管理人员;

4. 上述第1、2项所述人士的关系密切的家庭成员,包括配偶、父母、年满十八周岁的子女及其配偶、兄弟姐妹及其配偶,配偶的父母、兄弟姐妹,子女配偶的父母;

5. 在过去十二个月内或者根据相关协议安排在未来十二个月内,存在上述情形之一的;

6. 中国证监会、证券交易所或者上市公司根据实质重于形式的原则认定的其他与上市公司有特殊关系,可能或者已经造成上市公司对其利益倾斜的自然人。

3.《上海证券交易所股票上市规则(2024年4月修订)》

6.3.3 上市公司的关联人包括关联法人(或者其他组织)和关联自然人。

具有以下情形之一的法人(或者其他组织),为上市公司的关联法人(或者其他组织)：

(一)直接或者间接控制上市公司的法人(或者其他组织)；

(二)由前项所述法人(或者其他组织)直接或者间接控制的除上市公司、控股子公司及控制的其他主体以外的法人(或者其他组织)；

(三)关联自然人直接或者间接控制的、或者担任董事(不含同为双方的独立董事)、高级管理人员的，除上市公司、控股子公司及控制的其他主体以外的法人(或者其他组织)；

(四)持有上市公司5%以上股份的法人(或者其他组织)及其一致行动人；

具有以下情形之一的自然人，为上市公司的关联自然人：

(一)直接或者间接持有上市公司5%以上股份的自然人；

(二)上市公司董事、监事和高级管理人员；

(三)直接或者间接地控制上市公司的法人(或者其他组织)的董事、监事和高级管理人员；

(四)本款第(一)项、第(二)项所述人士的关系密切的家庭成员。

在过去12个月内或者相关协议或者安排生效后的12个月内，存在本条第二款、第三款所述情形之一的法人(或者其他组织)、自然人，为上市公司的关联人。

中国证监会、本所或者上市公司可以根据实质重于形式的原则，认定其他与上市公司有特殊关系，可能或者已经造成上市公司对其利益倾斜的法人(或者其他组织)或者自然人为上市公司的关联人。

4.《深圳证券交易所股票上市规则(2024年修订)》

6.3.3 上市公司的关联人包括关联法人(或者其他组织)和关联自然人。

具有下列情形之一的法人或者其他组织，为上市公司的关联法人(或者其他组织)：

(一)直接或者间接地控制上市公司的法人(或者其他组织)；

(二)由前项所述法人(或者其他组织)直接或者间接控制的除上市公司及其控股子公司以外的法人(或者其他组织)；

(三)持有上市公司5%以上股份的法人(或者其他组织)及其一致行

动人；

（四）由上市公司关联自然人直接或者间接控制的，或者担任董事（不含同为双方的独立董事）、高级管理人员的，除上市公司及其控股子公司以外的法人（或其他组织）。

具有下列情形之一的自然人，为上市公司的关联自然人：

（一）直接或者间接持有上市公司 5% 以上股份的自然人；

（二）上市公司董事、监事及高级管理人员；

（三）直接或者间接地控制上市公司的法人（或者其他组织）的董事、监事及高级管理人员；

（四）本款第（一）项、第（二）项所述人士的关系密切的家庭成员。

在过去十二个月内或者根据相关协议安排在未来十二个月内，存在第二款、第三款所述情形之一的法人（或者其他组织）、自然人，为上市公司的关联人。

中国证监会、本所或者上市公司根据实质重于形式的原则，认定其他与上市公司有特殊关系、可能或者已经造成上市公司对其利益倾斜的自然人、法人（或者其他组织），为上市公司的关联人。

5.《上海证券交易所科创板股票上市规则（2024 年 4 月修订）》

15.1 本规则下列用语含义如下：

……

（十五）上市公司的关联人，指具有下列情形之一的自然人、法人或其他组织：

1. 直接或者间接控制上市公司的自然人、法人或其他组织；

2. 直接或间接持有上市公司 5% 以上股份的自然人；

3. 上市公司董事、监事或高级管理人员；

4. 与本项第 1 目、第 2 目和第 3 目所述关联自然人关系密切的家庭成员，包括配偶、年满 18 周岁的子女及其配偶、父母及配偶的父母、兄弟姐妹及其配偶、配偶的兄弟姐妹、子女配偶的父母；

5. 直接持有上市公司 5% 以上股份的法人或其他组织；

6. 直接或间接控制上市公司的法人或其他组织的董事、监事、高级管理人员或其他主要负责人；

7. 由本项第 1 目至第 6 目所列关联法人或关联自然人直接或者间接控制的，或者由前述关联自然人（独立董事除外）担任董事、高级管理人员的法人或其他组织，但上市公司及其控股子公司除外；

8. 间接持有上市公司 5% 以上股份的法人或其他组织；

9. 中国证监会、本所或者上市公司根据实质重于形式原则认定的其他与上市公司有特殊关系，可能导致上市公司利益对其倾斜的自然人、法人或其他组织。

在交易发生之日前 12 个月内，或相关交易协议生效或安排实施后 12 个月内，具有前述所列情形之一的法人、其他组织或自然人，视同上市公司的关联方。

上市公司与本项第 1 目所列法人或其他组织直接或间接控制的法人或其他组织受同一国有资产监督管理机构控制的，不因此而形成关联关系，但该法人或其他组织的法定代表人、总经理、负责人或者半数以上董事兼任上市公司董事、监事或者高级管理人员的除外。

6.《深圳证券交易所创业板股票上市规则（2024 年修订）》

7.2.2　上市公司的关联人包括关联法人和关联自然人。

7.2.3　具有下列情形之一的法人或者其他组织，为上市公司的关联法人：

（一）直接或者间接控制上市公司的法人或者其他组织；

（二）由前项所述法人直接或者间接控制的除上市公司及其控股子公司以外的法人或者其他组织；

（三）由本规则第 7.2.5 条所列上市公司的关联自然人直接或者间接控制的，或者担任董事（独立董事除外）、高级管理人员的，除上市公司及其控股子公司以外的法人或者其他组织；

（四）持有上市公司 5% 以上股份的法人或者一致行动人；

（五）中国证监会、本所或者上市公司根据实质重于形式的原则认定的其他与上市公司有特殊关系，可能造成上市公司对其利益倾斜的法人或者其他组织。

7.2.4　上市公司与本规则第 7.2.3 条第二项所列法人受同一国有资产管理机构控制而形成第 7.2.3 条第二项所述情形的，不因此构成关联关系，但该法人的董事长、经理或者半数以上的董事属于本规则第7.2.5条第二项所列情形者除外。

7.2.5 具有下列情形之一的自然人，为上市公司的关联自然人：

（一）直接或者间接持有上市公司5%以上股份的自然人；

（二）上市公司董事、监事及高级管理人员；

（三）直接或者间接控制上市公司的法人或者其他组织的董事、监事及高级管理人员；

（四）本条第一项至第三项所述人士的关系密切的家庭成员，包括配偶、父母、配偶的父母、兄弟姐妹及其配偶、年满十八周岁的子女及其配偶、配偶的兄弟姐妹和子女配偶的父母；

（五）中国证监会、本所或者上市公司根据实质重于形式的原则认定的其他与上市公司有特殊关系，可能造成上市公司对其利益倾斜的自然人。

7.2.6 具有下列情形之一的法人或者自然人，视同为上市公司的关联人：

（一）因与上市公司或者其关联人签署协议或者作出安排，在协议或者安排生效后，或者在未来十二个月内，具有本规则第7.2.3条或者第7.2.5条规定情形之一的；

（二）过去十二个月内，曾经具有第7.2.3条或者第7.2.5条规定情形之一的。

7.《首次公开发行股票注册管理办法》（2023年发布）

第十二条 发行人业务完整，具有直接面向市场独立持续经营的能力：

（一）资产完整，业务及人员、财务、机构独立，与控股股东、实际控制人及其控制的其他企业间不存在对发行人构成重大不利影响的同业竞争，不存在严重影响独立性或者显失公平的关联交易；

（二）主营业务、控制权和管理团队稳定，首次公开发行股票并在主板上市的，最近三年内主营业务和董事、高级管理人员均没有发生重大不利变化；首次公开发行股票并在科创板、创业板上市的，最近二年内主营业务和董事、高级管理人员均没有发生重大不利变化；首次公开发行股票并在科创板上市的，核心技术人员应当稳定且最近二年内没有发生重大不利变化；

发行人的股份权属清晰，不存在导致控制权可能变更的重大权属纠纷，首次公开发行股票并在主板上市的，最近三年实际控制人没有发生变更；首次公开发行股票并在科创板、创业板上市的，最近二年实际控制人没有发生变更；

（三）不存在涉及主要资产、核心技术、商标等的重大权属纠纷，重大偿债风险，重大担保、诉讼、仲裁等或有事项，经营环境已经或者将要发生重大变化等对持续经营有重大不利影响的事项。

8.《证券期货法律适用意见第 17 号》（2023 年发布）

一、关于《首次公开发行股票注册管理办法》第十二条“构成重大不利影响的同业竞争”的理解与适用

《首次公开发行股票注册管理办法》第十二条规定，发行人“与控股股东、实际控制人及其控制的其他企业间不存在对发行人构成重大不利影响的同业竞争”。现提出如下适用意见：

（一）判断原则。同业竞争的“同业”是指竞争方从事与发行人主营业务相同或者相似的业务。核查认定该相同或者相似的业务是否与发行人构成“竞争”时，应当按照实质重于形式的原则，结合相关企业历史沿革、资产、人员、主营业务（包括但不限于产品服务的具体特点、技术、商标商号、客户、供应商等）等方面与发行人的关系，以及业务是否有替代性、竞争性、是否有利益冲突、是否在同一市场范围内销售等，论证是否与发行人构成竞争；不能简单以产品销售地域不同、产品的档次不同等认定不构成同业竞争。竞争方的同类收入或者毛利占发行人主营业务收入或者毛利的比例达百分之三十以上的，如无充分相反证据，原则上应当认定为构成重大不利影响的同业竞争。

对于控股股东、实际控制人控制的与发行人从事相同或者相似业务的企业，发行人还应当结合目前自身业务和关联方业务的经营情况、未来发展战略等，在招股说明书中披露未来对于相关资产、业务的安排，以及避免上市后出现构成重大不利影响的同业竞争的措施。

（二）核查范围。中介机构应当针对发行人控股股东、实际控制人及其近亲属全资或者控股的企业进行核查。

如果发行人控股股东、实际控制人是自然人，其配偶及夫妻双方的父母、子女控制的企业与发行人存在竞争关系的，应当认定为构成同业竞争。

发行人控股股东、实际控制人的其他亲属及其控制的企业与发行人存在竞争关系的，应当充分披露前述相关企业在历史沿革、资产、人员、业务、技术、财务等方面对发行人独立性的影响，报告期内交易或者资金往来，销售渠道、主要客户及供应商重叠等情况，以及发行人未来有无收购安排。

七、发行人的主要财产

IPO 第 35 问 如何核查发行人所持土地使用权和房产?

一、问题提出

发行人是否已经取得土地的使用权以及房产的所有权?如果已经取得,相应土地使用权、房产所有权上是否设置了抵押?对于发行人的房产,除上述问题外,还需审核是否存在对外出租等情况,该等问题是 IPO 的常规审核要点。在现行规则体系下,发行人以及中介机构需要完整、准确地履行上述土地使用权和房产相关情况的披露义务。

二、核查思路

(一)土地使用权

1. 核查内容

就发行人的土地,发行人律师主要核查其获得土地使用权的方式、过程是否合法合规,主要包括以下几个方面:

第一,国有土地可以通过有偿方式取得,也可以通过划拨方式取得。其中,有偿方式包括国有土地使用权转让、国有土地使用权作价出资入股或者国有土地租赁。如果发行人所获得的土地使用权是国有土地使用权,则要核查究竟是通过以上哪一种方式获得的。集体经营性建设用地使用权可以通过出让、出租等方式取得,通过出让等方式取得的集体经营性建设用地使用权依法可以转让、互换、出资、赠与或者抵押等。应注意核查发行人究竟是通过以上哪一种方式获得的集体经营性建设用地使用权。

第二,发行人取得相应土地使用权是否按照国家有关法律法规签订了相应的合同、支付了相应的对价以及办理了相应的行政许可或者备案登记手续,是否严格按照相关约定将相应的土地用于相应的用途,是否存在违约或违法违规行为。

2. 核查程序

就上述核查内容,主要从以下几个方面进行核查:

第一,发行人通过国有土地使用权转让的方式获得相应的国有土地使用权的,发行人律师应当核查:(1)发行人与相应的国有土地使用权转让人是否签订了相应的国有土地使用权转让合同;(2)国有土地使用权转让人是否依法享有转让相应的国有土地使用权的合法权利,具体应审核转让之前相应土地的国有土地使用权证;(3)就国有土地使用权转让,是否依法办理了相应的"招拍挂"等手续;(4)发行人作为受让人是否已经按时、足额地按照合同约定支付了转让价款,具体可审核相应款项的支付凭证以及相应的税务发票;(5)发行人作为国有土地使用权的受让人或转让人是否存在违反相应的国有土地使用权转让合同的违约行为,是否存在其他的违反有关法律法规的违法行为。

第二,发行人因股东通过其所享有的国有土地使用权作价出资入股的,发行人律师应当核查:(1)发行人与相应的作价出资入股的股东是否签订了由股东使用国有土地使用权作价出资入股的投资协议,以及发行人的公司章程是否明确规定可以由上述股东使用其享有的国有土地使用权作价出资入股;(2)以国有土地使用权作价出资入股的股东作价出资入股之前是否依法享有相应的国有土地使用权,是否依法有权将其作价出资入股,具体应审核作价出资入股之前相应土地的国有土地使用权证;(3)被用来作价出资的国有土地使用权是否进行了相应的资产评估以及评估价是否公允,具体应审核相应的资产评估报告;(4)发行人相应的股东将其国有土地使用权作价出资入股之后是否依法办理相应的变更登记手续,具体应审核作价出资入股之后相应土地的国有土地使用权证;(5)国有土地使用权作价出资入股之后,发行人是否严格依法使用了相应的土地,是否存在违法使用该土地的行为。

第三,发行人通过集体经营性建设用地出让、转让、互换、出资、赠与或者抵押等其他方式获得相应的集体经营性建设用地使用权的,发行人律师除了核查前述内容外,还应当注意核查农民集体所有的土地使用权是否出让、转让或者出租用于非农业建设、是否符合土地利用总体规划。

第四,发行人通过土地使用权出租的方式获得相应的土地使用权的,发行人律师应当核查:(1)发行人与相应的土地使用权转让人是否签订了相应的土地使用权租赁合同;(2)土地使用权出租人是否依法享有出租相应土地使用权的合法权利,具体应审核出租之前的相应土地的土地使用权证;(3)发行人作为承租人是否已经按时、足额地按照合同约定支付了租金,具体可审核相应款项的支付凭证以及相应的税务发票;(4)发行人作为土地使用权的承租人或者出租人是否存在违反相应的土地使用权租赁合同的违约行为,是否存在其他违反有关法律法规的行为。

(二)房产

1. 核查内容

就发行人的房产,发行人律师主要审核发行人是否是房产的产权人,对房产是否享有所有权或者共有权:

第一,如果发行人对其房产享有所有权或者共有权,应核查发行人是如何获得的,是否已经支付了相应的对价,房屋所有权的取得过程是否合法合规。

第二,如果发行人对其房产不享有所有权,也不享有共有权,应核查发行人是否是通过租赁、借用或者股东提供使用等其他方式占有以及使用相应的房产。

2. 核查要点和方式

就上述核查内容,主要从以下几个方面进行核查:

第一,如果发行人对其房产享有所有权或者共有权,发行人律师应当核查发行人是如何获得上述房屋的所有权或者共有权的,是通过自建或者委托第三方建设原始取得的房屋所有权,还是通过购买的方式继受取得的房屋所有权。其中:

(1)如果是通过自建或者委托第三方建设获得的房屋所有权,应核查房屋是否已经竣工并验收合格,发行人是否已经依法获得了相应的不动产权证。

(2)如果房屋尚未竣工并验收合格,发行人尚未依法获得相应的不动产权证,则上述房屋仍属于在建的建设工程,发行人律师应当审查如下情况:①上述建设工程是否依法获得了相应的土地使用权、是否依法申请并获得了相应建设工程规划许可、建筑工程施工许可,具体应审查相应的土地使用权证、建设工程规划许可证和建筑工程施工许可证等资质证书;②发行人是否作为建设方与相应的建设工程勘察方、设计方、施工方、监理方和项目管理方等相关单位签订相应的书面合同,是否已经按照相应的合同约定支付了相应的对价,是否存在违约行为;③就相应的建设工程,发行人是否存在其他违法行为。

(3)如果发行人通过受让方式获得房屋所有权,发行人律师应当审查:①发行人是否与转让方签订了相应的房屋买卖合同,转让方在转让之前是否依法享有将相应房产转让给发行人的合法权利;②发行人是否已经按照房屋买卖合同的相关约定按时、足额支付了相应的对价,发行人作为受让方是否存在违约行为;③就房屋转让,发行人和转让方是否依法办理了相应的不动产权变更登记手续。

第二,如果发行人对其房产无单独的所有权,也不享有共有权,只是通过租赁、借用或者股东提供使用等其他方式占有及使用相应的房产,发行人律师应当核查:(1)发行人是否与相应房屋的不动产权人或者经其授权的第三方签订了相应的房屋租赁合同、房屋借用合同或者房屋作价出资入股合同等书面合同,后者是否依法享有将相应房屋出租、出借或者作价出资入股的合法权利;(2)发行人是否已经按照房屋租赁合同按时、足额地支付了相应的租金、物业管理费和水电费等款项,发行人作为承租方是否存在违约行为;(3)发行人通过借用、股东提供使用等其他方式依法占有及使用房屋的,是否与相对人签订了相应的合同,双方是否全面履行了相应的合同义务;(4)就房屋的租赁、出借、作价出资入股等,发行人和相对人是否依法办理了相应的登记备案手续,是否存在违法违规行为。

三、案例评析

(一)三一重能(688349)

三一重能股份有限公司(以下简称三一重能)于 2022 年 6 月 22 日在上交所科创板上市,根据其招股说明书披露[1],三一重能及其控股子公司尚

---

〔1〕 参见《三一重能股份有限公司首次公开发行股票并在科创板上市招股说明书》,载上海证券交易所网,http://static. sse. com. cn/disclosure/listedinfo/announcement/c/new/2022 - 06 - 17/688349_20220617_2_sNgnlTig. pdf。

未取得土地使用权相关权证。对此,发行人律师从如下角度进行了核查和说明:

(1)相关土地使用主体已取得省级人民政府出具的农用地转用、土地征收审批或已与所在地自然资源主管部门签署了《国有建设用地使用权出让合同》并缴纳了土地出让金或已取得部分土地的土地权属证书。且有关公司所在地自然资源主管部门已出具证明,确认相关用地手续正在依法办理,办理国有建设用地不动产权证书不存在实质性障碍。

(2)相关土地使用主体已取得自然资源主管部门出具的国土用地预审意见,农用地转用审批或建设用地审批手续正在办理中。部分土地由于军事原因,导致相关国土手续暂缓办理。其余土地手续正在依法依规办理中,不存在实质性障碍。

(3)有关公司所在地自然资源主管部门已出具证明:该公司可以继续使用土地,不会对其进行行政处罚;自 2019 年 1 月 1 日至证明出具之日,确认不存在土地、城乡规划的重大违法违规行为,亦未受到重大行政处罚。

(4)发行人的控股股东、实际控制人及其一致行动人已出具承诺函,如发行人及其控股子公司因自有土地未取得相应土地权证或其他违反土地管理法律法规的情形被有关政府主管部门处以任何形式的行政处罚,或因此影响正常生产经营活动的,控股股东、实际控制人及其一致行动人将全额补偿发行人及其控股子公司遭受的经济损失。

由上述三一重能 IPO 案例可知,对于尚未取得土地使用权产权证的企业,可从办理不动产权证书不存在实质性障碍、所在地自然资源主管部门出具的无处罚证明、实际控制人等的兜底承诺函等方面尝试解决该问题。

(二)金鹰重工(301048)

金鹰重型工程机械股份有限公司(以下简称金鹰重工)于 2021 年 8 月 18 日在深交所创业板上市,根据该公司招股说明书披露[1]:其主要生产经营厂区之一西湾大修基地存在土地权属和房屋权属不一致的情形,相关土地属于金鹰重工的控股股东武汉局集团,但地上建筑物属于发行人,导致西

---

[1] 参见《301048 金鹰重工 创业板首次公开发行股票招股说明书》,载深圳证券交易所网 2021 年 8 月 13 日,http://www.szse.cn/disclosure/listed/bulletinDetail/index.html?7a13164d-2dbf-487f-ae93-e56286ac5733。

湾大修基地的建筑物未取得房屋不动产权证书。具体如下:

(1)公司位于西湾大修基地的建筑物之土地权属与房屋权属不一致,相关土地属于武汉局集团,地上建筑物属于公司,导致该基地建筑物未取得房屋不动产权证书。公司报告期内仍正常使用基地建筑物,未因产权证问题影响维修业务。

(2)对于西湾大修基地等公司使用的未办理权属证书的房屋,公司控股股东武汉局集团已出具承诺文件,确认相关房屋建筑物的产权无纠纷或潜在争议,并承诺将积极协调该等房屋建筑物所在地的相应主管部门认可公司对该等房屋按照现状进行持续使用,同时,武汉局集团承诺,其将全额承担由于该等房产瑕疵事项所致的一切风险、损失及法律责任,保证发行人不致因此遭到损失或承担法律责任,前述损失包括但不限于行政处罚、搬迁费用、相关设施的拆除费用、因影响正常生产经营活动产生的损失等。

(3)根据上述武汉局集团的承诺,将来公司如因西湾大修基地土地问题被处罚或需要搬迁,则相应的处罚和搬迁费用将由武汉局集团承担。如确需搬迁,该等搬迁费用预计不超过500万元。

(4)公司在西湾大修基地的业务始终正常开展,未因土地及房产的瑕疵情况受到处罚,且未收到任何有权部门要求搬迁的通知或裁定。如未来西湾大修基地因地上建筑物未取得房屋产权证书等原因无法持续正常使用,则发行人的相应解决措施为将轨道工程装备修理业务的开展地点由西湾大修基地厂区搬迁至金鹰工业园厂区。

对于发行人向其控股股东武汉局集团承租西湾大修基地厂区土地使用权的情况,发行人律师出具的法律意见书披露〔1〕:(1)发行人向控股股东武汉局集团的分支机构武汉局集团襄阳房建生活段租赁西湾大修基地厂区的土地,西湾大修基地系发行人大修业务的主要作业厂区,报告期内,公司维修业务收入及占比均较低;(2)经对比,西湾大修基地附近其他厂房的租金价格不存在较大差异,发行人未来拟继续以公允价格向武汉局集团下属单位承租前述土地;(3)控股股东出具了继续租赁的承诺函。

---

〔1〕 参见《301048 金鹰重工 上海市锦天城律师事务所关于公司首次公开发行股票并在创业板上市的法律意见书》,载深圳证券交易所网 2021 年 7 月 30 日,http://www.szse.cn/disclosure/listed/bulletinDetail/index.html?2070bbc6-dc13-4cea-9d87-13f4bee68087。

在上述金鹰重工 IPO 案例中，发行人对土地权属和房屋权属不一致、未取得不动产权属证书的情形作出了说明和解释，并通过相关主体出具不影响生产经营的承诺函、测算搬迁费用等手段补足了权属瑕疵。

IPO 第 36 问 如何核查发行人的知识产权？

一、问题提出

作为企业保持核心竞争力的技术基础，知识产权对企业的经营发挥着至关重要的作用，对轻资产型的高科技拟上市主体的作用尤为明显。

在涉及知识产权的问题上，知识产权的权属、与知识产权紧密结合的技术先进性信息披露以及知识产权的纠纷风险是核心审核要点。其中，需要重点关注知识产权获取以及后续经营管理中的合规性，核心技术获取的合规性，以及可能的潜在不利影响。在科创板的审核中，共有知识产权权利的归属、实施的方式、权益的分配等事项会影响发行人资产的完整性、独立研发能力、持续经营能力等关键问题的认定以及结论意见的发表。

二、核查思路

（一）核查内容

1. 权利状态

结合权属证书及网络核查结果确认专利权人，同时对权属证书的完备情况予以记录。

2. 取得方式

取得方式区分为原始取得与继受取得，此处需特别注意的是，在专利申请阶段，通过受让专利申请权、变更申请人的方式，最终获得授权的专利权同样为原始取得。如系继受取得，还需进一步查验受让协议、技术转让合同的备案手续、转让费用的支付等。

3. 共有状态

如存在共有权利人的，需进一步核查共有协议，确认是否涉及合作研发项目等。

4. 担保状况

对于知识产权是否存在质押担保，除与发行人进行确认外，需结合从商标局、专利局、版权中心调取的相应档案进一步查证。

5. 有效状态

除通过调档对权利的有效状态予以查验外，就专利而言，可请企业提供年费缴纳凭证。如存在因年费滞纳未缴，导致权利状态非维持状态的情况，需要与发行人沟通原因以及对该项专利的进一步处置方案。如系有用专利，尽快缴纳年费恢复权利状态、纳入披露范围为宜。

涉及技术委托开发和共同开发时，各方当事人应当注意技术开发的方式，对技术成果的使用权、转让权以及申请专利的权利分别进行明确的约定。如果是通过许可方式获得技术，应当注意许可类型、许可实施期限是否超出权利有效期，许可实施地域是否限定在特定区域，许可实施行为是制造许可、销售许可、使用许可还是包括所有行为的许可，许可是否具有排他性，以及被许可人的数量等问题。知识产权交易内容为专有技术的，应当注意技术的交付方式、技术标准、预期效果、资料交付以及技术指导等方面的约定。

由于技术人员技能的专业性，其从原单位离职后从事的工作类型往往存在与原单位重合的可能。因此，在核查核心技术归属时应当重视对企业研发计划，技术产生过程，主要利用的物质技术条件，技术人员背景、原工作单位、在原单位从事的工作任务等情况的调查，防止技术成果与技术人员原单位的职务发明创造在专利申请权上发生争议，落入侵权诉讼乃至构成上市实质性障碍。

核查要点主要包括：(1)专利的形成、来源的合法合规性；(2)核心技术的权属及使用情况，相关费用、权益的分配；(3)核心技术涉及的专利非独占许可对公司业务的影响；(4)核心专利是否处于质押状态，是否存在纠纷、潜在纠纷、诉讼等。

(二)核查程序

核查程序主要包括：(1)查验已签署的技术委托开发合同、合作开发合同中是否对相关知识产权的权属、使用权、实施许可权及收益权作出了明确约定，相关约定是否能够排除存在第三方通过使用、实施的行为获取相关收益等可能对发行人的该项权益产生不利影响的情形;(2)查验技术委托开发合同、合作开发合同项下已产生的知识产权或技术成果;(3)查验补充协议是否进一步明确了技术成果的权利归属、实施方式以及利益分配;(4)查验对于已经产生的共有知识产权,是否与其他权利人沟通以权利转让的形式由发行人对相应权利予以买断;(5)查验合作单位以及发明人就知识产权归属、权益分配等出具的确认函;(6)获取专有技术出资相关工商档案、专有技术转移文件、评估报告、验资报告、评估复核报告。

三、案例评析

(一)瑞晟智能(688215)

浙江瑞晟智能科技股份有限公司(以下简称瑞晟智能)于 2020 年 8 月 28 日在上交所科创板上市,其招股说明书披露[1],发行人部分专利受让自圣瑞思机械。公开信息显示,历史上及报告期内,圣瑞思机械涉及多起专利纠纷案。针对上述情形,发审委问询如下:(1)圣瑞思机械涉及的专利纠纷案件所对应的专利、发行人的专利中属于前述涉及纠纷的部分,以及涉及该部分产品的合同收入及占比;(2)若该部分专利在诉讼中被判无效、侵权或有其他不利情形,对发行人生产经营的具体影响;(3)结合相同或类似案例,进一步分析论证已销售产品不存在因专利侵权纠纷败诉被销毁的可能的原因和合理性;(4)若可能存在被销毁或其他不利情形,测算因承担侵权、违约或其他责任可能对发行人经营业绩造成的影响。

对此,发行人具体说明如下:

(1)涉诉专利已于 2019 年 9 月 10 日因权利期限届满终止失效,发行人及发行人客户目前使用的产品并不侵权,未来也不存在发行人承担停止制造、停止销售产品以及发行人客户承担停止使用及拆除产品等停止侵害的可能。

(2)若原告将来另行起诉要求发行人就 2019 年 9 月 10 日专利失效前涉及的 S50A 型桥接站的生产、销售行为赔偿其损失,亦不会对发行人的经营

〔1〕 参见《浙江瑞晟智能科技股份有限公司首次公开发行股票并在科创板上市招股说明书》,载上海证券交易所网,http://static.sse.com.cn/disclosure/listedinfo/bulletin/star/c/688215_20200824_1.pdf。

情况产生重大影响。以侵权人因侵权获得的利益为赔偿损失的依据，结合各合同中 S50A 型桥接站的收入情况，如果 S50A 型桥接站被判侵权，且原告另案起诉要求发行人客户赔偿损失，发行人客户作为使用者的最高赔偿金额与发行人最高赔偿金额一样，即使由发行人承担发行人客户的赔偿义务，对于发行人及其子公司并无重大影响。

（3）即使原告另行起诉发行人或发行人客户且提出消除影响的诉讼请求，若发行人或发行人客户败诉，该民事责任的承担亦不会对发行人及其子公司的生产经营产生重大影响。发行人的实际控制人袁某已作出书面承诺："由本人承担该等后果且由本人承担发行人所遭受的所有实际损失。"

在上述瑞晟智能 IPO 案例中，发行人从受让专利后未就该等专利产生诉讼或其他纠纷，受让专利不存在被判决侵权或者无效的情形，已结和未结诉讼案件不会对发行人及其子公司的生产经营产生重大影响的角度进行了核查与说明。

（二）中微公司（688380）

中微半导体（深圳）股份有限公司（以下简称中微公司）于 2022 年 8 月 5 日在上交所科创板上市，其招股说明书披露[1]，公司核心技术人员共 3 人，其中 MIAO 某于 2017 年 12 月入职发行人，曾担任 Marvell Asia Pte Ltd. 副主任工程师和部门经理；李某华于 2018 年 4 月入职发行人，曾担任瑞萨北京 MCU 研发部高级专家，并于 2018 年 3 月与发行人共同出资成立北京中微芯成。发行人的发明专利申请集中在 2018 年、2019 年，且 2018 ~ 2020 年持续推出 8 位和 32 位高性能数模混合芯片等。2018 年 3 月，盛群半导体起诉中微公司发明专利权侵权，裁判结果为盛群半导体未缴纳诉讼费做撤回起诉处理。2019 年 2 月，盛群半导体再次起诉中微公司发明专利权侵权（专利同上），裁判驳回盛群半导体全部诉讼请求。公开信息显示，北京中微芯成专门研发高端工业类汽车级 32 位 MCU 产品，较多团队成员都有在瑞萨公司工作的经历。

针对上述情形，发审委问询如下：（1）MIAO 某入职前，是否与原单位签

---

〔1〕 参见《中微半导体（深圳）股份有限公司首次公开发行股票并在科创板上市招股说明书》，载上海证券交易所网，http://static.sse.com.cn/disclosure/listedinfo/announcement/c/new/2022-08-02/688380_20220802_2_Uv0Mah7I.pdf。

署竞业禁止或保密条款;(2)核心技术人员入职后形成的发明专利、技术来源及合法合规性,是否存在纠纷或潜在技术侵权纠纷;(3)原涉诉专利及专利诉讼未在招股书中披露的原因及专利目前状态、涉诉专利涉及的产品及收入占比,是否还存在其他潜在的知识产权权属纠纷。

发行人律师出具的补充法律意见书显示[1]:(1)MIAO 某与原单位不存在签署竞业禁止或保密条款。(2)MIAO 某在境内不存在尚未了结或可以预见的诉讼、仲裁案件。(3)MIAO 某已出具声明与承诺,载明其未签署任何竞业禁止或保密条款,不存在任何关于竞业禁止或竞业限制的纠纷或潜在纠纷;其在入职中微半导后形成的发明专利系自主研发取得,不存在使用原任职单位的技术成果的情形,不存在任何关于技术来源或知识产权等的纠纷或潜在纠纷,不存在任何关于竞业禁止、保密条款或知识产权的诉讼、仲裁;若其与 Marvell Asia Pte Ltd. 因竞业禁止或保密条款发生纠纷或者运用原任职单位的技术成果致使中微半导遭受损失的,将及时足额赔偿给中微半导,确保中微半导不会因此遭受经济损失。

在上述中微公司 IPO 案例中,发行人从核心技术人员入职发行人后形成的专利、技术系自主研发取得,不存在使用原任职单位的技术成果的情形,与原单位不存在任何关于技术来源或知识产权等的纠纷或潜在纠纷,不存在任何关于竞业禁止、保密条款或知识产权的诉讼、仲裁的角度进行了解释与核查。

IPO 第 37 问　如何核查发行人的主要生产设备?

一、问题提出

主要生产设备,是指企业生产中承担主要工序的设备,也指企业设备中拥有量区别于辅助设备的设备。发行人的主要生产设备作为发行人的资

[1] 参见《北京国枫律师事务所关于中微半导体(深圳)股份有限公司申请首次公开发行股票并在科创板上市的补充法律意见书之一》,载巨潮资讯网,http://static.cninfo.com.cn/finalpage/2021-09-24/1211507503.PDF。

产,应当具备相应的完整性和独立性。实践中,发行人租赁生产设备的情况屡见不鲜。此种情况可能会对发行人,尤其是作为生产型企业的发行人的资产完整性、持续经营能力造成不利影响,如果涉及从关联方租赁相关生产设备,还需要关注租赁的定价公允性问题;除此以外,如果主要生产设备多为外购的定制设备,发行人的核心技术和竞争优势、主要生产设备是否处于质押状态也会成为关注的要点。因此,该等事项在 IPO 审核中需要重点关注。

二、核查思路

(一)核查内容

就"采用租赁生产设备的合理性"这一问题,主要需要考虑以下几点:(1)因产能暂时性提升出现的临时性生产需要;(2)项目特点导致的不同地点的临时性设备需求;(3)出租方在注销并出售资产前的一定时期的过渡性安排;(4)相关设备与租赁的厂房具有不可分性等。在不影响发行人整体资产独立性,且存在合理理由的情况下,生产设备也可以通过租赁取得。需要说明的是,对于通过持续租赁使用的生产设备,要特别关注相应租赁协议的稳定性及可持续性。此外,租赁生产设备与自有设备的资产价值比例不应过大。

对于该问题,主要核查要点包括:(1)主要生产设备应为自购设备并独立拥有,除非具备合理理由,否则不应通过租赁等其他方式持有,避免引发对资产稳定性的质疑;(2)主要生产设备的情况、价值、功能、权属,是否存在借用、租赁的状况;(3)生产设备租赁是否具备合理性,如临时性生产需要或者过渡性安排;(4)从关联方处租赁设备,价格应具有公允性;(5)设备租赁是否影响业务资质的取得和可持续性。

(二)核查程序

主要核查方式包括:(1)核查发行人的生产线、生产设备明细表;(2)核查生产设备的权属,以及是否存在质押的情况;(3)核查租赁设备是否为辅助性设备,以及租赁设备占比;(4)核查发行人的固定资产清单、主要机器设备购买合同及相关凭证。

三、案例评析[万得凯(301309)]

浙江万得凯流体设备科技股份有限公司(以下简称万得凯)于 2022 年 9

月 19 日在深交所创业板上市。根据公司披露的文件显示，发审委要求说明万得凯铜业及发行人为龚某巨采购的设备及垫付的资金的具体数量及金额，以及发行人在收购万得凯铜业时是否收购该部分资产，如是，需说明原因及合理性；发行人是否存在其他类似合作经营方式的项目，结合上述事项分析发行人业务和资产独立性。

根据发行人律师的补充法律意见书显示[1]，龚某巨与万得凯铜业合作经营卫浴类产品，以项目的形式在万得凯铜业内部实施，由万得凯铜业垫资采购设备及垫付流动资金，垫付资金约为 500 万元。项目独立核算，拥有单独场地且不在万得凯铜业厂房内。合作双方商定以分成形式享有该项目收益，其中龚某巨的分成比例约为 18%。2017 年，万得凯铜业决定停止该项目，解除合作经营，并将现有订单由自产转为直接外购。经双方协议确认，龚某巨分期将万得凯铜业合作期间垫付的资金予以偿还，最终以结束合作经营时点的资产净值进行结算，合计金额为 508.73 万元，具体包括经营性债权债务、存货、10 台生产设备。发行人及其子公司不存在类似合作经营方式的项目，且资产独立性得到保障。

此外，万得凯铜业与龚某巨的合作经营方式仅限于卫浴类产品，而不是水暖阀门管件业务，因此发行人及其子公司与万得凯铜业的业务没有直接关联。发行人及其子公司的房产、土地使用权、主要生产设备权属清晰，不存在资产来自万得凯铜业合作经营项目的情况。发行人及其子公司在供应商、客户、采购、生产、销售等方面均自主独立发展，不存在与其他方共同生产、共用采购、销售渠道、通用原材料的情况。

在上述万得凯 IPO 案例中，监管部门要求发行人就业务和资产的独立性进行说明，发行人主要从其合作经营方式仅限于卫浴类产品，不涉及水暖阀门管件业务，且合作项目独立核算，发行人在收购万得凯铜业时并没有收购该部分资产的角度论述发行人的资产独立性。此外，从发行人及其子公司未与其他方共同生产，共用采购、销售渠道、通用原材料方向论述了其业务独立性。

---

〔1〕 参见《301309 万得凯 国浩律师(杭州)事务所关于公司首次公开发行股票并在创业板上市的法律意见书及补充法律意见书》，载深圳证券交易所网，http://www.szse.cn/disclosure/listed/bulletinDetail/index.html? 88839029 - ab5a - 4452 - 8454 - 78d6e3de088a。

附:主要参考规范

1.《土地管理法》(2019 年修正)

第四条 国家实行土地用途管制制度。

国家编制土地利用总体规划,规定土地用途,将土地分为农用地、建设用地和未利用地。……

……建设用地是指建造建筑物、构筑物的土地,包括城乡住宅和公共设施用地、工矿用地、交通水利设施用地、旅游用地、军事设施用地等;……

使用土地的单位和个人必须严格按照土地利用总体规划确定的用途使用土地。

第五十五条第一款 以出让等有偿使用方式取得国有土地使用权的建设单位,按照国务院规定的标准和办法,缴纳土地使用权出让金等土地有偿使用费和其他费用后,方可使用土地。

2.《城乡规划法》(2019 年修正)

第三十八条 在城市、镇规划区内以出让方式提供国有土地使用权的,在国有土地使用权出让前,城市、县人民政府城乡规划主管部门应当依据控制性详细规划,提出出让地块的位置、使用性质、开发强度等规划条件,作为国有土地使用权出让合同的组成部分。未确定规划条件的地块,不得出让国有土地使用权。

以出让方式取得国有土地使用权的建设项目,建设单位在取得建设项目的批准、核准、备案文件和签订国有土地使用权出让合同后,向城市、县人民政府城乡规划主管部门领取建设用地规划许可证。

……

第四十五条 县级以上地方人民政府城乡规划主管部门按照国务院规定对建设工程是否符合规划条件予以核实。未经核实或者经核实不符合规划条件的,建设单位不得组织竣工验收。

建设单位应当在竣工验收后六个月内向城乡规划主管部门报送有关竣工验收资料。

第六十四条 未取得建设工程规划许可证或者未按照建设工程规划许可证的规定进行建设的,由县级以上地方人民政府城乡规划主管部门责令停止建设;尚可采取改正措施消除对规划实施的影响的,限期改正,处建设工程造价百分之五以上百分之十以下的罚款;无法采取改正措施消除影响的,限期拆除,不能拆除的,没收实物或者违法收入,可以并处建设工程造价百分之十以下的罚款。

3.《城镇国有土地使用权出让和转让暂行条例》(2020 年修订)

第四十五条 符合下列条件的,经市、县人民政府土地管理部门和房产管理部门批准,其划拨土地使用权和地上建筑物、其他附着物所有权可以转让、出租、抵押:

(一)土地使用者为公司、企业、其他经济组织和个人;

(二)领有国有土地使用证;

(三)具有地上建筑物、其他附着物合法的产权证明;

(四)依照本条例第二章的规定签订土地使用权出让合同,向当地市、县人民政府补交土地使用权出让金或者以转让、出租、抵押所获收益抵交土地使用权出让金。

……

第四十六条 对未经批准擅自转让、出租、抵押划拨土地使用权的单位和个人,市、县人民政府土地管理部门应当没收其非法收入,并根据情节处以罚款。

4. 国务院办公厅《关于严格执行有关农村集体建设用地法律和政策的通知》(2007 年发布)

三、严格控制农村集体建设用地规模

……

严格控制农民集体所有建设用地使用权流转范围。农民集体所有的土地使用权不得出让、转让或者出租用于非农业建设。符合土地利用总体规划并依法取得建设用地的企业发生破产、兼并等情形时,所涉及的农民集体所有建设用地使用权方可依法转移。其他农民集体所有建设用地使用权流转,必须是符合规划、依法取得的建设用地,并不得用于商品住宅开发。

……

5.《城市房地产管理法》(2019 年修正)

第二十二条第一款 土地使用权出让合同约定的使用年限届满,土地使用者需要继续使用土地的,应当至迟于届满前一年申请续期,除根据社会公共利益需要收回该幅土地的,应当予以批准。经批准准予续期的,应当重新签订土地使用权出让合同,依照规定支付土地使用权出让金。

第四十条第一款 以划拨方式取得土地使用权的,转让房地产时,应当按照国务院规定,报有批准权的人民政府审批。有批准权的人民政府准予转让的,应当由受让方办理土地使用权出让手续,并依照国家有关规定缴纳土地使用权出让金。

第六十七条 违反本法第四十条第一款的规定转让房地产的,由县级以上人民政府土地管理部门责令缴纳土地使用权出让金,没收违法所得,可以并处罚款。

6.《商品房屋租赁管理办法》(2010 年发布)

第十四条 房屋租赁合同订立后三十日内,房屋租赁当事人应当到租赁房屋所在地直辖市、市、县人民政府建设(房地产)主管部门办理房屋租赁登记备案。

房屋租赁当事人可以书面委托他人办理租赁登记备案。

第二十三条 违反本办法第十四条第一款、第十九条规定的,由直辖市、市、县人民政府建设(房地产)主管部门责令限期改正;个人逾期不改正的,处以一千元以下罚款;单位逾期不改正的,处以一千元以上一万元以下罚款。

7.最高人民法院《关于审理城镇房屋租赁合同纠纷案件具体应用法律若干问题的解释》(2020 年修正)

第三条 出租人就未经批准或者未按照批准内容建设的临时建筑,与承租人订立的租赁合同无效。但在一审法庭辩论终结前经主管部门批准建设的,人民法院应当认定有效。

租赁期限超过临时建筑的使用期限,超过部分无效。但在一审法庭辩论终结前经主管部门批准延长使用期限的,人民法院应当认定延长使用期限内的租赁期间有效。

8.《监管规则适用指引——发行类第 4 号》(2023 年发布)

4-9 诉讼或仲裁

……

(4)涉及主要产品、核心商标、专利、技术等方面的诉讼或仲裁可能对发行人生产经营造成重大影响,或者诉讼、仲裁有可能导致发行人实际控制人变更,或者其他可能导致发行人不符合发行条件的情形,保荐机构和发行人律师应在提出明确依据的基础上,充分论证该等诉讼、仲裁事项是否构成本次发行的法律障碍并审慎发表意见。

4-10　资产完整性

发行人租赁控股股东、实际控制人房产或者商标、专利来自于控股股东、实际控制人授权使用的,保荐机构和发行人律师通常应关注并核查以下方面:相关资产的具体用途、对发行人的重要程度、未投入发行人的原因、租赁或授权使用费用的公允性、是否能确保发行人长期使用、今后的处置方案等,并就该等情况是否对发行人资产完整性和独立性构成重大不利影响发表明确意见。

如发行人存在以下情形之一的,保荐机构及发行人律师应当重点关注、充分核查论证并发表意见:一是生产型企业的发行人,其生产经营所必需的主要厂房、机器设备等固定资产系向控股股东、实际控制人租赁使用;二是发行人的核心商标、专利、主要技术等无形资产是由控股股东、实际控制人授权使用。

4-13　土地使用权

发行人存在使用或租赁使用集体建设用地、划拨地、农用地、耕地、基本农田及其上建造的房产等情形的,保荐机构和发行人律师应对其取得和使用是否符合《土地管理法》等法律法规的规定、是否依法办理了必要的审批或租赁备案手续、有关房产是否为合法建筑、是否可能被行政处罚、是否构成重大违法行为出具明确意见,说明具体理由和依据。

上述土地为发行人自有或虽为租赁但房产为自建的,如存在不规范情形且短期内无法整改,保荐机构和发行人律师应结合该土地或房产的面积占发行人全部土地或房产面积的比例、使用上述土地或房产产生的营业收入、毛利、利润情况,评估其对于发行人的重要性。如面积占比较低、对生产经营影响不大,应披露将来如因土地问题被处罚的责任承担主体、搬迁的费用及承担主体、有无下一步解决措施等,并对该等事项做重大风险提示。

发行人生产经营用的主要房产系租赁上述土地上所建房产的,如存在不规范情形,原则上不构成发行上市障碍。保荐机构和发行人律师应就其是否对发行人持续经营构成重大影响发表明确意见。发行人应披露如因土地问题被处罚的责任承担主体、搬迁的费用及承担主体、有无下一步解决措施等,并对该等事项做重大风险提示。

发行人募投用地尚未取得的,需披露募投用地的计划、取得土地的具体安排、进度等。保荐机构、发行人律师需对募投用地是否符合土地政策、城市规划、募投用地落实的风险等进行核查并发表明确意见。

9.《民法典》(2020 年发布)

第四百四十四条 以注册商标专用权、专利权、著作权等知识产权中的财产权出质的,质权自办理出质登记时设立。

知识产权中的财产权出质后,出质人不得转让或者许可他人使用,但是出质人与质权人协商同意的除外。出质人转让或者许可他人使用出质的知识产权中的财产权所得的价款,应当向质权人提前清偿债务或者提存。

第六百条 出卖具有知识产权的标的物的,除法律另有规定或者当事人另有约定外,该标的物的知识产权不属于买受人。

第八百四十五条 技术合同的内容一般包括项目的名称,标的的内容、范围和要求,履行的计划、地点和方式,技术信息和资料的保密,技术成果的归属和收益的分配办法,验收标准和方法,名词和术语的解释等条款。

与履行合同有关的技术背景资料、可行性论证和技术评价报告、项目任务书和计划书、技术标准、技术规范、原始设计和工艺文件,以及其他技术文档,按照当事人的约定可以作为合同的组成部分。

技术合同涉及专利的,应当注明发明创造的名称、专利申请人和专利权人、申请日期、申请号、专利号以及专利权的有效期限。

10.《专利法》(2020 年修正)

第十四条 专利申请权或者专利权的共有人对权利的行使有约定的,从其约定。没有约定的,共有人可以单独实施或者以普通许可方式许可他人实施该专利;许可他人实施该专利的,收取的使用费应当在共有人之间分配。

除前款规定的情形外,行使共有的专利申请权或者专利权应当取得全体共有人的同意。

第十九条 任何单位或者个人将在中国完成的发明或者实用新型向外国申请专利的,应当事先报经国务院专利行政部门进行保密审查。保密审查的程序、期限等按照国务院的规定执行。

中国单位或者个人可以根据中华人民共和国参加的有关国际条约提出专利国际申请。申请人提出专利国际申请的，应当遵守前款规定。

国务院专利行政部门依照中华人民共和国参加的有关国际条约、本法和国务院有关规定处理专利国际申请。

对违反本条第一款规定向外国申请专利的发明或者实用新型，在中国申请专利的，不授予专利权。

11.《商标法》(2019 年修正)

第四十二条 转让注册商标的，转让人和受让人应当签订转让协议，并共同向商标局提出申请。受让人应当保证使用该注册商标的商品质量。

转让注册商标的，商标注册人对其在同一种商品上注册的近似的商标，或者在类似商品上注册的相同或者近似的商标，应当一并转让。

对容易导致混淆或者有其他不良影响的转让，商标局不予核准，书面通知申请人并说明理由。

转让注册商标经核准后，予以公告。受让人自公告之日起享有商标专用权。

12.《计算机软件保护条例》(2013 年修订)

第十条 由两个以上的自然人、法人或者其他组织合作开发的软件，其著作权的归属由合作开发者签订书面合同约定。无书面合同或者合同未作明确约定，合作开发的软件可以分割使用的，开发者对各自开发的部分可以单独享有著作权；但是，行使著作权时，不得扩展到合作开发的软件整体的著作权。合作开发的软件不能分割使用的，其著作权由各合作开发者共同享有，通过协商一致行使；不能协商一致，又无正当理由的，任何一方不得阻止他方行使除转让权以外的其他权利，但是所得收益应当合理分配给所有合作开发者。

13.《集成电路布图设计保护条例》(2001 年发布)

第三十一条 未经布图设计权利人许可，使用其布图设计，即侵犯其布图设计专有权，引起纠纷的，由当事人协商解决；不愿协商或者协商不成的，布图设计权利人或者利害关系人可以向人民法院起诉，也可以请求国务院知识产权行政部门处理。国务院知识产权行政部门处理时，认定侵权行为成立的，可以责令侵权人立即停止侵权行为，没收、销毁侵权产品或者物品。当事人不服的，可以自收到处理通知之日起 15 日内依照《中华人民共和国行政诉讼法》向人民法院起诉；侵权人期满不起诉又不停止侵权行为的，国务院知识产权行政部门可以请求人民法院强制执行。应当事人的请求，国务院知识产权行政部门可以就侵犯布图设计专有权的赔偿数额进行调解；调解不成的，当事人可以依照《中华人民共和国民事诉讼法》向人民法院起诉。

14. 最高人民法院《关于印发全国法院知识产权审判工作会议关于审理技术合同纠纷案件若干问题的纪要的通知》（2001 年发布）

二、技术开发合同

……

（二）当事人的权利和义务

5.0 ……委托开发或者合作开发完成的技术成果所获得的专利权为当事人共有的，实施该专利的方式和利益分配办法，由当事人约定。当事人没有约定或者约定不明确，依照合同法第六十一条的规定不能达成补充协议的，当事人均享有自己实施该专利的权利，由此所获得的利益归实施人。

当事人不具备独立实施专利的条件，以普通实施许可的方式许可一个法人或者其他组织实施该专利，或者与一个法人、其他组织或者自然人合作实施该专利或者通过技术入股与之联营实施该专利，可以视为当事人自己实施专利。

15.《首次公开发行股票注册管理办法》（2023 年发布）

第十二条 发行人业务完整，具有直接面向市场独立持续经营的能力：

……

（三）不存在涉及主要资产、核心技术、商标等的重大权属纠纷，重大偿债风险，重大担保、诉讼、仲裁等或有事项，经营环境已经或者将要发生重大变化等对持续经营有重大不利影响的事项。

16.《公开发行证券的公司信息披露内容与格式准则第 57 号——招股说明书》（2023 年发布）

第七十三条 发行人应分析披露其具有直接面向市场独立持续经营的能力，主要包括：

（一）资产完整方面。生产型企业具备与生产经营有关的主要生产系统、辅助生产系统和配套设施，合法拥有与生产经营有关的主要土地、厂房、机器设备以及商标、专利、非专利技术的所有权或者使用权，具有独立的原料采购和产品销售系统；非生产型企业具备与经营有关的业务体系及主要相关资产；

……

八、财务内控制度

IPO第38问 关联方资金拆借行为是否有损发行人内控制度有效性?

一、问题提出

财务内控制度是发行人内控制度体系中的重要部分,财务内控制度的规范性对发行人内控制度的有效性的认定起着举足轻重的作用,因此,拟IPO企业应关注日常经营行为中财务行为的规范性以及财务制度的完善性。近年来,许多拟IPO企业由于上市前资金缺乏,往往选择通过资金拆借进行融资以补充营运资金,如存在关联方资金拆借行为,无论是拆出还是拆入,均可能导致监管机构对企业的内控制度有效性产生疑虑。发行人与中介机构要重视对关联方资金拆借行为的核查,明确其对发行人内控制度的有效性是否会造成不利影响。

二、核查思路

如发行人在报告期内存在关联方拆借资金的行为,中介机构应督促、辅导发行人完成整改或纠正,并协助进行相关内控制度建设;如发行人已在中介机构的协助下整改或纠正了不规范问题,中介机构应审查并确认发行人整改后的内控制度是否已合理、正常运行并持续有效。综合实务案例,中介机构可以从以下几个方面进行核查:

(一)关联方拆借资金的具体情况

如是拆入行为,应核查拆借资金的累计金额是否与发行人的经营活动、投资活动的规模匹配;拆借期限是否为短期;资金流向以及用途是否为发行人的日常经营活动支出；是否已经归还关联方资金拆借款，如归还则应核查归还资金来源；是否履行内部决策程序，是否存在关联方通过关联交易操纵发行人利润、替发行人承担成本费用等情形。

如是拆出行为，则需核查关联方是否存在损害发行人及股东利益的情况；是否为资金占用等。

（二）关联方拆借资金行为的原因

应说明关联方拆借资金行为形成的原因是否具有必要性和合理性，侧重于核查关联方拆借资金行为是否属于主观故意或恶意行为，是否为了正常的生产经营，是否构成重大违法违规，是否存在被处罚的风险。

（三）关联方拆借资金行为的整改措施

对于该关联方拆借资金行为的财务内控不规范情形，应核查发行人对此行为的相关整改措施，如发行人是否建立了完善的财务会计核算体系，是否建立和完善了资金循环方面的内控制度，在资金授权、批准、责任追究等方面是否建立了管理制度等。

（四）关联方拆借资金行为的整改效果

应核查发行人关联方拆借资金行为的整改效果，即首次申报审计截止日后是否仍出现相关情形。

三、案例评析

（一）明阳智能（601615）

明阳智慧能源集团股份公司（以下简称明阳智能）的招股说明书显示[1]，报告期内发行人与关联方存在大量资金拆借行为。针对此情形，审核部门要求保荐机构及发行人律师说明相关资金拆借的原因及合理性，相关交易的公允性，是否履行了必要的审议程序，发行人是否建立了健全的内部控制制度并有效执行等。

---

〔1〕 参见《明阳智慧能源集团股份公司首次公开发行股票招股说明书》，载上海证券交易所网，http://www.sse.com.cn/disclosure/listedinfo/announcement/c/2019-01-10/601615_20190110_3.pdf。

发行人律师在补充法律意见书[1]中，从以下几个方面进行了核查与说明：

(1)报告期内，发行人向控股股东、实际控制人及其关联方临时资金拆借是因生产经营的资金周转需要，资金拆借大多属于当时母子公司之间的正常资金往来，主要用于短期资金周转。

(2)报告期内发行人与关联方之间的资金拆借均严格按照公司章程及《关联交易决策制度》的约定，履行了必要的审批或确认程序，且该等往来款项已全部清偿完毕。

(3)发行人已建立健全严格的资金管理制度，且自建立防范关联方资金占用的有关制度以来，未出现控股股东、实际控制人及其关联方非经营性占用公司资金的情形，相关制度得到了有效的执行。

在上述明阳智能 IPO 案例中，尽管发行人律师在首次申报时就已经对资金拆借行为进行了说明，且发行人、控股股东及实际控制人已就避免关联方资金占用作出承诺并采取有效措施，实际控制人张某卫、吴某和张某已出具不可撤销的《关于避免关联方资金占用的承诺函》，但上述承诺在审核机构看来并不能完全打消其对于关联方资金拆借行为对发行人内控制度有效性的影响的疑虑。在申报之前，发行人应和中介机构详细核查关联方资金拆借行为的每一项细节。

(二)美利信(301307)

重庆美利信科技股份有限公司(以下简称美利信)的招股意向书披露[2]，报告期内发行人存在向美利信控股、余某军、爱瑞机械、邦图科技、重维尔、美利新材等关联方大额资金拆借情形，合计资金达 38,707.57 万元。对此，审核部门要求发行人对财务内控不规范情形是否构成对内控制度有效性的重大不利影响，是否属于主观故意或恶意行为并构成重大违法违规，是否存在被处罚的风险，是否存在影响发行条件的情形等进行说明。

---

[1] 参见《北京市天元律师事务所关于明阳智慧能源集团股份公司首次公开发行股票并上市的补充法律意见(六)》，载上海证券交易所网，http://www.sse.com.cn/disclosure/listedinfo/announcement/c/2019-01-02/601615_20190102_23.pdf。

[2] 参见《301307 美利信 首次公开发行股票并在创业板上市招股意向书》，载深圳证券交易所网 2023 年 3 月 31 日，http://www.szse.cn/disclosure/listed/bulletinDetail/index.html?7bcde9f6-2010-4455-bab3-99d05c7dd1a2。

根据发行人律师的法律意见书及补充法律意见书显示[1],发行人律师从以下几方面进行了核查和说明:

(1)发行人与关联方之间的资金拆借系为满足日常经营活动的资金需要,累计金额与公司经营活动、投资活动的规模较为匹配;拆借期限为1年期,属于短期拆借;资金流向、用途为发行人日常经营活动,发行人已归还所有关联方资金拆借款,归还资金来源为自有资金和股权融资款。

(2)发行人对关联方拆借资金行为已按照公司章程及关联交易管理制度的规定执行了关联交易的审批程序,独立董事已就发行人报告期关联交易发表了独立意见;发行人已制定了关联交易管理制度、资金管理制度等各项制度,对关联方拆借资金等事项建立了有效的内部控制体系;会计师事务所出具了鉴证报告,报告认为:发行人按照企业内部控制基本规范及相关规定于2020年12月31日、2021年6月30日及12月31日在所有重大方面保持了有效的内部控制。

(3)发行人财务内控不规范情形不属于主观故意或恶意行为,不构成重大违法违规,不存在被处罚的风险,不存在影响发行条件的情形。发行人已主动采取规范措施,截至2020年12月31日,发行人已归还关联方资金拆借款,此后未再发生关联方资金拆借的情形。前述不规范行为对内部控制有效性的影响已消除,相关内控制度运行有效,发行人财务内控不规范情形不构成对内控制度有效性的重大不利影响。

在上述美利信IPO案例中,发行人律师除说明累计金额、拆借期限、资金流向、使用用途、归还资金来源、内部决策程序,以及关联方拆借资金行为形成的原因、关联方拆借资金行为的整改措施和整改效果外,还核查了同期的会计师事务所出具的鉴证报告中对发行人内控制度的鉴证意见,鉴证意见对发行人内控制度的有效性的认定具有非常重要的作用。

---

〔1〕 参见《301307 美利信 国浩律师(深圳)事务所关于公司首次公开发行股票并在创业板上市的法律意见书及补充法律意见书》,载深圳证券交易所网2023年3月31日,http://www.szse.cn/disclosure/listed/bulletinDetail/index.html?7938b6a3-c9a7-4cb4-bdc4-41ad1539be29。

附:主要参考规范

1.《监管规则适用指引——发行类第5号》(2023年发布)

5-8 财务内控不规范情形

一、适用情形

发行人申请上市成为公众公司,需要建立、完善并严格实施相关财务内部控制制度,保护中小投资者合法权益,在财务内控方面存在不规范情形的,应通过中介机构上市辅导完成整改(如收回资金、结束不当行为等措施)和建立健全相关内控制度,从内控制度上禁止相关不规范情形的持续发生。

部分发行人在提交申报材料的审计截止日前存在财务内控不规范情形,如①无真实业务支持情况下,通过供应商等取得银行贷款或为客户提供银行贷款资金走账通道(简称"转贷"行为);②向关联方或供应商开具无真实交易背景的商业票据,通过票据贴现获取银行融资;③与关联方或第三方直接进行资金拆借;④频繁通过关联方或第三方收付款项,金额较大且缺乏商业合理性;⑤利用个人账户对外收付款项;⑥出借公司账户为他人收付款项;⑦违反内部资金管理规定对外支付大额款项、大额现金收支、挪用资金;⑧被关联方以借款、代偿债务、代垫款项或者其他方式占用资金;⑨存在账外账;⑩在销售、采购、研发、存货管理等重要业务循环中存在内控重大缺陷。发行人存在上述情形的,中介机构应考虑是否影响财务内控健全有效。

发行人确有特殊客观原因,认为不属于财务内控不规范情形的,需提供充分合理性证据,如外销业务因外汇管制等原因确有必要通过关联方或第三方代收货款,且不存在审计范围受到限制的情形;连续12个月内银行贷款受托支付累计金额与相关采购或销售(同一交易对手或同一业务)累计金额基本一致或匹配等;与参股公司(非受实际控制人控制)的其他股东同比例提供资金。

首次申报审计截止日后,发行人原则上不能存在上述内控不规范和不能有效执行的情形。

二、核查要求

1. 中介机构应根据有关情形发生的原因及性质、时间及频率、金额及比例等因素,综合判断是否对内控制度有效性构成重大不利影响。

2. 中介机构应对发行人有关行为违反法律法规、规章制度情况进行认定，判断是否属于舞弊行为，是否构成重大违法违规，是否存在被处罚情形或风险，是否满足相关发行条件。

3. 中介机构应对发行人有关行为进行完整核查，验证相关资金来源或去向，充分关注相关会计核算是否真实、准确，与相关方资金往来的实际流向和使用情况，判断是否通过体外资金循环粉饰业绩或虚构业绩。

4. 中介机构应关注发行人是否已通过收回资金、纠正不当行为、改进制度、加强内控等方式积极整改，是否已针对性建立内控制度并有效执行，且未发生新的不合规行为；有关行为是否存在后续影响，是否存在重大风险隐患。发行人已完成整改的，中介机构应结合对此前不规范情形的轻重或影响程度的判断，全面核查、测试，说明测试样本量是否足够支撑其意见，并确认发行人整改后的内控制度是否已合理、正常运行并持续有效，不存在影响发行条件的情形。

5. 中介机构应关注发行人的财务内控是否持续符合规范要求，能够合理保证公司运行效率、合法合规和财务报告的可靠性，不影响发行条件及信息披露质量。

三、信息披露

发行人应根据重要性原则，充分披露报告期内的财务内控不规范行为，如相关交易形成原因、资金流向和用途、违反有关法律法规具体情况及后果、后续可能影响的承担机制，并结合财务内控重大缺陷的认定标准披露有关行为是否构成重大缺陷、整改措施、相关内控建立及运行情况等。

审计截止日为经审计的最近一期资产负债表日。

2.《公开发行证券的公司信息披露内容与格式准则第 57 号——招股说明书》(2023 年发布)

第七十三条 发行人应分析披露其具有直接面向市场独立持续经营的能力，主要包括：

……

（三）财务独立方面。发行人已建立独立的财务核算体系、能够独立作出财务决策；具有规范的财务会计制度和对分公司、子公司的财务管理制度；发行人未与控股股东、实际控制人及其控制的其他企业共用银行账户；

……

九、发行人的董事、监事、高级管理人员

IPO 第 39 问　如何核查发行人董事、监事、高级管理人员任职资格?

一、问题提出

董事、监事、高级管理人员及核心员工作为公司治理及业务发展的重要人员,合适的人选有利于维持公司的治理,提升公司的业务发展水平。在 IPO 实务中,董事、监事、高级管理人员的任职条件是常见的问询问题。根据《监管规则适用指引——法律类第 2 号:律师事务所从事首次公开发行股票并上市法律业务执业细则》的规定,律师应当查验发行人的董事、监事和高级管理人员是否符合法律法规、中国证监会和证券交易所规定的任职资格。

二、核查思路

(一)核查内容

1. 核查任职资格是否符合《公司法》及其他法律法规的要求

《公司法》对董事、监事、高级管理人员都有明确的职务定位,根据《公司法》的规定,高级管理人员包括公司的经理、副经理、财务负责人,上市公司董事会秘书和公司章程规定的其他人员。

《公司法》第 178 条系关于董事、监事、高级管理人员任职资格的总体规定,具体而言,有下列情形之一的,不得担任公司的董事、监事、高级管理人员:(1)无民事行为能力或者限制民事行为能力;(2)因贪污、贿赂、侵占财产、挪用财产或者破坏社会主义市场经济秩序,被判处刑罚,或者因犯罪被剥夺政治权利,执行期满未逾五年,被宣告缓刑的,自缓刑考验期满之日起未逾 2 年;(3)担任破产清算的公司、企业的董事或者厂长、经理,对该公司、

企业的破产负有个人责任的，自该公司、企业破产清算完结之日起未逾 3 年；(4)担任因违法被吊销营业执照、责令关闭的公司、企业的法定代表人，并负有个人责任的，自该公司、企业被吊销营业执照、责令关闭之日起未逾 3 年；(5)个人因所负数额较大债务到期未清偿被人民法院列为失信被执行人。

对于曾任职公务员的，《公务员法》第 107 条也有关于任职的规定，公务员辞去公职或者退休后，原系领导成员、县处级以上领导职务的公务员在离职 3 年内，其他公务员在离职 2 年内，不得到与原工作业务直接相关的企业或者其他营利性组织任职，不得从事与原工作业务直接相关的营利性活动。

对于独立董事的任职，除了具备担任公司董事资格外，还需要符合以下要求：(1)具备法律及规则要求的独立性；(2)具备上市公司运作的基本知识，熟悉相关的法律法规和规则；(3)具有 5 年以上履行独立董事职责所必需的法律、会计或经济等工作经验；(4)独立董事及拟担任独立董事的人员应当参加中国证监会及其授权组织的培训。

2. 核查是否存在被中国证监会行政处罚，或者因涉嫌犯罪正在被司法机关立案侦查或者涉嫌违法违规正在被中国证监会立案调查的负面情形

中国证监会作为证券市场的主管机构，有权对违反法律法规的人员采取证券市场禁入措施，因此被中国证监会采取不得担任上市公司董事、监事、高级管理人员的市场禁入措施，期限尚未届满的，不符合任职要求。另根据《首次公开发行股票注册管理办法》第 13 条第 3 款的规定，发行人的董事、监事和高级管理人员应不存在最近 3 年内受到中国证监会行政处罚，或者因涉嫌犯罪正在被司法机关立案侦查或者涉嫌违法违规正在被中国证监会立案调查且尚未有明确结论意见等情形，否则，将导致发行人不符合法定发行条件。

我国现有的三大全国性证券交易所分别为上交所、深交所、北交所，企业 IPO 最终需在前述交易所发行上市，如被证券交易所公开认定为不适合担任上市公司董事、监事、高级管理人员，期限尚未届满的，不符合任职要求。

3. 核查是否符合兼任要求

董事、高级管理人员不得兼任监事，董事会中兼任公司高级管理人员的董事人数总计不得超过公司董事总数的 1/2。公司的董事、高级管理人员在任职期间及其配偶和直系亲属不得担任公司监事。公司的高级管理人员不

得在控股股东单位担任除董事以外的其他职务，不得由控股股东代发薪水。

（二）核查方式

在核查的过程中，一是可以让董事、监事、高级管理人员填写简历并收集相应的证明等，证明包括但不限于工作证明、社会保险记录、工作卡等，以佐证简历的真实性；二是结合法律法规的情形，比照是否属于适格的情形；三是通过网络检索，以拟任董事、监事、高级管理人员的人员姓名、身份信息作为检索要素，确认其是否存在被处罚、采取证券市场禁入措施等情形；四是可以通过开具无犯罪证明以确认董事、监事、高级管理人员不存在刑事处罚情况。

三、案例评析

（一）中信出版（300788）

中信出版集团股份有限公司（以下简称中信出版）2019 年 7 月 5 日于深交所创业板上市，其在上市过程中收到监管机关关于董事、监事、高级管理人员任职的相关问询如下[1]：发行人部分董事、监事、高级管理人员曾在党政机关任职，请核查该等人士的任职适格性，是否符合有关法规及相关规定，与其历任及现任单位有关纪律要求是否冲突。

在中信出版 IPO 案例中，发行人对曾在党政机关任职的董事、高级管理人员的简历进行了详细说明，并通过比照《中国共产党党员领导干部廉洁从政若干准则》（中发〔2010〕3 号）[2]、中共中央组织部《关于进一步规范党政领导干部在企业兼职（任职）问题的意见》（中组发〔2013〕18 号）进行了任职适格性分析。发行人认为，独立董事和总编辑曾在党政机关任职，不违反上述两部规定，具有任职适格性，与其历任及现任单位有关纪律要求不存在冲突。

（二）兰卫医学（301060）

上海兰卫医学检验所股份有限公司（以下简称兰卫医学）2021 年 9 月

〔1〕 参见《北京市中伦律师事务所关于中信出版集团股份有限公司首次公开发行 A 股股票并在创业板上市的补充法律意见书（二）》，载巨潮资讯网，http://static.cninfo.com.cn/finalpage/2019-06-17/1206358889.PDF 。

〔2〕 此法规已于 2016 年 1 月 1 日因中共中央《中国共产党廉洁自律准则》施行而废止。

13 日于深交所创业板上市，其在上市过程中收到的关于独立董事的任职资格的相关问询如下[1]：独立董事是否包含会计专业人士，是否符合会计专业人士具备的条件；发行人独立董事领取薪酬情况；独立董事是否兼任多家上市公司独立董事；是否符合独立董事适格性的相关规定；是否能够履行独立董事职责。

在兰卫医学 IPO 案例中，发行人从独立董事符合《深圳证券交易所独立董事备案办法（2017 年修订）》[2]关于会计专业人士的条件要求，符合《关于在上市公司建立独立董事制度的指导意见》[3]、《深圳证券交易所独立董事备案办法（2017 年修订）》等相关法律、法规中关于独立董事任职要求相关规定的角度进行了核查与说明。

IPO 第 40 问　发行人高级管理人员被采取限制措施是否影响其任职资格？

一、问题提出

根据国务院《关于建立完善守信联合激励和失信联合惩戒制度加快推进社会诚信建设的指导意见》的规定，对严重失信主体，各地区、各有关部门应将其列为重点监管对象，依法依规采取行政性约束和惩戒措施，从严审核行政许可审批项目，从严控制生产许可证发放，限制新增项目审批、核准，限制股票发行上市融资或发行债券，限制在全国股份转让系统挂牌、融资。同时，对企事业单位严重失信行为，在记入企事业单位信用记录的同时，记入其法定代表人、主要负责人和其他负有直接责任人员的个人信用记录，依照法律法规对相关责任人员采取相应的惩戒措施，联合惩戒措施落实到人，故

[1] 参见《上海澄明则正律师事务所关于上海兰卫医学检验所股份有限公司首次公开发行股票并在创业板上市的法律意见书》，载巨潮资讯网，http://static.cninfo.com.cn/finalpage/2021-08-24/1210830671.PDF。

[2] 此法规已于 2021 年 4 月 6 日因深交所《关于发布〈深圳证券交易所上市公司信息披露指引第 8 号——独立董事备案〉的通知》施行而废止。

[3] 此法规已于 2022 年 1 月 5 日因《上市公司独立董事规则》施行而废止。

发行人及其董事、监事、高级管理人员应不属于失信联合惩戒对象。

二、核查思路

常见核查方式有以下几种：(1)可以在取得董事、监事、高级管理人员的简历、工作经历后进行书面核查；(2)利用网站检索信用信息，可以通过信用中国网站进行核查；(3)可以通过董事、监事、高级管理人员的信用报告进行核查；(4)可以通过在中国裁判文书网、全国法院失信被执行人名单信息公布与查询平台等网站查询董事、监事、高级管理人员的诉讼及执行情况，以核查其是否为失信对象；(5)可以通过证券期货市场失信记录查询平台查询。

三、案例评析[新点软件(688232)]

国泰新点软件股份有限公司(以下简称新点软件)2021 年 11 月 17 日于上交所科创板上市，其在上市过程中收到的相关问询如下[1]：公司高级管理人李某在苏州比目云注销时为其法定代表人，被采取限制消费措施，是否影响发行人董事、监事、高级管理人员任职资格，是否构成本次发行上市障碍。

发行人回复称，因苏州比目云在 2017 年启动注销程序，在撤离办公场所时未能及时办理退租手续，因此被出租方起诉至法院，租赁本金和利息合计 14.84 万元，租赁费和利息部分由苏州比目云的租赁保证金进行了抵扣，但仍有部分未支付，因未能在限定日期前支付完生效法律文书确定的给付义务，苏州比目云被采取限制消费措施，限制苏州比目云及其法定代表人高消费及非生活和工作必需的消费行为，最终在 2019 年 8 月，李某作为苏州比目云的法定代表人以自有资金进行了清偿，该起案件执行完毕。发行人认为，李某仅作为苏州比目云的法定代表人被采取限制消费措施，并未被纳入失信被执行人名单，李某被采取限制措施不属于《公司法》规定的高级管理人员的资格禁止事项，李某具有担任发行人董事和高级管理人的任职资格，且

---

[1] 参见《国浩律师(上海)事务所关于国泰新点软件股份有限公司首次公开发行股票并在科创板上市之补充法律意见书(三)》，载上海证券交易所网，http://static.sse.com.cn/stock/information/c/202011/5d40b54654ff4ebc8f7a537a964ebf6b.pdf。

该等事项已经了结,不构成本次新点软件发行上市障碍。

新点软件的回复对高级管理人李某被限制消费措施的原因与结果进行了说明,最终认定李某具有担任发行人董事和高级管理人的任职资格,前述限制消费措施不构成本次发行上市障碍。

IPO 第 41 问　如何判断报告期内董事、高级管理人员发生重大不利变化?

一、问题提出

董事、高级管理人员是否存在重大变化是 IPO 中常见的问题,《首次公开发行股票注册管理办法》规定,在主板上市的,最近 3 年董事、高级管理人员不得发生重大不利变化;在创业板上市的,最近 2 年董事、高级管理人员不得发生重大不利变化;在科创板上市的,最近 2 年董事、高级管理人员、核心技术人员不得发生重大变化。如报告期内存在董事、高级管理人员离职的情形,须核实是否属于重大不利变化,以确认是否构成 IPO 实质障碍。

二、核查思路

(一)核查内容

《首次公开发行股票注册管理办法》《监管规则适用指引——发行类第 4 号》对董事、高级管理人员的重大变化作了规定,可从以下方面进行核查:

1. 核查最近 36 个月(或 24 个月)内的变动人数及比例

在计算人数比例时,应以董事和高级管理人员合计总数作为基数,如果最近 36 个月(或 24 个月)内变动人数比例较大,或董事、高级管理人员中的核心人员发生变化,律师应了解变动的原因,访谈发行人实际控制人、董事、高级管理人员了解变动情况、变动原因,确认是否属于正常的变动,了解变动人员的岗位和职责。

2. 核查变动对发行人经营稳定性的影响

核查变动人员离职或无法参与发行人生产经营的原因是否会对发行人生产经营产生重大不利影响,如变动后新增的董事、高级管理人员来自原股东委派,或发行人内部委派,或由发行人内部培养产生,原则上不构成人员的重大变化;如发行人管理层因退休、调任等原因发生岗位变动的,不轻易认定为重大变化,但需要核查对公司生产经营的影响,核查在变动人员离职后公司业绩的变动情况,核查发行人的技术研发、生产上的变动情况,确认相关董事、高级管理人员离职是否会影响发行人经营的稳定性,是否会造成发行人经营的不稳定性。

3. 核查变动对公司治理的影响

董事及高级管理人员参与公司的决策和执行,对公司治理有着重大的影响,查阅发行人工商登记内档,查阅发行人董事会、股东会的决议,了解变动是否通过合适的公司决策流程,通过变动原因判断公司治理是否存在问题、发行人管理层是否稳定,进而核查变动是否会对发行人的持续经营及盈利能力产生不利影响。

(二)应对方式

实践中,为了更好地应对此类问题:第一,董事、监事、高级管理人员离职时,要做好相应的离职交接,做到规范离职,不引起不必要的矛盾;第二,要加强发行人内部董事、监事、高级管理人员的人员管理,谨慎进行选择,不要随意变动;第三,控制外部投资机构的董事席位,不造成频繁的变动;第四,对公司的董事、高级管理人员实施股权激励计划或持股计划,提高董事、高级管理人员的稳定性。

三、案例评析

(一)凯德石英(835179)

北京凯德石英股份有限公司(以下简称凯德石英)2022 年 3 月 4 日于北交所上市。北交所第一轮审核问询情况如下[1]:(1)说明报告期内更换财务总监的原因,结合相关情况说明发行人财务及内控制度是否健全,会计基础工作是否薄弱,公司治理机制运行是否稳定;(2)补充披露是否存在主要负责财务工作的人员在本次申报前离职的情况,若有,请说明原因;(3)说明

---

〔1〕 参见《关于北京凯德石英股份有限公司向不特定合格投资者公开发行股票并在北交所上市申请文件第一轮问询函的回复》,载北京证券交易所网,https://www.bse.cn/disclosure/2021/2021-12-20/1639985724_520162.pdf。

上述人员离职的具体原因及目前任职情况，最近24个月内变动人数及比例，相关人员变动对公司生产经营的影响，并按照《全国中小企业股份转让系统精选层挂牌审查问答（一）》[1]问题5相关要求，说明发行人最近2年内董事、高级管理人员是否发生重大不利变化；（4）请发行人说明独立董事兼职的合法合规性。

对此，发行人对财务总监更换的原因进行了说明：（1）原财务总监系因为个人年龄较大，难以支持发行人深入资本市场繁重的财务工作，故申请辞去公司财务总监职务；（2）发行人优化公司人员结构后聘任周某娜为新任财务总监，周某娜曾在不同规模公司担任财务经理、财务总监职务，可以胜任发行人在未来发展中对财务总监的相关要求；（3）发行人财务及内控制度健全，会计基础工作规范，容诚会计师事务所（特殊普通合伙）已为发行人出具《内部控制鉴证报告》（容诚专审字〔2021〕100Z0309号），认为"北京凯德石英股份有限公司按照《企业内部控制基本规范》和相关规定于2021年6月30日在所有重大方面保持了有效的财务报告内部控制"；（4）报告期内发行人变动的人数为4人，变动比例为36.36%，变动具有合理理由，变动不会影响公司治理的稳定性，不会对公司生产经营造成影响。

上述凯德石英IPO案例中，发行人主要从原财务总监离职的合理性、新财务总监任职适格性、发行人财务及内控制度健全、公司治理稳定等角度进行了核查与说明。凯德石英的上市审核可为报告期内存在高级管理人员离职情况的公司提供借鉴。

（二）微芯生物（688321）

深圳微芯生物科技股份有限公司（以下简称微芯生物）2019年8月12日于上交所科创板上市。其在上市过程中受到如下问询[2]：2017年1月1日至提交上市申请，公司股东委派的董事发生多次变动，董事人数也有较大调整。公司股改后，公司独立董事PETER FUHRMAN辞去公司独立董事职务；2018年8月23日，公司董事会同意免去范某副总经理职务，并且不在公

〔1〕此法规已于2021年11月12日因《关于废止〈全国中小企业股份转让系统股票向不特定合格投资者公开发行并在精选层挂牌规则（试行）〉等13件业务规则的公告》施行而废止。

〔2〕参见《关于深圳微芯生物科技股份有限公司首次公开发行人民币普通股并在上海证券交易所科创板上市之法律意见书》，载上海证券交易所网，http://static.sse.com.cn/stock/information/c/201906/714232cddc47407683bdbc6006a5a91d.pdf。

司担任其他任何职务。请保荐机构和发行人律师就发行人是否符合“最近2年内董事、高级管理人员均没有发生重大不利变化”的发行条件进行核查并发表意见。

对此,发行人回复如下:(1)发行人股份制改制前系中外合资经营企业,其董事由各主要出资方委派和撤换,相关董事的变更主要系发行人股东委派董事的变更、发行人增资引入新股东增加董事席位或发行人股东委派的董事工作岗位变动所致。发行人整体变更设立股份公司后,全体股东一致同意将发行人董事会人数设为9人,并主要由持有发行人5%以上股份的主要股东推荐董事人选;(2)公司独立董事弗尔曼因个人原因向发行人董事会申请辞去了独立董事职务,发行人补选宋某霖担任发行人第一届董事会独立董事。范某因个人职业发展规划申请辞职,发行人召开董事会同意免去其副总经理职务,范某不再在发行人担任其他职务。

上述微芯生物 IPO 案例中,发行人通过合理解释董事变更的原因,认定“发行人最近2年内董事、高级管理人员均未发生重大不利变化”。

IPO 第 42 问 违反竞业限制从事同行业工作是否影响 IPO 审核?

一、问题提出

公司基于自身的商业秘密、客户资源的保护需求,为不让离职员工利用在职期间知悉的商业秘密、交易信息等,通过对特定的员工设置竞业限制的义务,来实现对公司自身商业秘密等有价值信息的保护。

我国对竞业限制的规定主要源于《劳动合同法》,我国《劳动合同法》第23条规定:“用人单位与劳动者可以在劳动合同中约定保守用人单位的商业秘密和与知识产权相关的保密事项。对负有保密义务的劳动者,用人单位可以在劳动合同或者保密协议中与劳动者约定竞业限制条款,并约定在解除或者终止劳动合同后,在竞业限制期限内按月给予劳动者经济补偿。劳动者违反竞业限制约定的,应当按照约定向用人单位支付违约金。”根据实践中 IPO 审核的案例,审核机构通常会关注竞业限制的违约责任、公司的知识产权等是否涉及侵权、前述情形是否影响拟上市公司的经营稳定性等问题。

二、核查思路

(一)核查内容

1. 核查董事、监事、高级管理人员、核心技术人员是否签订了包含竞业限制协议

可以通过让董事、监事、高级管理人员、核心技术人员填写调查表,核查简历、任职情况、投资情况,访谈董事、监事、高级管理人员、核心技术人员,询问其是否签订了竞业禁止的协议或类似条款协议,如签订,是否取得了相关费用。如存在签订竞业禁止协议的情形,应取得相关协议,核查条款内容;取得之前用人单位支付的银行流水等支付凭证,核查金额是否与协议约定一致。

2. 如董事、监事、高级管理人员、核心技术人员签订竞业限制协议,核查前述人员是否违反竞业限制约定

通过竞业限制条款,核查该人员目前在发行人处的任职以及对外投资情况,核查是否存在违反竞业限制条款的情况,如违反,是否取得原任职公司出具的确认文件,声明不存在潜在纠纷,亦不会追究相应的责任。

(二)应对方式

实践中,为做好应对,要注意以下几点:

(1)谨慎任命董事、监事、高级管理人员及核心技术人员,做好背景调查工作,可以通过邮件等方式向相关人员原任职单位发函确定是否存在任职,是否签订了竞业限制协议。

(2)在上市前对董事、监事、高级管理人员、核心技术人员进行专题风险排查,对公司核心技术、专利等知识产权进行梳理,结合董事、监事、高级管理人员、核心技术人员简历背景进行对比,核查是否存在公司核心技术、专利等技术取得瑕疵。

(3)如存在董事、监事、高级管理人员、核心技术人员签订了竞业禁止协议的情况,关注该人员是否存在违约的行为,及时进行处置,包括但不限于与原任职单位解除竞业禁止协议、取得原任职单位不再追究责任的书面说明等。

三、案例评析[冰川网络(300533)]

深圳冰川网络科技股份有限公司(以下简称冰川网络)2016 年 8 月 18 日于深交所创业板上市,其在上市过程中受到如下问询[1]:请发行人补充说明并披露其董事、监事、高级管理人员、其他核心人员的任职履历。曾在深圳网域及其关联方工作的,进一步说明其入职和离职时间、职位、所负责的具体工作、是否签署了竞业禁止协议、是否持有深圳网域及其关联方的股权;其核心技术是否源于深圳网域或其他机构,是否存在纠纷或潜在纠纷,发行人和深圳网域的采购、销售渠道是否存在重叠。

对此,发行人出具回复意见认为:(1)发行人董事长以深圳网域股东身份与深圳网域其他股东、深圳网域等签订了包含股东竞业限制条款的股东协议,限制期限截至其不再持有深圳网域任何股份后的 2 年;(2)在发行人设立时,发行人董事长尚处于竞业限制期内,根据合同相对性原则,由于发行人非股东协议的签署主体,发行人董事长可能产生的责任不会对发行人产生直接的法律约束力;(3)根据深圳网域及其原股东出具的确认文件,各相关方确认发行人董事长任职深圳网域期间及离职后与其不存在纠纷或潜在纠纷,不会追究发行人董事长的相应责任。

在上述冰川网络 IPO 案例中,发行人基于合同相对性原则认定发行人董事长的竞业限制责任不会对发行人产生直接的法律约束力,并结合发行人董事长原任职单位深圳网域及其原股东出具的确认文件,认定本次发行不存在因违反竞业限制产生的风险。

附:主要参考规范

1.《公司法》(2023 年修订)

第七十六条第四款 董事、高级管理人员不得兼任监事。

第一百七十八条 有下列情形之一的,不得担任公司的董事、监事、高级管理人员:

---

[1] 参见《国浩律师(深圳)事务所关于深圳冰川网络科技股份有限公司申请首次公开发现股票并在创业板上市之补充法律意见书(四)》,载巨潮资讯网,http://static.cninfo.com.cn/finalpage/2016-07-29/1202514154.PDF。

(一)无民事行为能力或者限制民事行为能力;

(二)因贪污、贿赂、侵占财产、挪用财产或者破坏社会主义市场经济秩序,被判处刑罚,或者因犯罪被剥夺政治权利,执行期满未逾五年,被宣告缓刑的,自缓刑考验期满之日起未逾二年;

(三)担任破产清算的公司、企业的董事或者厂长、经理,对该公司、企业的破产负有个人责任的,自该公司、企业破产清算完结之日起未逾三年;

(四)担任因违法被吊销营业执照、责令关闭的公司、企业的法定代表人,并负有个人责任的,自该公司、企业被吊销营业执照、责令关闭之日起未逾三年;

(五)个人因所负数额较大债务到期未清偿被人民法院列为失信被执行人。

违反前款规定选举、委派董事、监事或者聘任高级管理人员的,该选举、委派或者聘任无效。

董事、监事、高级管理人员在任职期间出现本条第一款所列情形的,公司应当解除其职务。

2.《公务员法》(2018年修订)

第一百零七条第一款 公务员辞去公职或者退休的,原系领导成员、县处级以上领导职务的公务员在离职三年内,其他公务员在离职两年内,不得到与原工作业务直接相关的企业或者其他营利性组织任职,不得从事与原工作业务直接相关的营利性活动。

3.《首次公开发行股票注册管理办法》(2023年发布)

第十二条

……

(二)主营业务、控制权和管理团队稳定,首次公开发行股票并在主板上市的,最近三年内主营业务和董事、高级管理人员均没有发生重大不利变化;首次公开发行股票并在科创板、创业板上市的,最近二年内主营业务和董事、高级管理人员均没有发生重大不利变化;首次公开发行股票并在科创板上市的,核心技术人员应当稳定且最近二年内没有发生重大不利变化;

发行人的股份权属清晰,不存在导致控制权可能变更的重大权属纠纷,首次公开发行股票并在主板上市的,最近三年实际控制人没有发生变更;首次公开发行股票并在科创板、创业板上市的，最近二年实际控制人没有发生变更；

……

4.《北京证券交易所向不特定合格投资者公开发行股票并上市业务规则适用指引第1号》(2023年修订)

1-5 经营稳定性

《上市规则》第2.1.4条第(六)项规定了发行人不得存在对经营稳定性具有重大不利影响的情形。发行人应当保持主营业务、控制权、管理团队的稳定，最近24个月内主营业务未发生重大变化；最近12个月内曾实施重大资产重组的，在重组实施前发行人应当符合《上市规则》第2.1.3条规定的四套标准之一(市值除外)；最近24个月内实际控制人未发生变更；最近24个月内董事、高级管理人员未发生重大不利变化。

保荐机构对发行人的董事、高级管理人员是否发生重大不利变化的认定，应当本着实质重于形式的原则，综合两方面因素分析：一是最近24个月内变动人数及比例，在计算人数比例时，以上述人员合计总数作为基数；二是上述人员离职或无法正常参与发行人的生产经营是否对发行人生产经营产生重大不利影响。变动后新增的上述人员来自原股东委派或发行人内部培养产生的，原则上不构成重大不利变化；发行人管理层因退休、调任、亲属间继承等原因发生岗位变化的，原则上不构成重大不利变化，但发行人应当披露相关人员变动对公司生产经营的影响。如果最近24个月内发行人上述人员变动人数比例较大或上述人员中的核心人员发生变化，进而对发行人的生产经营产生重大不利影响的，应视为发生重大不利变化。

……

5.《劳动合同法》(2012年修正)

第二十三条 用人单位与劳动者可以在劳动合同中约定保守用人单位的商业秘密和与知识产权相关的保密事项。

对负有保密义务的劳动者，用人单位可以在劳动合同或者保密协议中与劳动者约定竞业限制条款，并约定在解除或者终止劳动合同后，在竞业限制期限内按月给予劳动者经济补偿。劳动者违反竞业限制约定的，应当按照约定向用人单位支付违约金。

第二十四条 竞业限制的人员限于用人单位的高级管理人员、高级技术人员和其他负有保密义务的人员。竞业限制的范围、地域、期限由用人单位与劳动者约定，竞业限制的约定不得违反法律、法规的规定。

在解除或者终止劳动合同后，前款规定的人员到与本单位生产或者经营同类产品、从事同类业务的有竞争关系的其他用人单位，或者自己开业生产或者经营同类产品、从事同类业务的竞业限制期限，不得超过二年。

第九十条 劳动者违反本法规定解除劳动合同，或者违反劳动合同中约定的保密义务或者竞业限制，给用人单位造成损失的，应当承担赔偿责任。

6. 最高人民法院《关于审理劳动争议案件适用法律问题的解释(一)》(2020 年发布)

第三十六条 当事人在劳动合同或者保密协议中约定了竞业限制，但未约定解除或者终止劳动合同后给予劳动者经济补偿，劳动者履行了竞业限制义务，要求用人单位按照劳动者在劳动合同解除或者终止前十二个月平均工资的 30% 按月支付经济补偿的，人民法院应予支持。

前款规定的月平均工资的 30% 低于劳动合同履行地最低工资标准的，按照劳动合同履行地最低工资标准支付。

第三十七条 当事人在劳动合同或者保密协议中约定了竞业限制和经济补偿，当事人解除劳动合同时，除另有约定外，用人单位要求劳动者履行竞业限制义务，或者劳动者履行了竞业限制义务后要求用人单位支付经济补偿的，人民法院应予支持。

第三十八条 当事人在劳动合同或者保密协议中约定了竞业限制和经济补偿，劳动合同解除或者终止后，因用人单位的原因导致三个月未支付经济补偿，劳动者请求解除竞业限制约定的，人民法院应予支持。

第三十九条 在竞业限制期限内，用人单位请求解除竞业限制协议的，人民法院应予支持。

在解除竞业限制协议时，劳动者请求用人单位额外支付劳动者三个月的竞业限制经济补偿的，人民法院应予支持。

第四十条 劳动者违反竞业限制约定，向用人单位支付违约金后，用人单位要求劳动者按照约定继续履行竞业限制义务的，人民法院应予支持。

十、劳动用工

IPO 第 43 问　如何核查发行人的劳务派遣情况？

一、问题提出

劳务派遣，是指由劳务派遣单位（作为用人单位）与被派遣劳动者订立劳动合同，用工单位与劳务派遣单位签订劳务派遣协议，劳务派遣单位把劳动者派向用工单位提供劳务，接受用工单位管理的一种用工形式。

根据《劳动合同法》第 66 条的规定，劳动合同用工是我国的企业基本用工形式，劳务派遣用工是补充形式，只能在临时性、辅助性或者替代性的工作岗位上实施。临时性工作岗位，是指存续时间不超过 6 个月的岗位；辅助性工作岗位，是指为主营业务岗位提供服务的非主营业务岗位；替代性工作岗位，是指用工单位的劳动者因脱产学习、休假等原因无法工作的一定期间内，可以由其他劳动者替代工作的岗位。因此，用工单位在使用被派遣劳动者的时候，只能在上述“三性”岗位使用，不能扩大使用范围。此外，根据《劳务派遣暂行规定》第 4 条的规定，用工单位应当严格控制劳务派遣用工数量，使用的被派遣劳动者数量不得超过其用工总量的 10%，这里所称用工总量，是指用工单位订立劳动合同人数与使用的被派遣劳动者人数之和。需要注意的是，在计算相关比例时，应以一个法人单位为基准，不能按合并报表口径计算，即在计算一个合并报表的集团派遣员工比例时，每个法人单位都要符合前述 10% 的比例。

在发行人申请发行上市的审核过程中，如其存在劳务派遣员工情形的，其被关注的法律问题主要包括发行人的劳务派遣用工岗位是否符合“三性”要求、发行人劳务派遣用工数量是否超比例，以及发行人的劳务派遣用工是否为关联交易从而可能影响独立性等。

二、核查思路

劳务派遣涉及的问题一般主要表现为劳务派遣的合法合规问题、劳务派遣单位与发行人是否存在关联关系问题等，故中介机构一般也主要从这两个角度进行核查，下文具体说明：

（一）劳务派遣的合规性问题

劳务派遣的合规性问题可以从劳务派遣单位和用工单位两个角度进行核查：前者主要核查劳务派遣单位是否具备相应资质；中介机构可以通过核查劳务派遣单位名单及劳务派遣单位的营业执照、公司章程、劳务派遣经营许可证等资料，并登录国家企业信用信息公示系统查询劳务派遣单位的基本情况等方式来判断。后者主要核查发行人是否存在假外包真派遣问题、劳务派遣用工岗位是否符合前述的“三性”问题，以及发行人劳务派遣用工是否超比例的问题；中介机构一般可以通过核查发行人与劳务派遣单位签署的劳务派遣协议（必要时比对劳务外包协议），查阅劳务派遣人员名单，比对发行人员工花名册、结算单、支付凭证、发票等资料判断。

如发行人报告期内存在超比例的问题，应通过将适应岗位需求的劳务派遣人员转为发行人正式员工、将确实可以外包的环节进行劳务外包、合理增加自有员工数量等方式将比例降至合规的范围内。

（二）劳务派遣单位与发行人是否存在关联关系问题

针对此问题，一般采取对劳务派遣单位的穿透核查，比对其股东、实际控制人、董事、监事、高级管理人员等，证明其非发行人的关联方；核查其劳务派遣的客户，证实其并非专门或主要为发行人提供服务；必要时可以核查劳务派遣单位与发行人及其关联方的银行流水，证实其与发行人的往来并无异常。

如劳务派遣在报告期的一定期限内存在不合规的地方，在通过学理论证的基础上，一般需要政府主管部门出具证明及发行人实际控制人出具兜底承诺予以辅助解决。

三、案例评析

（一）科博达（603786）

科博达技术股份有限公司（以下简称科博达）于 2019 年 10 月 15 日在上

交所主板上市，2016 年属于申报报告期，2016 年其存在子公司使用的被派遣劳动者数量已超过其员工总数 10% 的情况，审核部门在初审会时就此进行了问询[1]，要求发行人说明该等超比例的劳务派遣行为是否构成重大违法违规行为，是否存在被相关主管机关处罚的风险，是否会对本次发行构成障碍；此外，审核部门在反馈问询中也要求发行人补充披露劳务派遣员工的社会保险和住房公积金缴纳情况，说明是否存在纠纷。

截至 2016 年 12 月 31 日，发行人子公司温州科博达使用的被派遣劳动者数量占其员工总数的比例为 14.13%，不符合《劳务派遣暂行规定》的相关规定，根据发行人律师出具的补充法律意见书[2]，发行人律师进行了如下论证：

（1）通过统计温州科博达使用劳务派遣用工的情况，证明其采用劳务派遣用工的岗位主要为安保、保洁、生产类操作工等非核心辅助性工种。并说明虽然 2016 年存在超比例情况，但自 2017 年 1 月起，温州科博达即已完成劳务派遣用工比例超过法定比例上限情况的整改，2018 年 1 月以后，温州科博达已经不存在使用劳务派遣用工的情况。

（2）分析劳务派遣人数超比例行为的性质，认为该行为尽管存在被处罚的可能，但温州科博达被处罚的可能性很低，从而不影响本次发行上市，并进行了论证。这个论证具有一定的参考意义，具体如下：①分析《劳务派遣暂行规定》及《劳动合同法》关于劳务派遣人数超比例的后果的规定是“劳务派遣单位、用工单位违反本法有关劳务派遣规定的，由劳动行政部门责令限期改正；逾期不改正的，以每人五千元以上一万元以下的标准处以罚款”。也就是说，限期整改在行政处罚之前，而温州科博达在主管部门未发现其劳务派遣人数超比例的情况下就已经完成了整改，甚至已经不存在派遣用工

[1] 参见《北京市君合律师事务所关于科博达技术股份有限公司首次公开发行 A 股股票并上市之补充法律意见书（八）》，载巨潮资讯网，http://static.cninfo.com.cn/finalpage/2019-08-27/1206579354.PDF。

[2] 参见《北京市君合律师事务所关于科博达技术股份有限公司首次公开发行 A 股股票并上市之补充法律意见书（二）》《北京市君合律师事务所关于科博达技术股份有限公司首次公开发行 A 股股票并上市之补充法律意见书（七）》《北京市君合律师事务所关于科博达技术股份有限公司首次公开发行 A 股股票并上市之补充法律意见书（八）》《北京市君合律师事务所关于科博达技术股份有限公司首次公开发行 A 股股票并上市之补充法律意见书（九）》，载巨潮资讯网，http://static.cninfo.com.cn/finalpage/2019-08-27/1206579354.PDF。

的情况，所以温州科博达上述违规行为受到有关行政处罚的风险较小。②根据《行政处罚法》的相关规定，违法行为在2年内未被发现的，不再给予行政处罚。截至补充法律意见书出具日，温州科博达劳务派遣用工超过法定比例的违法情况终了已超过法律规定的追诉时效(2年)，故其受到劳动行政部门行政处罚的可能性较小。③取得了劳动行政主管部门的证明和发行人控股股东、实际控制人的兜底承诺。

关于劳务派遣员工的社会保险和住房公积金缴纳情况，补充法律意见中以列表形式披露了劳务派遣公司名称和劳务派遣协议的有效期，并披露劳务派遣员工的社会保险和住房公积金等由劳务派遣公司代扣代缴或承担，且披露根据劳务派遣公司的确认：发行人及其子公司已向各劳务派遣公司按期足额支付相关劳务派遣费用，发行人及其子公司与各劳务派遣公司之间未因劳务派遣事项发生过纠纷，亦不存在关于劳务派遣人员社会保险、住房公积金缴纳情况的纠纷。该披露得到了审核部门的认可，后续未再进一步要求细化。

上述科博达 IPO 案例中关于存在超比例劳务派遣人数的回复要点值得借鉴，尤其是对劳务派遣人数超比例行为的性质的论证。发行人从法规层面与追诉时效层面论述了发行人受到行政处罚的可能性较低，辅之以劳动行政主管部门的证明以及控股股东、实际控制人的兜底承诺，最终认为报告期内曾存在超比例的劳务派遣不影响本次发行。

(二)奥尼电子(301189)

深圳奥尼电子股份有限公司(以下简称奥尼电子)于2021年12月28日在深交所创业板上市。审核部门在审核其发行上市申请时要求详细说明劳务派遣人员的岗位分布、劳务派遣单位情况、是否拥有相应业务资质、劳务派遣单位的股权结构及实际控制人、劳务派遣单位与发行人及其关联方是否存在关联关系，发行人使用劳务派遣用工是否合法合规。

与一般关注劳务派遣用工的合规性视角不同的是，本案例明确问及了劳务派遣单位与发行人及其关联人是否存在关联关系，通常这一视角的实质原因为着眼于发行人成本的公允性。发行人律师在补充法律意见书中通过如下方式进行了论证[1]：

（1）根据发行人及其子公司报告期内的员工名册、相关劳务派遣协议、结算单，核查发行人及其子公司报告期内劳务派遣用工的情况，得出报告期内发行人使用劳务派遣员工存在合理性，到2019年发行人通过直接雇佣、劳务外包等方式逐步取消劳务派遣用工方式。

（2）根据发行人提供的劳务派遣协议、结算单、网络查询和劳务派遣单位的书面确认等，以及劳务派遣单位的基本情况、股权结构、实际控制人等情况介绍，证明该等劳务派遣单位具备相应的资质，与发行人及其关联方也不存在关联关系。

（3）与科博达相似，发行人也曾经存在2019年度劳务派遣用工比例超过其用工总量10%的情形，不符合《劳务派遣暂行规定》的相关规定。但发行人已根据《劳务派遣暂行规定》进行了整改和规范，并且取得了相关政府主管部门的证明和发行人控股股东、实际控制人的兜底承诺。

上述奥尼电子IPO案例为“劳务派遣单位与发行人及其关联人是否存在关联关系”的问询提供了可供借鉴的经验，对此问题的核查与回复应当着重于发行人成本的公允性，对劳务派遣单位的股权结构、实际控制人等进行穿透。

（三）朗威股份（301202）

苏州朗威电子机械股份有限公司（以下简称朗威股份）2022年8月12日更新版的招股说明书（上会稿）将发行人的劳务派遣及劳务外包用工问题作为风险提示进行了披露[2]，即在报告期内，发行人劳务派遣以及劳务外包合计金额占主营业务成本的比例分别为9.16%、6.97%和1.41%，劳务派遣和劳务外包合计人数占员工人数的比例分别为43.99%、5.81%和4.40%。发行人将生产环节中临时性、辅助性或替代性的岗位采用了外包的

---

〔1〕参见《北京市竞天公诚律师事务所关于深圳奥尼电子股份有限公司首次公开发行股票并在创业板上市的补充法律意见书（五）》，载巨潮资讯网，http://www.cninfo.com.cn/new/disclosure/detail?plate=szse&orgId=gfbj0870575&stockCode=301189&announcementId=1211851006&announcementTime=2021-12-09。

〔2〕参见《苏州朗威电子机械股份有限公司首次公开发行股票并在创业板上市招股说明书（上会稿）》，载深圳证券交易所网，http://reportdocs.static.szse.cn/UpFiles/rasinfodisc1/202208/RAS_202208_0001827CD737533FE0A364BB8D7B3B3F.pdf。

模式，但实质为劳务派遣，后来发行人进行了整改。发行人的劳务用工问题被审核部门反复询问，其中苏州春申人力资源职业介绍有限公司（以下简称春申人力）是发行人的主要劳务供应商，审核部门对其重点关注并要求发行人：按照实质重于形式的原则说明春申人力未认定为发行人的关联方是否准确，春申人力并非主要或专门为发行人设立或服务的依据是否充分；结合"劳务外包用工"实质上属于"劳务派遣用工"的情况，说明发行人劳动用工相关信息披露是否准确、完整，部分劳务供应商未取得资质即实质开展劳务派遣业务是否合法合规，上述主体是否存在被处罚风险。

发行人律师出具的补充法律意见书中通过如下方式进行了论证[1]：

（1）通过春申人力成立的时间比发行人早、春申人力并非主要为发行人服务（尽管春申人力的营业收入及发行人向其支付的劳务服务费的占比在 2019 年较高，为 68.4%，但随后在 2020 年下降到 67.35%，2021 年更是下降到 18.43%）及发行人仅为与春申人力合作的 20 家客户之一等角度证明春申人力并非专为发行人而设立的；还披露了春申人力的工商登记、历史沿革等情况，并通过核查发行人及关联方与春申人力的资金流水证明发行人及关联方与春申人力之间不存在正常业务之外的资金往来等情况，证实春申人力并非发行人的关联方。

（2）对于真派遣假外包情况具体说明如下：2019 年至 2020 年 10 月，发行人与春申人力签订外包服务合同，但实际由春申人力为发行人提供招聘并派遣员工的服务，按此业务实质认定春申人力派往发行人处员工的性质，则发行人使用的劳务派遣员工人数超过了相关法律法规有关派遣人员不得超过用工总人数 10% 的规定，因此发行人于 2020 年 10 月通过扩大正式合同员工数量的方式进行了整改，并继续与春申人力合作，与其按照业务实质重新签订劳务派遣合作协议，此外，发行人律师通过发行人支付给春申人力的费用由所派遣的员工工资、保险费用和管理费三部分详细构成的角度论证了发行人与春申人力的交易定价是公允的，不存在利益输送。

在上述朗威股份 IPO 案例中，审核部门除关注劳务派遣的合规性问题

---

〔1〕 参见《国浩律师（上海）事务所关于苏州朗威电子机械股份有限公司首次公开发行股票并在创业板上市之补充法律意见书（三）》，载深圳证券交易所网，https://reportdocs.szse.cn/UpFiles/rasinfodisc1/202207/RAS_202207_00018225403B3F3FE88087461E14BF3F.pdf。

外，更加关注发行人成本的公允性问题，直接要求发行人根据实质重于形式的原则答复春申人力是否为发行人的关联方。

IPO 第 44 问　如何核查发行人的劳务外包情况?

一、问题提出

在全国性规定中，尚无对劳务外包的准确法律定义。一般认为其主要是受《民法典》调整而非劳动法领域的规定调整。地方性规定中，江苏省人力资源和社会保障厅、上海市人力资源和社会保障局、浙江省人力资源和社会保障厅、安徽省人力资源和社会保障厅于 2022 年 7 月 18 日联合发布的《长三角地区劳务派遣合规用工指引》（苏人社发〔2022〕89 号）对劳务外包的定义较为准确，该指引规定：劳务外包是指用人单位（发包单位）将业务发包给承包单位，由承包单位自行安排人员按照用人单位（发包单位）要求完成相应的业务或工作内容的用工形式。

在发行人申请发行上市的审核过程中，如其存在劳务外包情形的，其被关注的法律问题主要包括：(1)发行人使用劳务外包的合理性；(2)是否为假外包真派遣；(3)劳务外包单位与发行人是否存在关联关系从而调节发行人成本。

二、核查思路

如前所述，劳务外包涉及的法律问题主要包括发行人使用劳务外包的合理性、合规性以及劳务外包单位与发行人是否存在关联关系等，故中介机构一般也主要从这几个角度进行核查：

（一）劳务外包的合理性和合规性问题

通过核查劳务外包的工作岗位、工作场地、工作内容和工作工序，确认劳务外包的合理性；从学理层面论证劳务外包与劳务派遣的异同、劳务外包与外协加工的异同等，结合前述核查内容，论证发行人劳务外包的合规性。如果劳务外包商与劳务派遣方存在重合，则需要结合当地人力资源行业经营情况等说明该等重合的合理性。

（二）劳务外包单位与发行人是否存在纠纷问题

核查发行人劳务外包合同，了解其外包服务内容、服务定价、费用结算、管理主体等约定；访谈为发行人提供外包服务的劳务外包商负责人，了解其与发行人合作情况，是否存在纠纷、其他利益安排等事项。

（三）劳务外包单位与发行人是否为关联方的问题

核查劳务外包商持有的营业执照、业务经营相关的资质证照文件（如需）、公司章程，并登录国家企业信用信息公示系统等公开网站核查其经营范围是否涵盖劳务外包的内容；查阅发行人股东、董事、监事、高级管理人员填写的调查表，登录国家企业信用信息公示系统、企查查等网站查询，访谈确认劳务外包商与发行人及其关联方的关系、查阅劳务外包商出具的是否存在关联关系的确认函；如果存在主要或者专门为发行人提供服务的情形的，可以进一步核查劳务外包商的银行流水并取得劳务外包商不存在异常资金往来的说明，取得发行人股东、实际控制人、董事、监事、高级管理人员银行流水、调查表、确认函等，了解其只为发行人提供服务的原因，核查其与劳务外包服务商是否存在关联关系、委托持股的情形，是否存在利益输送的情形，是否存在成本费用代垫的情形。

三、案例评析

（一）巨一科技（688162）

安徽巨一科技股份有限公司（以下简称巨一科技）于 2021 年 11 月 10 日在科创板上市。审核部门的主要问题包括发行人劳务外包服务的供应商是否具备相应资质，是否专门或主要为发行人服务，是否与发行人及其关联方存在关联关系，有无业务、资金往来，劳务外包的定价依据及公允性；发行人劳务外包是否合法合规，各期劳务外包的人数及占比，劳务关系实质上是否属于劳务派遣，是否存在以劳务外包规避劳务派遣的情形；并要求发行人保荐机构、申报会计师、发行人律师说明对劳务外包供应商的核查过程、依据和结论，相关供应商的走访比例等，并就上述事项发表明确意见。

发行人律师在补充法律意见中的论证[1]，主要从以下几个方面进行论述：

(1)为发行人提供劳务外包的均为法人；劳务外包的内容简单重复、工作量大、替代性较强，无须具备特殊资质；劳务外包的工作内容不属于相关法律法规或合同约定禁止外包的工作范围；劳务外包内容不属于《招标投标法》等有关法律法规规定的必须招标的工程项目范围。

(2)关于劳务供应商专门/主要为发行人提供服务的合理性问题，劳务供应商自成立之初便开始承接劳务外包业务，业务规模相对较小，随着发行人业务规模扩张，劳务需求量增大，劳务供应商将巨一科技作为了重点客户。

(3)劳务外包的结算模式为按照模块整包或按照工时结算，定价依据为劳务工作内容及市场价格；发行人与客户不存在纠纷或潜在纠纷；发行人与劳务外包供应商按约定定期结算，未曾因外包事项发生仲裁、诉讼或其他重大纠纷。

(4)对劳务派遣和劳务外包的区别列表比较并逐条说明核查情况，说明不存在以劳务外包规避劳务派遣的情形。

在上述巨一科技 IPO 案例中，审核部门关注到劳务外包商主要甚至是专门为发行人提供服务的问题，发行人需注意解释专门/主要为发行人提供服务的合理性。

(二)中捷精工(301072)

江苏中捷精工科技股份有限公司(以下简称中捷精工)于 2021 年 9 月 29 日在创业板上市。审核部门在审核发行人发行上市申请的过程中，要求发行人说明各期提供劳务服务的劳务外包公司的基本情况等信息，劳务外包公司是否具备经营资质，与发行人及其控股股东、实际控制人、董事、监事、高级管理人员及其关系密切人员是否存在关联关系或其他利益关系，与发行人控股股东、实际控制人及关联方是否存在业务资金往来；披露发行人采购的劳务外包的人数、金额、占比，劳务外包对应的具体生产工序及重要性、定价方式、结算方式、付款单位；说明定价公允性，是否存在由控股股东、

---

[1] 参见《安徽天禾律师事务所关于安徽巨一科技股份有限公司首次公开发行股票并在科创板上市之补充法律意见书(一)》，载上海证券交易所网，http://static.sse.com.cn/stock/information/c/202105/7cf278f1759f4cfbbc9b529530f1ae6e.pdf。

实际控制人或关联方代垫成本、费用的情形;同时亦要求发行人结合劳务外包合同条款中关于劳务外包人员的工作场所和工作时间安排,以及劳务外包公司的经营范围与发行人是否有关等,说明并披露劳务外包是否实质为劳务派遣。

发行人律师在补充法律意见中的论证[1],主要是从以下几个方面进行论述:

(1)就劳务外包公司的基本情况,取得相关方确认,并通过全面查询、访谈等,确认各劳务外包公司与发行人及其控股股东、实际控制人、董事、监事、高级管理人员及其关系密切人员不存在关联关系或其他利益关系,与发行人控股股东、实际控制人及关联方不存在业务资金往来。

(2)就劳务外包的内容,通过访谈及确认,认为劳务外包涉及的仅为辅助性劳动工序,不属于需取得特殊从业资质的领域;劳务外包的工作内容操作简单重复、技术含量低。

(3)就劳务外包的公允性,确定了其定价方式是参考当地劳动力市场价格水平,对比周边同类企业,结合发行人自行招聘操作工的薪酬水平,由发行人进行综合评估后确定;价格情况与市场价具有可比性,定价公允、合理。

(4)就该等劳务外包并非劳务派遣,比较了劳务外包与劳务派遣的区别,并进一步指出共用场所和时间的合理性,即基于劳务外包公司承包的流水线或工序与发行人及其子公司生产过程中的其他流水线或工序之间的连续性及其相互配合,劳务外包商人员需要与发行人及其子公司的相关正式员工共用发行人及其子公司的工作场所并与其保持工作时间上的大体一致。

上述中捷精工 IPO 案例中,关于劳务外包的相关问询较为详细和全面,发行人从劳务外包的合理性和合规性、劳务外包价格公允性、劳务外包与劳务派遣的区别等角度进行了核查与说明。

(三)英力股份(300956)

安徽英力电子科技股份有限公司(以下简称英力股份)于 2021 年 3 月

---

[1] 参见《国浩律师(杭州)事务所关于江苏中捷精工科技股份有限公司首次公开发行股票并在创业板上市之补充法律意见书(一)》,载深圳证券交易所网,http://reportdocs.static.szse.cn/UpFiles/rasinfodisc/RAS_000175FCD2D8453FDC1D0DC1BC83503F.pdf。

26 日在深交所创业板上市。审核部门在审核发行人发行上市申请的过程中,关注了发行人劳务派遣供应商与劳务外包供应商存在重合的问题,并要求披露存在重合的原因及合理性。

发行人律师在补充法律意见中的论证[1],主要是从以下几个方面进行论述:

首先,阐明发行人劳务派遣供应商与劳务外包供应商相互重合具有商业合理性:(1)发行人所在地的人力资源服务公司通常同时兼营劳务派遣及劳务外包业务;(2)当公司面临用工难时通常会多渠道选择合作方,导致所选用劳务派遣供应商与劳务外包供应商相重合。

其次,说明发行人已在内部管理流程上对使用劳务外包和劳务派遣进行了区隔,发行人劳务派遣供应商与劳务外包供应商相互重合并不会导致劳务派遣与劳务外包的混同。

上述英力股份 IPO 案例充分说明,在企业上市过程中,如果存在劳务派遣供应商与劳务外包供应商相互重合的情形,发行人需就重合情形作出合理说明,并通过建立健全的劳务内控管理制度等将劳务派遣与劳务外包两种用工形式进行合理区别。

IPO 第 45 问　如何核查发行人社会保险及住房公积金的缴纳情况?

一、问题提出

《首次公开发行股票注册管理办法》规定的发行人发行上市条件包括了发行人合规性。发行人在社会保险及住房公积金领域是否合规是审核中的常见法律问题,包括:(1)缴纳覆盖率的问题,即发行人是否为全体员工缴交社会保险及住房公积金;(2)缴交基数问题,即发行人是否按实际工资水平为员工缴交社会保险及住房公积金;(3)是否存在通过第三方为发行人的员

---

〔1〕 参见《北京市嘉源律师事务所关于安徽英力电子科技股份有限公司首次公开发行股票并在创业板上市的补充法律意见书(四)》,载深圳证券交易所网,http://reportdocs.static.szse.cn/UpFiles/rasinfodisc/RAS_00017739B220EE3F8D849F2DBADA403F.pdf。

工缴交社会保险和住房公积金问题。此外,除合法合规性问题外,有时审核部门也会关注社会保险、住房公积金的补缴是否影响发行人的利润规模从而从财务指标的角度考察是否影响发行人的发行上市条件。

二、核查思路

发行人在报告期内未为全体员工缴纳社会保险和住房公积金在实践中并不鲜见,通过中介机构的督促、要求,发行人通常会有一个逐步规范逐步提高社会保险和住房公积金覆盖率的过程,同时对发行人在社会保险和住房公积金方面存在的其他不规范的地方进行整改。中介机构应注意从以下几个方面进行核查:

(一)发行人是否存在应该缴纳社会保险、住房公积金但完全未缴纳,未为全员缴纳或未足额缴纳的情形

核查发行人加入强制性社会保险及缴纳住房公积金的有关资料,包括应缴纳人数、实际缴纳人数、比对发行人员工花名册及发行人缴纳情况统计、催缴保费通知书等,确定发行人是否存在应该缴纳社会保险、住房公积金但完全未缴纳,未为全员缴纳或未足额缴纳的情形;如果存在该等情形,访谈发行人及员工确认未缴纳社会保险、住房公积金的原因,如员工为已退休返聘人士、刚入职、已经缴纳新农合或新农保,以及发行人员工自愿放弃缴纳等情形。

(二)发行人存在应该缴纳社会保险、住房公积金但完全未缴纳,未为全员缴纳或未足额缴纳的情形是否受到主管部门的行政处罚

核查发行人未为全体员工缴纳社会保险、住房公积金是否具有合理性;发行人是否就社会保险、住房公积金缴纳问题存在被行政处罚的情形;发行人是否就社会保险、住房公积金缴纳瑕疵制定具体解决措施及具体方案。

(三)发行人缴纳社会保险、住房公积金的基数

核查发行人及其子公司所在地主管部门对社会保险及住房公积金缴纳标准及基数的要求、发行人实际按何种基数缴纳、缴纳工资基数是否均为最低工资标准。

(四)发行人是否存在通过第三方缴纳社会保险和住房公积金的情形

核查发行人是否存在通过第三方缴纳社会保险和住房公积金的情形,

如存在,进一步核查发行人采取该做法的原因,如是否为更好地维护员工利益等。

(五)发行人如存在前述问题,是否构成发行人的重大违法违规

核查当地人力资源和社会保障局、住房公积金管理中心开具的无违法违规证明或不属于重大违法行为的证明文件;发行人控股股东、实际控制人出具承担补缴义务的兜底承诺等,以论证尽管发行人存在前述问题但不构成发行人的重大违法违规,从而不构成发行人发行上市的实质性法律障碍。

三、案例评析

(一)新大正(002968)

重庆新大正物业集团股份有限公司(以下简称新大正)于 2019 年 12 月 3 日在深交所主板上市。根据其招股说明书披露[1]:报告期内公司(含控股子公司)未为全部员工缴纳社会保险。截至 2019 年 6 月 30 日,公司及其子公司员工人数为 18,889 人,其中退休返聘人员 7075 人,非全日制用工 1112 人,应缴社会保险人数为 10,702 人,城镇保险缴纳人数 7979 人,"双农保"缴纳人数 1982 人,社会保险覆盖率为 93.08%。报告期内,公司存在应缴社会保险但未缴的主要原因系部分员工基于个人原因自愿放弃缴纳社会保险。经过中介机构的改制辅导,公司和公司管理层已充分意识到社会保险缴纳的重要性,并且积极采取了规范措施,向员工详细告知社会保险的政策和功能,促使员工接受缴纳社会保险,社会保险覆盖率持续提高,截至 2019 年 12 月 31 日,发行人员工的社会保险覆盖率由 2019 年 12 月 31 日的 80.04% 上升到 93.08%。

审核部门在反馈意见中要求保荐机构、发行人律师对下列事项进行核查并发表明确意见:(1)报告期内发行人未缴纳社会保险和住房公积金员工人数、占总人数比例、未缴金额、占当期净利润比例情况;(2)未缴纳社会保险和住房公积金原因,是否符合法律法规的规定;(3)是否存在需要补缴的情况,需补缴金额、补缴方式,对发行人经营业绩的影响;(4)上述未缴纳社会保险和住房公积金事项是否对发行人本次发行上市构成实质障碍。

---

[1] 参见《重庆新大正物业集团股份有限公司首次公开发行股票招股说明书》,载巨潮资讯网,http://static.cninfo.com.cn/finalpage/2019-10-28/1207024999.PDF。

发行人律师在补充法律意见书[1]中进行了如下论证：

（1）报告期内，公司社会保险和住房公积金缴费人数与员工总数存在差距具有合理原因。包括存在退休返聘员工、非全日制员工、员工已缴纳新农合或新农保、员工基于个人原因自愿放弃等。

（2）发行人未因此遭受行政处罚；且发行人的实际控制人出具了《关于社保、公积金有关问题的承诺函》进行兜底承诺，如因发行人报告期内存在上述违规行为，导致发行人被相关政府部门处以罚款等的，发行人因此遭受的经济损失由实际控制人全额补偿给发行人。

（3）经过测算，报告期内各期，发行人未缴纳社会保险、住房公积金金额占当期净利润的比例呈现逐年下降趋势。发行人已采取措施，加强农村籍员工新农合或新农保的缴纳、社会保险和住房公积金缴纳管理，逐步提高社会保险和住房公积金缴纳比例，规范社会保险和住房公积金缴纳。

（4）截至报告期期末，发行人为大多数应缴社会保险的员工缴纳了社会保险，对报告期内未在发行人参保而参加了户籍所在地新农保或新农合的员工发放了补贴，以提供免费宿舍等方式为未缴纳住房公积金的员工给予一定补偿。

综上所述，发行人报告期内未为部分员工缴纳社会保险和住房公积金的情况不会对本次发行上市造成实质障碍。

上述新大正 IPO 案例中的社保问题较为典型，因其是物业服务企业，行业特点决定其员工数量众多，而且农村籍的员工占比较高，不可避免地出现员工不愿意缴纳社会保险以免降低收入等问题，同时审核部门要求测算了补交对发行人利润的影响，在上述案例中，发行人通过运用各种论证手段最后顺利过关。

（二）科博达（603786）

科博达技术股份有限公司（以下简称科博达）于 2019 年 10 月 15 日在上交所主板上市。其报告期内存在未为部分员工缴纳社会保险和公积金的情形，审核部门要求保荐机构及发行人律师补充披露如下问题：（1）报告期内

[1] 参见《上海市锦天城律师事务所关于重庆新大正物业集团股份有限公司首次公开发行股票并上市的补充法律意见书（二）》，载巨潮资讯网，http://static.cninfo.com.cn/finalpage/2019-10-28/1207024989.PDF。

发行人及其子公司正式员工办理社会保险和住房公积金的员工人数、未缴纳的员工人数及原因，是否存在需要补缴的情况；(2)如需补缴，说明并披露需要补缴的金额和措施，分析补缴对发行人经营业绩的影响。

发行人律师在补充法律意见书[1]中进行了如下论证：

(1)列表详细说明发行人及其子公司正式员工(所谓正式员工是指与发行人签署正式劳动合同的员工，不含实习人员、退休返聘人员及劳务派遣员工)办理社会保险和住房公积金的人数、未缴纳的员工人数及原因。指出产生的原因包括新进员工社会保险手续办理处于衔接过程中，部分员工已缴纳新农合、新农保，或政府征地补偿由政府部门代其缴纳，部分员工在其他单位进行异地缴纳，部分员工自愿放弃等。

尽管报告期内存在该等情形，但截至报告期末，除部分农村户籍员工自愿放弃要求发行人为其缴纳住房公积金外，发行人已为全部应缴纳社会保险、住房公积金的员工缴纳了社会保险及住房公积金。也就是说，发行人在报告期内社会保险缴纳比例是逐步提高的，截至 2018 年年底，社会保险缴纳比例为 98.66%(期初为 79.2%)、住房公积金缴纳比例是 67.36%(期初为 56.11%)。

(2)发行人及其各境内控股子公司社会保险及住房公积金主管部门出具了无违法违规证明，证实发行人及其各境内控股子公司按时缴纳社会保险、住房公积金，报告期内没有因违法违规而受到处罚的情形。

(3)发行人控股股东、实际控制人做了兜底承诺，承诺若发行人未来因社会保险金、住房公积金缴纳问题被要求补缴，或者受到政府主管部门行政处罚的，由此造成的一切费用开支、经济损失由其全额补偿。

(4)列表详细测算，证明假设需要补缴，相关补缴金额占发行人报告期各年度利润总额的比例均较低，对发行人经营业绩的影响较小(每一期都未超过0.5%)。

值得一提的是，科博达进一步披露了其测算依据，这并不多见，即补缴金额按照"各地社会保险 ÷ 住房公积金最低缴费基数 × 社会保险 ÷ 住房公

[1] 参见《科博达 603786 首次公开发行 A 股股票招股意向书附录》，载巨潮资讯网，http://www.cninfo.com.cn/new/disclosure/detail?stockCode=603786&announcementId=1206579354&orgId=DR0000117&announcementTime=2019-08-27。

积金单位缴费比例×欠缴人数×欠缴月份”测算。通常而言,补缴公式中一般只测算单位应缴交的部分(个人缴交的部分不予纳入),但乘数是直接采用最低缴费基数还是实际工资,或由发行人根据缴纳的实际情况确定档位,存在不同的做法,尚无明确的统一意见。

(三)芯碁微装(688630)

合肥芯碁微电子装备股份有限公司(以下简称芯碁微装)于 2021 年 4 月 1 日在科创板上市。根据其招股说明书披露[1]:为满足部分员工异地缴纳社会保险和住房公积金的需要,发行人存在由第三方机构代缴社会保险及住房公积金的情形。发行人于 2016 年 7 月 29 日起与杭州今元标矩公司签署了《企业社保通会员服务协议》,约定由杭州今元标矩公司为发行人提供社会保险和住房公积金的代缴服务。报告期内,杭州今元标矩公司先后代发行人为其部分员工缴纳了江苏苏州、广东深圳、广东惠州、上海等地的社会保险及住房公积金。

针对发行人上述情形,审核部门要求发行人说明发行人员工社会保险及住房公积金由第三方机构代缴的具体情况,相关代缴情形是否合法合规,是否可能被社会保险、住房公积金主管机关行政处罚,且发行人律师需对上述事项进行核查并发表明确意见。

发行人律师在补充法律意见书[2]中进行了如下论证:

(1)报告期内发行人确实存在委托第三方机构为相关员工在其实际工作地缴纳社会保险及住房公积金的情况,但目的是保障员工权益及待遇。因为发行人在该等外地未设立分支机构,无法为部分员工按照当地标准缴纳社会保险及住房公积金,故委托第三方机构为相关员工在其实际工作地缴纳社会保险及住房公积金。之后,发行人已经开始新设分公司以规范管理并逐步整改。

(2)发行人委托第三方机构代缴存在可能被社会保险、住房公积金主管机关行政处罚的风险,但不构成重大违法违规行为。理由是发行人并没有

[1] 参见《合肥芯碁微电子装备股份有限公司首次公开发行股票并在科创板上市招股说明书》,载巨潮资讯网,http://static.cninfo.com.cn/finalpage/2021-03-29/1209468294.PDF。

[2] 参见《芯碁微装 688630 芯碁微装首次公开发行股票并在科创板上市招股意向书附录》,载巨潮资讯网,http://www.cninfo.com.cn/new/disclosure/detail? stockCode=688630&announcementId=1209380986&orgId=nssc1000289&announcementTime=2021-03-15。

不履行缴交义务,只是通过第三方实际履行了缴纳义务,并且存在代缴情况的员工人数不多、占发行人总员工比例较低,发行人报告期内未受到社会保险、住房公积金主管部门处罚,且发行人控股股东、实际控制人已出具承诺承担相应风险。因此,该等社会保险、住房公积金代缴情形不构成重大违法违规行为,不构成本次发行及上市的实质性法律障碍。

上述芯碁微装 IPO 案例显示了社会保险缴纳的另外一种常见但并不合法的状态:社会保险挂靠,即由第三方代为缴纳社会保险和住房公积金。造成社会保险挂靠的原因很多,包括我国社会保险尚未能实现全国流动提取、用人单位在当地没有适格缴费机构、员工有保持当地社会保险连续的需要(如在有些城市买房需要提供在该城市连续缴纳社会保险的证明等)等,导致实践中出现了社会保险挂靠这一存在一定合理性但是不合法的做法。《社会保险基金行政监督办法》等均对此作出了违法性的否定性评价;相关企业应尽量避免。

附:主要参考规范

1.《劳动合同法》(2012 年修正)

第六十六条 劳动合同用工是我国的企业基本用工形式。劳务派遣用工是补充形式,只能在临时性、辅助性或者替代性的工作岗位上实施。

前款规定的临时性工作岗位是指存续时间不超过六个月的岗位;辅助性工作岗位是指为主营业务岗位提供服务的非主营业务岗位;替代性工作岗位是指用工单位的劳动者因脱产学习、休假等原因无法工作的一定期间内,可以由其他劳动者替代工作的岗位。

用工单位应当严格控制劳务派遣用工数量,不得超过其用工总量的一定比例,具体比例由国务院劳动行政部门规定。

2.《劳务派遣暂行规定》(2014 年发布)

第四条 用工单位应当严格控制劳务派遣用工数量,使用的被派遣劳动者数量不得超过其用工总量的 10%。

前款所称用工总量是指用工单位订立劳动合同人数与使用的被派遣劳动者人数之和。

计算劳务派遣用工比例的用工单位是指依照劳动合同法和劳动合同法

实施条例可以与劳动者订立劳动合同的用人单位。

3.《首次公开发行股票注册管理办法》(2023 年发布)

第十三条　发行人生产经营符合法律、行政法规的规定，符合国家产业政策。

最近三年内，发行人及其控股股东、实际控制人不存在贪污、贿赂、侵占财产、挪用财产或者破坏社会主义市场经济秩序的刑事犯罪，不存在欺诈发行、重大信息披露违法或者其他涉及国家安全、公共安全、生态安全、生产安全、公众健康安全等领域的重大违法行为。

……

4.《公开发行证券的公司信息披露内容与格式准则第 57 号——招股说明书》(2023 年发布)

第四十二条　发行人应简要披露员工情况，包括员工人数及报告期内变化情况，员工专业结构，报告期内社会保险和住房公积金缴纳情况。

5.《保荐人尽职调查工作准则》(2022 年修订)

第二十五条　员工情况

通过查阅发行人员工名册、劳动合同、竞业禁止协议及保密协议（如有）、工资表、社会保障费用明细表、劳务派遣、劳务外包情况等资料，实地走访发行人员工的工作场所，访谈发行人员工，实地察看发行人员工工作情况等方法，调查发行人员工的年龄、教育、专业等结构分布情况及报告期内的变化情况，分析其变化的趋势；了解发行人员工的工作面貌、工作热情和工作的满意程度；调查发行人在执行国家用工制度、劳动保护制度、社会保障制度、住房制度和医疗保障制度等方面是否存在违法违规情况。

了解员工工资水平与所在地区平均水平或同行业上市公司平均水平之间是否存在显著差异；关注员工的数量、人员结构和工资水平是否与发行人的生产经营相匹配。

6.《监管规则适用指引——发行类第 4 号》(2023 年发布)

4－16　社保、公积金缴纳

发行人报告期内存在应缴未缴社会保险和住房公积金情形的，应当在招股说明书中披露应缴未缴的具体情况及形成原因，如补缴对发行人的持续经营可能造成的影响，揭示相关风险，并披露应对方案。保荐机构、发行人律师应对前述事项进行核查，并对是否属于重大违法行为出具明确意见。

7.《监管规则适用指引——法律类第 2 号：律师事务所从事首次公开发行股票并上市法律业务执业细则》(2022 年发布)

第五十八条 律师应当查验报告期内发行人的劳动保护情况，是否与员工签订劳动合同，是否依法为员工缴纳社会保险和住房公积金，是否因违反有关劳动保护的法律法规而受到有关部门的行政处罚，是否构成重大违法行为。

十一、募投项目

IPO 第 46 问 募集资金是否可用于股权或资产收购?

一、问题提出

募投项目常见规划方向包括以下几类:(1)扩产型项目,一般制造型企业实施此类募投项目多为增加场地、设备、人员,对某几种产品进行扩产;轻资产服务型企业实施此类募投项目多为增加场地和人员,以增加服务量。(2)研发中心项目,不直接产生经济效益,而是对企业的工艺、技术进行开发与升级。(3)信息化建设项目,不直接产生经济效益,而是对企业内部的信息系统进行完善和升级,提升企业的办公效率。(4)营销/服务网络(分支机构)建设项目,多见于连锁、建筑、设计及较注重售后服务的企业,对公司现有的销售/服务网络进行完善。(5)总部基地建设项目,一般多见于轻资产人员密集型企业,此类募投项目的实施会促进公司人员及规模的提升,并且解决现有办公场地不足的问题。(6)补流、偿贷项目,根据企业自身需求将募集资金用于补充日常经营的流动资金或偿还银行贷款,无须进行募投可研报告的编制,只需对流动资金缺口的测算过程进行披露。原则上用于补流及偿贷的募集资金不得超过流动资金缺口。

募集资金是否可用于股权或资产收购?实际上募集资金用于股权或资产收购本身并未受限制,但实际案例相对较少,主要原因在于股权或资产收购涉及尽职调整、审计、评估、谈判、协议签署、交割的整个流程,募投项目准备及实施所需的时间较长,可能会影响募投项目的确定性,且收购标的的未来营利性不确定,存在商誉减值的风险。此外,还需关注股权或资产收购的重组规模,确保该收购不会对发行人的申报期产生不利影响。

二、核查思路

关于募投项目的用途，审核关注的问题主要是募投项目的可行性、必要性和合理性。根据相关 IPO 案例及既往项目，如果募集资金拟用于股权或资产收购，笔者认为，可以从以下方面考虑及进行核查：

（一）股权收购是否会导致主营业务发生重大变化及对运营时间的要求

首先应关注股权收购是属于同一控制下企业合并还是非同一控制下企业合并。对于同一控制下企业合并，根据《〈首次公开发行股票并上市管理办法〉第十二条发行人最近 3 年内主营业务没有发生重大变化的适用意见——证券期货法律适用意见第 3 号》的规定，发行人在报告期内存在对同一公司控制权人下相同、类似或相关业务进行重组的情况的，应关注重组对发行人资产总额、营业收入或利润总额的影响。发行人应根据影响情况按照以下要求执行：（1）被重组方重组前一个会计年度末的资产总额或前一个会计年度的营业收入或利润总额达到或超过重组前发行人相应项目 100% 的，为便于投资者了解重组后的整体运营情况，发行人重组后运行一个会计年度后方可申请发行。（2）被重组方重组前一个会计年度末的资产总额或前一个会计年度的营业收入或利润总额达到或超过重组前发行人相应项目 50%，但不超过 100% 的，保荐机构和发行人律师应按照相关法律法规对首次公开发行主体的要求，将被重组方纳入尽职调查范围并发表相关意见。发行申请文件还应按照《公开发行证券的公司信息披露内容与格式准则第 58 号——首次公开发行股票并上市申请文件》（中国证券监督管理委员会公告〔2023〕5 号）附录第四章和第八章的要求，提交会计师关于被重组方的有关文件以及与财务会计资料相关的其他文件。（3）被重组方重组前一个会计年度末的资产总额或前一个会计年度的营业收入或利润总额达到或超过重组前发行人相应项目 20% 的，申报财务报表至少须包含重组完成后的最近一期资产负债表。

对于非同一控制下的企业合并，根据中国证监会于 2019 年发布的《首发业务若干问题解答》的规定：（1）重组新增业务与发行人重组前业务具有高度相关性的，若被重组方重组前一个会计年度末的资产总额、资产净额或前一个会计年度的营业收入或利润总额达到或超过重组前发行人相应项目

100%，则视为发行人主营业务发生重大变化。(2)重组新增业务与发行人重组前业务不具有高度相关性的，若被重组方重组前一个会计年度末的资产总额、资产净额或前一个会计年度的营业收入或利润总额达到或超过重组前发行人相应项目50%，则视为发行人主营业务发生重大变化。(3)重组新增业务与发行人重组前业务具有高度相关性的，若被重组方重组前一个会计年度末的资产总额、资产净额或前一个会计年度的营业收入或利润总额达到或超过重组前发行人相应项目50%，但未达到100%，通常不视为发行人主营业务发生重大变化，但为了便于投资者了解重组后的整体运营情况，原则上发行人重组后运行满12个月后方可申请发行。但在实施全面注册制后，《首发业务若干问题解答》被2023年2月17日发布并施行的《监管规则适用指引——发行类第4号》《监管规则适用指引——发行类第5号》废止，非同一控制下的企业合并运行时间要求亦被删除，具体规定有待监管机构后续出台明确的要求。

(二)标的股权或资产及收购程序的合法合规性

募集资金用于股权或资产收购的，应对标的股权或资产进行全面的法律、财务尽职调查，以确保拟收购股权或资产权属清晰、不存在重大瑕疵及收购程序的合法合规性。核查的重点事项包括但不限于：标的资产或股权的出售方、出售方控股股东或实际控制人与发行人及其控股股东、实际控制人是否存在关联关系，是否存在通过本次收购变相输送利益的情形；是否存在抵押、质押、所有权保留、查封、扣押、冻结、监管等限制转让的情形或其他重大瑕疵；查阅出让方的营业执照、公司章程或自然人身份证件以核查出让方的资格及收购所应履行的程序，是否需取得其他权益持有人的同意，其他股东是否放弃优先购买权；查阅拟收购标的企业的财务报告、审计报告、资产评估报告、盈利预测报告及拟签署的增资或收购协议，是否涉及被收购资产有盈利承诺及盈利无法完成时补偿责任的约定或措施；涉及国有产权、资产转让的，取得并查阅有关国有资产管理部门对国有产权、资产转让履行的资产评估及备案、批准程序、产权变动登记文件及履行进场交易的相关程序性文件等，核查定价依据是否符合相关监管规定，完成收购是否存在法律障碍，是否存在不能完成收购的风险。

三、案例评析

（一）国铁科技（688459）

根据哈尔滨国铁科技集团股份有限公司（以下简称国铁科技）的招股说明书披露，募集资金拟用于收购国铁印务公司 100% 股权。国铁印务是北京局集团全资子公司，实际控制人为国铁集团，发行人收购国铁印务是同一控制下企业的整合。

根据发行人律师出具的法律意见书[1]，监管机构重点关注了公司拟收购国铁印务 100% 股权的原因及合理性。首先，在北京建设研发生产基地是发行人战略发展的重要内容。发行人在收购国铁印务后，可基于其在北京现有的厂房及土地，深入贯彻“哈尔滨—北京—天津”三地研发平台战略，在北京拥有自主可控的生产经营场所，加速发行人前沿技术成果转化，为发行人业务的开展和项目的实施奠定坚实基础。其次，在本次收购完成后，发行人将开展轨道交通智能监测运维研发及产业化项目，有利于完善产品和业务布局，提升核心竞争力。最后，通过本收购项目的实施，发行人将继续扩充由技术开发工程师、工艺技术工程师、测试工程师等组成的专业人才团队，加大技术开发和自主创新力度，在升级现有研发平台及自建实验平台的基础上加大研发投入，提高发行人在行业的技术竞争力。

上述国铁科技 IPO 案例充分说明，在将募集资金拟用于股权收购的情形下，且股权收购是属于同一控制下企业合并时，必须合理解释收购的原因及合理性。

（二）白银股份（601212）

根据白银有色集团股份有限公司（以下简称白银股份）的招股说明书披露[2]，本次募集资金中的 10 亿元用于收购红鹭矿业 93.02% 的股权，股权转让总价为 11.73 亿元，差额部分以自有或自筹资金支付。

---

〔1〕 参见《北京德恒律师事务所关于哈尔滨国铁科技集团股份有限公司首次公开发行股票并在科创板上市的法律意见书》，载上海证券交易所网，http://static.sse.com.cn/stock/information/c/202205/e9122cae1c01407389bc96b0ee7ff098.pdf。

〔2〕 参见《白银有色股份有限公司首次公开发行股票招股说明书》，载上海证券交易所网，http://static.sse.com.cn/disclosure/listedinfo/announcement/c/2017-01-12/601212_20170112_1.pdf。

根据白银股份的招股说明书显示，白鹭矿业是发行人专为收购而出资设立的全资平台公司，拟收购四家持有采矿权的矿山企业。发行人与被收购企业签署收购协议后，由发行人和平安信托共同增资。本次增资事项依法取得了甘肃省国资委出具的《省政府国资委关于白银有色集团股份有限公司引入平安信托有限责任公司投资事宜的批复》（甘国资发规划〔2011〕344 号），同意平安信托与发行人共同向红鹭矿业进行增资，该批复同时同意发行人可以在适当的时机依照约定的价格和方式依法受让平安信托持有的全部红鹭矿业股份。增资后，红鹭矿业的注册资本变更为 107,500 万元，平安信托持有其 93.02% 的股权。本次收购价格依据评估值确定。收购完成后，发行人将持有红鹭矿业 100% 的股权。

在上述白银股份 IPO 案例中，发行人通过股权收购的做法，在一定程度上避免了采矿权转让的复杂审批流程，实现了采矿权的间接转让。

IPO 第 47 问 能源消费双控政策对募投项目的核查提出了哪些要求？

一、问题提出

2021 年 9 月 11 日，国家发改委发布了《完善能源消费强度和总量双控制度方案》，方案提出，实行能源消费强度和总量双控（以下简称能源消费双控）是落实生态文明建设要求、促进节能降耗、推动高质量发展的一项重要制度性安排。能源消费双控的政策主要面向重点用能单位等高能耗企业。而拟上市企业 IPO 募投项目应当符合国家的产业政策，并履行相关审批、核准或备案程序。因此，能源消费双控政策对募投项目的核查提出了相关新的要求。如发行人属于传统上的高能耗企业，则应重点关注及核查在建项目及募投项目是否符合能源消费双控要求、是否已办理节能审查，以及发行人的主要能源资源消耗情况是否符合当地节能主管部门的监管要求，以确保募投项目的政策合规性。

二、核查思路

根据相关 IPO 案例及既往项目经验,笔者认为,可以从以下几个方面进行核查:

(一)核查发行人所处行业是否属于高耗能行业

根据国家统计局于 2018 年 2 月 28 日发布的《2017 年国民经济和社会发展统计公报》,高耗能行业包括石油加工、炼焦和核燃料加工业,化学原料和化学制品制造业,非金属矿物制品业,黑色金属冶炼和压延加工业,有色金属冶炼和压延加工业,电力、热力生产和供应业。

根据国家发改委办公厅于 2020 年 2 月 26 日发布的《关于明确阶段性降低用电成本政策落实相关事项的函》的规范,高耗能行业包括石油、煤炭及其他燃料加工业,化学原料和化学制品制造业,非金属矿物制品业,黑色金属冶炼和压延加工业,有色金属冶炼和压延加工业,电力、热力生产和供应业。

根据国家发改委等部门下发的《关于发布〈工业重点领域能效标杆水平和基准水平(2023 年版)〉的通知》,高耗能行业重点领域包括石油、煤炭及其他燃料加工业,化学原料和化学制品制造业,非金属矿物制品业,黑色金属冶炼和压延加工业,有色金属冶炼和压延加工业。

此外,各省还有各自制定的“两高”管理目录。可以对照前述规定确认发行人所处行业是否属于高耗能行业。

(二)核查发行人的主要能源资源消耗情况及是否属于重点用能单位

根据《节约能源法》《重点用能单位节能管理办法》的相关规定,是否属于重点用能单位有两个判断指标:一是年综合能源消费量 1 万吨标准煤及以上的用能单位即为重点用能单位;二是由国务院有关部门或者省、自治区、直辖市人民政府管理节能工作的部门指定的年综合能源消费量 5000 吨及以上不满 1 万吨标准煤的用能单位。不同省市的标准还需要结合各省市的规则确定,可能会出现省市规定更严格的情形。可以统计及测算发行人的主要能源资源消耗情况及相关占比,并对照前述规定确认发行人是否属于重点用能单位。对于属于重点用能单位的,是否已经按照各年度所属地区重点用能单位年度节能考核工作方案的相关规定,完成年度能源消费双控目标,以及是否符合发展改革等主管部门出具的用能审查意见的相关要求,并取得发展改革等主管部门关于发行人满足项目所在地能源消费双控要求的书面确认函。

（三）核查发行人是否取得固定资产投资项目节能审查意见

根据《固定资产投资项目节能审查办法(2023)》的规定,年综合能源消费量(建设地点、主要生产工艺和设备未改变的改建项目按照建成投产后年综合能源消费增量计算,其他项目按照建成投产后年综合能源消费量计算,电力折算系数按当量值,下同)1万吨标准煤及以上的固定资产投资项目,其节能审查由省级节能审查机关负责。其他固定资产投资项目,其节能审查管理权限由省级节能审查机关依据实际情况自行决定。年综合能源消费量不满1000吨标准煤且年电力消费量不满500万千瓦·时的固定资产投资项目,涉及国家秘密的固定资产投资项目以及用能工艺简单、节能潜力小的行业(具体行业目录由国家发展改革委制定公布并适时更新)的固定资产投资项目,可不单独编制节能报告。此外,国家发改委发布了《不单独进行节能审查的行业目录》,可参照适用。

因此,对于需要办理节能审查的项目,核查是否已经取得固定资产投资项目节能审查意见。如固定资产投资项目存在未按照规定进行节能审查即开工建设或投入生产、使用情形的,则尽快整改规范及时进行补办。同时,通过和发展改革等主管部门进行访谈,确认并出具书面确认函,确认发行人未及时取得节能审查意见的情形已完成整改,未因此受到处罚,不属于重大违法违规行为。

对于不需要办理节能审查的项目,包括项目建设时未有相关规定以及依据相关规定无须办理节能审查的,则通过和发改等主管部门进行访谈确认并出具书面确认函,确认未取得节能审查意见情况下开工建设相关项目符合当时有效的节能审查相关规定,不存在被拆除、停产或给予行政处罚的风险。

三、案例评析

（一）美利信(301307)

重庆美利信科技股份有限公司(以下简称美利信)于2023年4月23日

在创业板上市。根据发行人律师出具的补充法律意见书显示〔1〕，就发行人已建、在建项目和募投项目是否满足项目所在地能源消费双控要求，发行人采取的核查方式及说明如下：

（1）通过查阅发行人报告期内能源消耗情况的统计文件及能源支付的明细情况，以及国家统计局关于标准煤折算系数、万元国内生产总值能源消耗量数据，确认发行人年综合能源消费量超过 1 万吨标准煤，属于重点用能单位。此外，根据《重庆市重点用能企业能效赶超三年行动计划》（渝经信环资〔2018〕34 号）的规定，发行人属于重庆市 300 家重点用能企业之一，由重庆市巴南区经济和信息化委员会对其用能情况进行监督管理；发行人子公司襄阳美利信年综合能源消费量为 5000 吨以上但不满 1 万吨，未被所在省市人民政府管理节能工作的部门认定为重点用能单位；发行人除襄阳美利信之外的其他子公司年综合能源消费量均低于 5000 吨，不属于重点用能单位。

（2）通过公开渠道进行检索，确认发行人报告期内不存在因未完成重点用能单位"双控"目标责任评价考核而被纳入重庆市年度未完成重点用能单位"双控"目标责任评价考核企业情况汇总表的情形，不存在因能源消费方面的违法违规行为受到行政处罚的情形。

（3）查阅了重庆市巴南区发改委及襄阳市发改委出具的确认文件，确认发行人"能源使用与消耗符合本地区能源消费总量和强度控制目标……总体符合本区域能源双控考核要求"。

在上述美利信 IPO 案例中，发行人首先对发行人及其子公司是否属于重点用能单位进行了核查确认。因发行人属于重点用能单位，进一步通过网络检索确认发行人不存在因能源消费方面的违法违规行为受到行政处罚的情形，并取得了有关主管部门的专项说明，确认发行人满足项目所在地能源消费双控要求。

（二）新天地（301277）

河南新天地药业股份有限公司（以下简称新天地）于 2022 年 11 月 16 日

---

〔1〕 参见《301307 美利信 国浩律师（深圳）事务所关于公司首次公开发行股票并在创业板上市的法律意见书及补充法律意见书》，载深圳证券交易所网 2023 年 3 月 31 日，http://www.szse.cn/disclosure/listed/bulletinDetail/index.html? 7938b6a3 - c9a7 - 4cb4 - bdc4 - 41ad1539be29。

在创业板上市。根据发行人律师出具的补充法律意见书显示[1]，就发行人部分已建、在建项目节能审查办理完毕时间晚于相关项目的开工建设时间的情况，发行人采取的核查方式及说明如下：

（1）许昌市发改委出具《关于河南新天地药业股份有限公司节能审查的情况说明》，“经核实，因河南省内强制性要求开展节能审查较晚，新天地药业 2017 年前后已建、在建项目未实施节能审查，现正按照有关规定进行整改、补办节能审查手续；新天地药业已备案募投项目目前正在编制节能报告，将于项目开工前完成节能审查。我委认为，鉴于当时的情况，新天地药业已建、在建及募投项目没有进行节能审查，系由历史原因导致，可按照规定抓紧整改完善，不构成重大违法违规行为。新天地药业自 2018 年以来，不存在因违反《节约能源法》《工业节能管理办法》等相关法律法规受到我委行政处罚的情况，其生产经营符合河南省、许昌市能耗‘双控’要求”。

（2）实际控制人出具承诺，“河南新天地药业股份有限公司的已建、在建项目及募投项目尚未完成固定资产投资项目的节能审查，系由于历史原因所致。若公司因此承担责任或受到行政处罚，本人将无条件支付因此产生的相关费用、罚金或其他经济损失，以确保不会给公司造成额外支出或经济损失”。

（3）发行人律师检索国家发改委、许昌市发改委、企查查、信用中国等的网站，未发现发行人因未完成节能审查受到行政处罚的情况。

在上述新天地 IPO 案例中，发行人回复表示，虽然部分已建、在建项目未及时取得固定资产投资项目节能审查意见存在一定瑕疵，但目前均已办理完毕，并取得了有关主管部门的专项说明，同时发行人实控人亦就相关事项出具承诺，确保不会因此给发行人造成额外支出或经济损失。

---

〔1〕 参见《301277 新天地 北京市竞天公诚律师事务所关于公司首次公开发行股票并在创业板上市的法律意见书及补充法律意见书》，载深圳证券交易所网 2022 年 10 月 28 日，http://www.szse.cn/disclosure/listed/bulletinDetail/index.html?059f88c6-d080-4384-88a8-3eadd8762b46。

附:主要参考规范

1.《公开发行证券的公司信息披露内容与格式准则第 57 号——招股说明书》(2023 年发布)

第六十七条 发行人应按照重要性原则披露募集资金运用情况,主要包括:

……

(五)募集资金拟用于收购资产的,应披露拟收购资产的内容、定价情况及与发行人主营业务的关系;向实际控制人、控股股东及其关联方收购资产,对被收购资产有效益承诺的,应披露承诺效益无法完成时的补偿责任;

(六)募集资金拟用于向其他企业增资或收购其他企业股份的,应披露拟增资或收购企业的基本情况、主要经营情况及财务情况,增资资金折合股份或收购股份定价情况,增资或收购前后持股比例及控制情况,增资或收购行为与发行人业务发展规划的关系;

……

2.《保荐人尽职调查工作准则》(2022 年修订)

第五十四条 本次募集资金使用情况

……

募集资金向实际控制人、控股股东及其关联方收购资产,如对被收购资产有效益承诺,调查是否明确效益无法完成时的补偿责任。

……

募集资金拟用于向其他企业增资或收购其他企业股份的,应取得拟增资或收购的企业最近一年及一期经符合《证券法》规定的会计师事务所审计的资产负债表和利润表,调查增资资金折合股份或收购股份的评估、定价情况,增资或收购前后持股比例及控制情况,增资或收购行为与发行人业务发展规划的关系。实地考察相关企业,调查被收购对象资产质量和效益水平情况,分析相关业务是否与发行人业务发展目标相一致,发行人是否有能力管理、控制收购对象。

募集资金拟用于合资经营或合作经营的,应了解合资或合作方的基本情况,包括名称、法定代表人、住所、注册资本、主要股东、主要业务,与发行人是否存在关联关系，投资规模及各方投资比例，合资或合作方的出资方式，合资或合作协议的主要条款以及可能对发行人不利的条款。组建的企业法人的基本情况，包括设立、注册资本、主要业务，组织管理和控制情况。不组建企业法人的，应了解合作模式。

募集资金拟用于收购资产的，应获得拟收购资产的财务报告、审计报告、资产评估报告及相关资料，调查拟收购资产的评估、定价情况，拟收购资产与发行人主营业务的关系。

若收购的资产为在建工程的，还应取得工程资料，了解已投资情况、还需投资的金额、负债情况、建设进度、计划完成时间等。

……

3.《监管规则适用指引——法律类第 2 号：律师事务所从事首次公开发行股票并上市法律业务执业细则》（2022 年发布）

第六十条　律师应当查验发行人募集资金的投资方向、使用安排等情况，募集资金是否主要用于发行人的主营业务，是否符合国家产业政策、投资管理、环境保护、土地管理以及其他法律法规的规定，是否已经按照有关法律法规规定办理相应的审批、核准或者备案手续。发行人是否建立募集资金使用管理制度。

4.《监管规则适用指引——发行类第 6 号》（2023 年发布）

6－7　募集资金使用符合产业政策

一、募集资金使用是否符合国家产业政策的披露和核查要求

发行人应当在募集说明书中披露募投项目的审批、核准或备案情况。

保荐机构及发行人律师应当对募投项目是否符合国家产业政策进行核查并发表意见。如果募投项目不符合国家产业政策，保荐机构及发行人律师应当审慎发表意见。

二、原则上，募集资金投资后不得新增过剩产能或投资于限制类、淘汰类项目，具体把握原则如下：

发行人原则上不得使用募集资金投资于产能过剩行业（过剩行业的认定以国务院主管部门的规定为准）或投资于《产业结构调整指导目录》中规定的限制类、淘汰类行业。如涉及特殊政策允许投资上述行业的，应当提供有权机关的核准或备案文件，以及有权机关对相关项目是否符合特殊政策

的说明。

另外，鉴于过剩产能相关文件精神为控制总量、淘汰落后产能、防止重复建设、推动结构调整，对偿还银行贷款或补充流动资金、境外实施、境内收购等不涉及新增境内过剩产能的项目，以及投资其他转型发展的项目，不受上述限制。

三、关于境外投资

2017年8月，国家发展改革委、商务部、人民银行、外交部发布《关于进一步引导和规范境外投资方向的指导意见》（国办发［2017］74号），明确房地产、酒店、影城、娱乐业、体育俱乐部等境外投资，在境外设立无具体实业项目的股权投资基金或投资平台，使用不符合投资目的国技术标准要求的落后生产设备开展境外投资，赌博业、色情业等境外投资等属于限制类或禁止类的对外投资。

募投项目涉及境外投资的，发行人应当根据《企业境外投资管理办法》等相关规定取得发改部门的核准或备案文件，完成商务部门核准或备案并取得其颁发的企业境外投资证书。

保荐机构及发行人律师应当对境外投资的境内审批是否已全部取得，本次对外投资项目是否符合国家法律法规政策的规定进行核查并发表意见。如涉及特殊政策允许进行境外投资的，应当提供有权机关对项目是否符合特殊政策的说明，并充分披露风险。

十二、其　他

IPO 第 48 问　如何论证发行人的科创属性?

一、问题提出

科创板定位,是指在科创板申请发行上市的企业应当具备科创属性,符合科创板的定位。从科创板开板至今,科创板定位一直是一个非常重要的问题,其规定和要求也不断完善。根据《科创属性评价指引(试行)》及《上海证券交易所科创板企业发行上市申报及推荐暂行规定(2024 年 4 月修订)》(以下简称 2024 年《上交所科创板暂行规定》)的规定,科创属性的评价体系主要包含三个主要方面:(1)正面支持的行业领域,科创板支持"6 + 1"行业领域。(2)具体的科创属性定量指标,包括"4 + 5"指标,前 4 项是针对一般企业的常规指标,需要同时满足;后 5 项是针对一般企业之外的具有重大意义的例外条款指标,满足其一即可。(3)提出了负面清单,即限制金融科技、模式创新企业在科创板上市;禁止房地产和主要从事金融、投资类业务的企业在科创板上市。

科创板定位目前已经明确写入《首次公开发行股票注册管理办法》的总则中,故属于拟上市公司发行上市过程中最被关注的问题之一,被反馈问询的概率极高。

二、核查思路

对科创板定位问题的论证主要基于发行人科创属性方面的两个体现:一是行业领域,二是具体指标,故中介机构通常通过这两个大的维度进行核查。

（一）行业领域："6＋1"

行业领域包括了 6 个常见领域和 1 个例外领域，具体含义是指发行人从事的主营业务属于 6 个常见领域或 1 个例外领域的一个。根据 2024 年《上交所科创板暂行规定》第 5 条的规定，"6 个常见领域"是指：（1）新一代信息技术领域，主要包括半导体和集成电路、电子信息、下一代信息网络、人工智能、大数据、云计算、软件、互联网、物联网和智能硬件等；（2）高端装备领域，主要包括智能制造、航空航天、先进轨道交通、海洋工程装备及相关服务等；（3）新材料领域，主要包括先进钢铁材料、先进有色金属材料、先进石化化工新材料、先进无机非金属材料、高性能复合材料、前沿新材料及相关服务等；（4）新能源领域，主要包括先进核电、大型风电、高效光电光热、高效储能及相关服务等；（5）节能环保领域，主要包括高效节能产品及设备、先进环保技术装备、先进环保产品、资源循环利用、新能源汽车整车、新能源汽车关键零部件、动力电池及相关服务等；（6）生物医药领域，主要包括生物制品、高端化学药、高端医疗设备与器械及相关服务等。如果不属于前述 6 个领域之一，但存在其他重大战略性、先进性属性等，符合科创板定位的，根据 2024 年《上交所科创板暂行规定》第 5 条第 7 项的规定，可以归入"1 个例外领域"："符合科创板定位的其他领域。"

中介机构在判断和论证发行人是否符合科创板定位的行业领域时，应通过对发行人主营业务、主营业务产品等的论证，核查发行人的行业领域是否符合"6＋1"所列举的范围。通常的核查手段包括：查阅发行人及其子公司的营业执照、公司章程、招股说明书、审计报告等；查阅发行人所在行业的行业调研报告、书籍、同行业上市公司年报、招股说明书，相关国家计划规划纲要等；必要时可以请相关行业主管部门、自律组织、政府主管部门、行业专家等出具专业意见。

（二）具体指标："4＋5"

具体指标包括了 4 个常规指标和 5 个例外条款指标。与行业领域不同的是，4 个常规指标需要同时满足。根据《科创板属性评价指引（试行）》第 1 条的规定，具体如下：（1）最近 3 年研发投入占营业收入比例 5% 以上，或最近 3 年研发投入金额累计在 8000 万元以上；（2）研发人员占当年员工总数的比例不低于 10%；（3）应用于公司主营业务并能够产业化的发明专利 7 项以上;(4)最近 3 年营业收入复合增长率达到 25%,或最近 1 年营业收入金额达到 3 亿元。采用《上海证券交易所科创板股票上市规则》第2.1.2条第 1 款第 5 项规定的上市标准申报科创板的企业,或按照中国证监会《关于开展创新企业境内发行股票或存托凭证试点的若干意见》等相关规则申报科创板的已境外上市红筹企业,可不适用上述第 4 项指标的规定;软件行业不适用上述第 3 项指标的要求,研发投入占比应在 10% 以上。

5 个例外条款指标,是指即便发行人不符合 4 个常规指标,但符合 5 个例外条款指标也是可以的。但与 4 个常规指标不同的是,5 个例外条款指标只要符合其一即可,不需要同时满足。根据《科创板属性评价指引(试行)》第 2 条的规定,5 个例外条款指标具体如下:(1)发行人拥有的核心技术经国家主管部门认定具有国际领先、引领作用或者对于国家战略具有重大意义;(2)发行人作为主要参与单位或者发行人的核心技术人员作为主要参与人员,获得国家科技进步奖、国家自然科学奖、国家技术发明奖,并将相关技术运用于公司主营业务;(3)发行人独立或者牵头承担与主营业务和核心技术相关的国家重大科技专项项目;(4)发行人依靠核心技术形成的主要产品(服务),属于国家鼓励、支持和推动的关键设备、关键产品、关键零部件、关键材料等,并实现了进口替代;(5)形成核心技术和应用于主营业务,并能够产业化的发明专利(含国防专利)合计 50 项以上。

中介机构可以通过定量指标,如发行人的研发人员、研发收入、主营业务收入、发明专利数量等来论证发行人是否符合“4+5”具体指标。具体的核查手段包括:取得发行人报告期内研发投入明细表、研发人员信息表;核查发行人的员工花名册并比对研发人员名单,核查发行人研发人员的学历构成、岗位安排、工作内容,对相关研发人员、核心技术人员等进行访谈;查验发行人的专利证书等权属证明文件;在国家知识产权局网站进行专利网络核查,并现场(或邮寄)于国家知识产权局查阅的发行人专利登记簿情况,核查发行人专利与其主营业务产品的对应关系等。

三、案例评析

(一)思科瑞(688053)

成都思科瑞微电子股份有限公司(以下简称思科瑞)于 2022 年 7 月 8

日在科创板上市，根据其招股说明书披露[1]，发行人公司主营业务为军用电子元器件可靠性检测服务，属于“新一代信息技术领域”，故属于“6+1”的行业范围。发行人比对了“4+5”指标，常规4项指标均符合。

发行人初始的申报报告期为2018年、2019年及2020年，无论是申报、上会还是注册时，发行人的常规4项指标中，研发投入占比、研发人数占比、营业收入复合增长率均远远过线。但在形成主营业务收入发明专利中，有9项专利为2020年才获得，根据发行人招股说明书（申报稿）披露，其申报时形成主营业务收入的发明专利仅有10项（只有1项是2020年之前取得的），后续形成主营业务收入的发明专利由10项提升至11项、14项。且截至2020年6月末，发行人拥有发明专利不足5项（及格线）[2]，保荐机构督促发行人积极申请办理发明专利，在超过5项发明专利后申报发行上市。故审核部门反馈问询发行人是否满足“形成主营业务收入的发明专利不少于5项”的要求，并追问了2020年6月后获批专利所对应技术的形成过程与发行人核心技术演进过程的匹配情况，2020年6月后获批专利的发明人是否为发行人核心技术人员，是否存在拼凑科创属性评价指标的情形。要求发行人的保荐机构和律师核查并发表意见。

根据发行人律师在《补充法律意见书（一）》中的论证[3]，发行人申请专利的时点具有合理性，从而证实发行人不存在拼凑科创属性评价指标以符合科创板定位的情况：

（1）基于律师具备的法律专业知识所能够作出的合理判断，发行人已获得的10项发明专利均应用于主营业务，故符合“形成主营业务收入的发明专利不少于5项”的要求。

（2）通过对10项发明专利的申请时间、获批时间，相关发明专利与业务开展和核心技术的关系，研发投入情况，在报告期内所形成营业收入情况等进行论证得出结论：发行人2020年6月后获批专利所对应技术的形成过程

---

〔1〕 参见《成都思科瑞微电子股份有限公司首次公开发行股票并在科创板上市招股说明书》，载巨潮资讯网，http://static.cninfo.com.cn/finalpage/2022-07-05/1213942187.PDF。

〔2〕 根据中国证监会《关于修改〈科创属性评价指引（试行）〉的决定》的规定，及格线提升至应用于公司主营业务并能够产业化的发明专利7项。

〔3〕 参见《成都思科瑞微电子股份有限公司首次公开发行股票招股意向书附录》，载巨潮资讯网，http://static.cninfo.com.cn/finalpage/2022-06-21/1213763314.PDF。

与发行人核心技术演进过程是匹配的，除极个别例外情况，该等专利均有发行人核心技术人员参与。

(3)发行人申请专利之所以形成这种节奏，与发行人对于其技术的保护措施和市场开拓有关，具有合理性：因为发行人的主营业务涉军涉密，基于军工业务涉密性以及市场竞争方面的考虑，发行人过往对专有技术采取技术秘密的保护策略而没有采取公开的专利保护的策略。之后，发行人逐步意识到专利的成功申请是其长期技术积累成果的公开体现，能够说明发行人的技术实力与水平，不仅有利于发行人专有技术的保护，也有利于发行人的业务拓展。于是在报告期内发行人针对专有技术的保护策略有所调整，增加申请专利的方式作为知识产权保护的策略之一。但最初发行人专利申请工作以实用新型专利申请为主，并辅以少量发明专利申请，这是为了从时间和效力上更好地保护发行人的相关技术而采取的一种常见策略——实用新型的授权审核周期相对较短，在先取得授权后获得专利权保护，发明专利的授权审核周期相对较长，在取得发明授权前可由实用新型专利保护，当发明专利申请通过实质审查且可被授权后，发行人可选择放弃实用新型专利，取得发明专利。到 2020 年年初，发行人在股改前确定了持续申请专利的需求计划，在总结此前发明专利申请经验的基础上，将部分已成熟运用的检测装置以及少量的检测方法申请发明专利。2020 年度发行人申报的发明专利申请陆续获得授权，该等发明专利技术是利用发行人自身的工作条件和设备形成的，是发行人长期技术研发积累的体现，也从侧面印证了发行人的技术能力与水平。发行人不存在拼凑科创属性评价指标的情形。

上述思科瑞 IPO 案例表明，符合科创板定位的 4 项常规指标不能仅是机械符合规定，应具有合理性，符合商业实质和常识。在其申报时，尽管发明专利数量符合 4 项常规指标，但由于相关发明专利集中在报告期后期取得，引起了审核部门的关注。发行人进行了非常详细的解释（而且后续持续获得发明专利的授权证明其解释是站得住脚的）方才过关，表明对于拟申报科创板的企业而言，知识产权的策略亦需要提早谋划，合理布局。

（二）悦安新材（688786）

江西悦安新材料股份有限公司（以下简称悦安新材）于 2021 年 8 月 26

日在科创板上市，根据其招股说明书披露[1]，发行人提供的超细金属粉末及相关制品属于新材料领域中的先进钢铁材料，可应用于3C、汽车等领域，属于新材料领域的高新技术产业和战略性新兴产业。故属于"6 +1"的行业范围。发行人比对了"4 +5"指标，常规4项指标均符合，且符合5项例外条款指标中的"依靠核心技术形成的主要产品（服务），属于国家鼓励、支持和推动的关键设备、关键产品、关键零部件、关键材料等，并实现了进口替代"指标，其余4项例外条款指标不符合。

发行人初始的申报报告期为2017年、2018年及2019年，常规4项指标均符合科创属性，但受疫情影响，在补充2020年年报时，根据发行人提供的经会计师审阅的2020年财务数据，发行人2020年度营业收入为25,640.48万元，未达到3亿元，且2018～2020年3年营业收入复合增长率为10.9%，未达到20%。故审核部门进一步更新了问询问题，要求发行人说明公司是否符合《科创属性评价指引（试行）》的相关要求，是否具备科创属性、符合科创板行业定位。请保荐机构、律师、会计师核查并发表明确意见。

根据发行人律师在《补充法律意见书（五）》中的论证[2]，证实发行人符合科创属性的主要方面如下：

（1）如前所述，申报时，发行人报告期为2017年、2018年及2019年，发行人申报时符合"6 +1"的行业范围和"4 +5"指标。

（2）补2020年年报时，发行人报告期变更为2018年、2019年及2020年：①发行人的最近3年累计研发投入占最近3年累计营业收入比例≥5%、发行人最近3年形成主营业务收入的发明专利（含国防专利）≥5项。②发行人2018～2020年营业收入复合增长率为10.90%，未达到20%，但发行人2017～2020年公司营业收入复合增长率为30.08%。③发行人营业收入受到的不利影响具有客观原因，包括2018年以来发行人向美国出口的产品被列入第一批加征关税清单，关税税率从0调整到10%、后续进一步上升至25%，导致2019年发行人向美国的直接出口销售额出现较大幅度下降；同时，发行人下游对美出口的国内客户也受到影响，减少了从发行人的采购。

---

[1] 参见《江西悦安新材料股份有限公司首次公开发行股票并在科创板上市招股说明书》，载巨潮资讯网，http://static.cninfo.com.cn/finalpage/2021-08-20/1210794328.PDF。

[2] 参见《江西悦安新材料股份有限公司首次公开发行股票并在科创板上市招股意向书附录》，载巨潮资讯网，http://static.cninfo.com.cn/finalpage/2021-08-06/1210665031.PDF。

所以中美贸易摩擦直接影响了发行人2019年的收入增长势头。此外,2020年上半年,受新冠疫情的影响,全球经济出现了衰退,发行人的生产经营也受到了重大影响。④尽管发行人2018～2020年营业收入复合增长率未达到20%,但根据2021年度第一季度的营业收入预计,发行人2019～2021年连续3年复合增长率预计超过20%。

(3)通过详细的行业论证,证实发行人以核心技术形成的主要产品为国家鼓励、支持和推动的关键材料、主要依靠核心技术开展经营,主要产品全部为核心技术产品,且发行人核心技术产品超细金属粉末在国内实现了规模化生产,打破了国外企业在中高端领域的垄断,实现了进口替代,并且与国外主要竞争对手同类产品的关键指标相比,发行人的核心技术产品具备技术先进性。从而符合前述5项例外条款指标中的进口替代一项。

上述悦安新材IPO案例中发行人关于科创属性的论证具有一定的参考意义,即如果4项常规指标中存在因报告期变化的原因未能持续符合的情况,但发生该等情形具有一定的正当理由,且具有5项例外条款指标中“兜底符合”,则能够取得审核部门的理解。事实上,悦安新材于2021年8月即上市了,审核部门并未继续等待证实其2019～2021年3年复合增长率是否超过20%。

(三)普源精电(688337)

普源精电科技股份有限公司(以下简称普源精电)于2022年4月8日在科创板上市,根据其招股说明书披露[1],发行人的主要产品为通用电子测量仪器中的数字示波器、射频类仪器、波形发生器、电源及电子负载、万用表及数据采集器等,发行人的主营业务符合国家科技创新战略,拥有与主营业务产品相关的关键核心技术,科技创新能力突出,科技成果转化能力突出,国内行业地位突出,主要产品具备较高的市场认可度,发行人所处行业属于“符合科创板定位的其他领域”,属于“6+1”中“+1”的行业领域;发行人比对了“4+5”指标,常规4项指标亦均符合。

根据《上海证券交易所科创板企业发行上市申报及推荐暂行规定(2022

---

〔1〕 参见《普源精电科技股份有限公司首次公开发行股票并在科创板上市招股说明书》,载巨潮资讯网,http://static.cninfo.com.cn/finalpage/2022-04-01/1212768296.PDF。

年 12 月修订》[1]的相关规定，科创属性的行业领域除了常规的“6”之外，如果属于“符合科创板定位的其他领域”的亦属于符合科创板定位，普源精电即遵循了该路线，类似情况且成功上市的公司还包括鼎阳科技（688112）、富信科技（688662）、阿拉丁（688179）、泰坦科技（688133）等。

如前所述，根据发行人招股说明书披露，发行人所处行业领域属于“+1”的其他领域，在常规 4 项指标中，均远远超过最低要求，尤其是在发明权利指标上，截至 2021 年 6 月底，发行人在全球范围内拥有发明专利 386 项，其中形成报告期内主营业务收入的发明专利具体数量为 324 项，故关于发行人的科创属性问题，审核部门在后续问询反馈中未再追问。

（四）武汉珈创生物技术股份有限公司（否决案例）

武汉珈创生物技术股份有限公司于 2020 年 12 月申报科创板发行上市，科创板上市委 2021 年第 27 次审议会议否决了发行人的发行上市申请，认为发行人不符合发行条件、上市条件和信息披露要求。随后发布了终止发行人发行上市申请的审核决定，被终止原因为不符合《上海证券交易所科创板股票发行上市审核规则》（2020 年修订）[2]第 15 条、第 19 条等规定。[3] 故总的来说，发行人发行上市申请被否决的主要原因是其不符合科创板定位。

根据发行人招股说明书（上会稿）的披露[4]，发行人的主营业务为生物制品细胞质量检测及生物安全评估，提供的主要服务为细胞检定、生产工艺病毒去除/灭活验证。故其所处行业属于“6+1”中的“生物医药领域”中的“生物制品相关服务”企业。在常规 3 项指标（根据当时适用的规定为 3 项，尚未增加研发人员比例的标准）论证中，发行人最近 3 年累计的研发投入指标占 3 年累计营业收入的比例为 6.27%，及格线为 5%；形成主营业务收入的发明专利有 13 项，及格线为 5 项；报告期内发行人分别实现营业收入

---

[1] 此法规已于 2024 年 4 月 30 日因 2024 年《上交所科创板暂行规定》试行而废止。

[2] 此法规已于 2023 年 2 月 17 日因《上海证券交易所关于发布〈上海证券交易所股票发行上市审核规则〉的通知》施行而废止。

[3] 参见《关于终止武汉珈创生物技术股份有限公司首次公开发行股票并在科创板上市审核的决定》，载上海证券交易所，http://static.sse.com.cn/stock/disclosure/announcement/c/202104/000805_20210429_LZI9.pdf。

[4] 参见《武汉珈创生物技术股份有限公司首次公开发行股票并在科创板上市招股说明书（上会稿）》，载上海证券交易所网，http://static.sse.com.cn/stock/information/c/202104/4ea8802bb0f14ffabf87930b722edb8c.pdf。

4910.22万元、6811.07 万元、7992.44 万元，远低于 3 亿元的标准，且复合增长率为 27.58%，及格线为 20%。

可以看出，发行人的 3 项常规指标中，除发明专利外，其余指标均略微超过及格线。所以无论是多轮问询还是上市委的现场问询问题中，审核部门均从不同角度关注了发行人的技术性、先进性是否达到科创板要求的问题，主要包括：(1)发行人主要从事的细胞检定业务的性质、技术通用性及稳定性，相关仪器及设备在其中所起的作用，有没有技术壁垒，与同行相比是不是有重大差异——该事项关注点在于到底是通用技术还是发行人自己的专用技术；(2)基于发行人的部分核心技术专利是外部受让取得的、发行人的自行研发投入较少、技术人员较少且人数在报告期内发生过较大波动等情况，发行人是否具有突出的创新能力——该事项关注点在于既有技术来自外部，发行人自己到底有无创新能力；(3)发行人是否存在非研发费用计入研发费用的情形，以及研发费用相关的内部控制是否完善等——该事项关注点在于常规 3 项指标中的研发费用是否系拼凑指标，因为发行人存在委托外部机构研发并将相关费用计入了研发费的情形。而在发明专利这项指标上，发行人的 14 项已获得授权的发明专利(其中产生主营业务收入的为 13 项)中，10 项源自对外受让而非自行研发申请。

综合前述，可以看出，发行人从发明专利、研发投入、技术的先进性等层面均未能说服审核部门，从而未能证实发行人具有科创属性，符合科创板定位，最终“闯关”失败。

IPO 第 49 问 税收处罚是否会成为发行人发行上市的障碍?

一、问题提出

发行人在税收方面的合法合规性涉及发行人日常经营、股权转让、整体变更等多个环节，如发行人在税收方面存在重大违法行为，则可能构成发行上市的实质障碍。故若发行人在前述过程中存在税收处罚情形，中介机构应从处罚原因、处罚金额、严重程度等多个维度论证该等处罚行为不构成重大违法行为，从而不会对发行人发行上市构成障碍。

二、核查思路

(一)核查发行人报告期内的纳税情况

中介机构可以通过查阅发行人报告期内的审计报告、财务明细账、纳税申报表、完税证明、税收缴款书等资料,确认发行人报告期内的纳税情况;同时需要关注发行人股权历史沿革,尤其是整体变更股份公司时税收缴纳情况及其合规性,最终确定发行人在报告期内是否存在税收违法情形。

(二)如发行人报告期内存在税收违法情形,则进一步核查是否构成重大违法行为

如果发行人报告期内存在税收滞纳金或税收方面行政处罚情况,则需要结合相关情况产生的原因、背景、发行人的整改措施等,如查阅发行人报告期内所受税务处罚的行政处罚决定书、罚款缴纳凭证及税收滞纳金完税凭证,向发行人了解相关税务处罚及滞纳金形成的原因、发行人的整改情况,获取发行人对相关事项出具的说明文件,并取得因整改、加强内控而形成的制度等文件。

就滞纳金而言,中介机构可以从法理层面论证滞纳金不属于行政处罚,从而避免构成重大违法违规的发行否决条件;就实际存在的行政处罚而言,通常可以采取如下主要路径解决:(1)从税收处罚适用的规定层面论证该处罚不属于情节严重的档位;(2)从发行人已经缴纳罚款、采取相应整改措施等论证发行人已经积极履行,完善内部控制制度,以表明后续不再犯类似错误;(3)由相关税务主管部门出具证明文件或访谈相关税务主管部门,证明相关处罚不属于情节严重的行政处罚,从而不构成发行人本次发行上市的实质性障碍;(4)由发行人实际控制人出具兜底承诺,承担因此可能造成的发行人损失。

三、案例评析

(一)戎美股份(301088)

日禾戎美股份有限公司(以下简称戎美股份)于 2021 年 10 月 28 日在深交所创业板上市。其在申请发行上市过程中存在缴纳税收滞纳金和罚没收入的情形,针对上述情形,审核部门要求发行人对下列事项进行补充披露,

并要求保荐人、发行人律师发表明确意见:发行人存在较多税收滞纳金和税务部门罚没收入的情形及原因,发行人整改情况。

根据发行人律师出具的补充法律意见书显示[1],发行人律师进行了如下论证:

(1)说明发行人及其子公司缴纳税收滞纳金情况及原因:报告期内各期,发行人产生的税收滞纳金分别为34.54万元、0.00万元和58.26万元,主要系发行人为提供更谨慎的会计信息,在财务规范运作的过程中因审计调整产生的滞纳金,或由于发生新增纳税事项,财务人员首次处理操作疏忽导致。

(2)说明发行人及其子公司被罚没收入情况,论证相关事项不属于重大或情节严重的行政处罚,不构成本次发行上市的实质性障碍:报告期内,发行人及其子公司存在两笔因未按期限申报相关税项、报送纳税资料而被罚没收入310元和100元的情形,保荐机构及发行人律师已就前述事项取得了相关主管税务机关出具的涉税信息查询结果告知书及证明,并对税务局相关人员进行了访谈确认。

(3)披露了发行人整改情况:高度重视上述事项,制定了税务管理制度,责任落实到人,强化奖惩机制,设置由专人负责报税工作,加强发行人税务登记、纳税申报、缴纳税款、税务筹划等税务管理工作,由财务总监加强对各发行人财务人员涉税方面的指导和监督,确保各公司纳税的合理性和准确性。

如上述戎美股份IPO案例所体现的,税法层面的行政处罚,经常也伴随着"滞纳金",在诸多案例中,发行人律师会从法理层面论证"滞纳金"只是一种追缴税款的手段,而不属于行政处罚,从而论证产生滞纳金不属于一种情节严重的处罚行为。如根据《行政处罚法》第9条的规定,行政处罚包括如下种类:(1)警告、通报批评;(2)罚款、没收违法所得、没收非法财物;(3)暂扣许可证件、降低资质等级、吊销许可证件;(4)限制开展生产经营活动、责令停产停业、责令关闭、限制从业;(5)行政拘留;(6)法律、行政法规规定的

---

[1] 参见《法律意见书及补充法律意见书》,载巨潮资讯网,http://www.cninfo.com.cn/new/disclosure/detail?plate=szse&orgId=nssc1000523&stockCode=301088&announcementId=1211165921&announcementTime=2021-09-28。

其他行政处罚。其中并不包括“滞纳金”。而国家税务总局《关于税收优先权包括滞纳金问题的批复》《税务行政复议规则》等相关规定也将税款滞纳金与行政罚款并列适用,表明主管部门也认为滞纳金并非一种行政处罚,这个角度是一个法理论证的层面,一般由发行人律师完成论证。

(二)浩瀚深度(688292)

北京浩瀚深度信息技术股份有限公司(以下简称浩瀚深度)于 2022 年 8 月 8 日在上交所科创板上市。其在历次股权变动过程中存在较多未缴纳税款情形,涉及实际控制人早期的缴税义务、整体变更时的合伙企业纳税义务等。

针对上述情形,审核部门要求发行人对发行人历次股权变动及整体变更时的税收缴纳情况及其合规性进行说明。

根据发行人律师出具的补充法律意见书显示[1],发行人律师进行了如下论证:

(1)发行人历次股权变动中,发行人实际控制人、董事、监事、高级管理人员存在未缴纳个人所得税的情形,该等情形不构成本次发行上市的实质性障碍:①历次股权变动中,发行人实际控制人、现任董事、监事、高级管理人员作为纳税人涉及应缴未缴个人所得税总体金额较小;②发行人现任董事、监事、高级管理人员未缴纳历次股权转让所涉个人所得税的情形至今已超过最长追征期限,税务主管部门至今未对相关主体实施行政处罚;③发行人已实施相关整改措施,并取得主管税务机关对发行人现任董事、监事、高级管理人员出具的无欠税证明。

(2)发行人整体变更时,股东联创永钦尚未为其合伙人代扣代缴发行人整体变更涉及的合伙人个人所得税,但该情形不会对本次发行上市造成实质性影响:①联创永钦虽未为其合伙人代扣代缴发行人整体变更涉及的合伙人个人所得税,但该合伙企业仅为发行人外部财务投资者,发行人不存在为其代扣代缴所得税的义务;②已取得联创永钦及发行人实际控制人就该事项出具的承诺。

---

〔1〕 参见《浩瀚深度首次公开发行股票并在科创板上市招股意向书附录》,载巨潮资讯网,http://www.cninfo.com.cn/new/disclosure/detail? plate = sse&orgId = gfbj0833175&stockCode = 688292&announcementId = 1214137295&announcementTime = 2022 - 07 - 27。

上述浩瀚深度 IPO 案例表明，除发行人日常经营所涉的纳税方面的合法合规外，发行人历次股权变动及整体变更时的税收缴纳情况及其合规性也往往受到审核部门的关注。

此案例还体现了如下层面的问题：在审核部门关注发行人及相关主体的税收合规性问题时，“内”“外”有所区分，首先，最“内”的为发行人实际控制人的税收合规性，因为发行人实际控制人的合规性是需要考察的发行上市条件之一；其次，发行人董事、监事、高级管理人员的税收合规性，尽管其并非明确的发行上市条件，但仍属于审核部门较为关注的问题；最后，外部财务投资人的税收合规性问题，尽管在反馈问询中也会问及，但优先级已经较低，毕竟外部财务投资人税收是否合规发行人难以控制，一般不会成为重点关注问题。

（三）中科环保（301175）

北京中科润宇环保科技股份有限公司（以下简称中科环保）于 2022 年 7 月 8 日在深交所创业板上市。其招股说明书披露[1]：报告期内，发行人税收优惠金额分别为3091.93 万元、3398.18 万元、2709.16 万元及 1035.85 万元，占利润总额的比例分别为 216.71%、40.21%、19.44% 及 10.60%。

针对上述情形，审核部门要求发行人对下列事项进行说明，并要求保荐人、发行人律师、申报会计师发表明确意见：发行人报告期内税收优惠是否符合相关法律规定，相关会计处理是否合法合规，发行人报告期内经营成果是否对税收优惠存在依赖，相关税收是否可以计入经常性损益，发行人是否存在违反税收、环境保护法律法规受到处罚的情形，如有，该情形是否影响发行人享受税收优惠和发电补贴政策。

根据发行人律师出具的补充法律意见书显示[2]，发行人律师进行了如下论证：

（1）通过援引相关税收优惠的依据文件及《企业会计准则》的相关规定，

---

[1] 参见《北京中科润宇环保科技股份有限公司首次公开发行股票并在创业板上市招股说明书》，载巨潮资讯网，http://static.cninfo.com.cn/finalpage/2022-07-04/1213919562.PDF。

[2] 参见《北京康达律师事务所关于公司首次公开发行股票并在创业板上市的法律意见书及补充法律意见书》，载巨潮资讯网，http://www.cninfo.com.cn/new/disclosure/detail?plate=szse&orgId=nssc1000852&stockCode=301175&announcementId=1213734333&announcementTime=2022-06-17。

论证发行人报告期内税收优惠符合相关法律规定，相关会计处理合法合规，相关税收可以计入经常性损益。

(2)随着技术改革、新增投资运营项目陆续建成投产，经营规模不断扩大，发行人报告期内税收优惠金额占利润总额比例整体呈下降趋势分析，发行人报告期内经营成果对税收优惠不存在严重依赖。

(3)发行人及其子公司报告期内存在 2 项税收行政处罚及 1 项环保行政处罚，除子公司防城港中科的 1 起违反环保法律法规的行政处罚对其享受税收优惠政策存在影响外，报告期内不存在其他影响发行人享受税收优惠和发电补贴政策的税收、环保方面的行政处罚。

在上述中科环保 IPO 案例中，审核部门关注发行人的税收优惠主要着眼于税收优惠本质上并非发行人主营业务经营所得，存在“制造利润”的嫌疑，尤其是被计入经常性损益的情况下，税收优惠的持续性、净利润是否对税收优惠存在重大依赖成为重点关注事项。

附：主要参考规范

1.《关于在上海证券交易所设立科创板并试点注册制的实施意见》(2019 年发布)

二、设立上交所科创板

(三)准确把握科创板定位。在上交所新设科创板，坚持面向世界科技前沿、面向经济主战场、面向国家重大需求，主要服务于符合国家战略、突破关键核心技术、市场认可度高的科技创新企业。重点支持新一代信息技术、高端装备、新材料、新能源、节能环保以及生物医药等高新技术产业和战略性新兴产业，推动互联网、大数据、云计算、人工智能和制造业深度融合，引领中高端消费，推动质量变革、效率变革、动力变革。具体行业范围由上交所发布并适时更新。

2.《首次公开发行股票注册管理办法》(2023 年发布)

第三条 发行人申请首次公开发行股票并上市，应当符合相关板块定位。

……

科创板面向世界科技前沿、面向经济主战场、面向国家重大需求。优先支持符合国家战略,拥有关键核心技术,科技创新能力突出,主要依靠核心技术开展生产经营,具有稳定的商业模式,市场认可度高,社会形象良好,具有较强成长性的企业。

……

第十三条 发行人生产经营符合法律、行政法规的规定,符合国家产业政策。

最近三年内,发行人及其控股股东、实际控制人不存在贪污、贿赂、侵占财产、挪用财产或者破坏社会主义市场经济秩序的刑事犯罪,不存在欺诈发行、重大信息披露违法或者其他涉及国家安全、公共安全、生态安全、生产安全、公众健康安全等领域的重大违法行为。

……

3.《科创属性评价指引(试行)》(2024 年修正)

一、支持和鼓励科创板定位规定的相关行业领域中,同时符合下列 4 项指标的企业申报科创板上市:

(1)最近三年研发投入占营业收入比例 5% 以上,或最近三年研发投入金额累计在 8000 万元以上;

(2)研发人员占当年员工总数的比例不低于 10%;

(3)应用于公司主营业务并能够产业化的发明专利 7 项以上;

(4)最近三年营业收入复合增长率达到 25%,或最近一年营业收入金额达到 3 亿元。

采用《上海证券交易所科创板股票上市规则》第 2.1.2 条第一款第(五)项规定的上市标准申报科创板的企业,或按照《关于开展创新企业境内发行股票或存托凭证试点的若干意见》等相关规则申报科创板的已境外上市红筹企业,可不适用上述第(4)项指标的规定;软件行业不适用上述第(3)项指标的要求,研发投入占比应在 10% 以上。

二、支持和鼓励科创板定位规定的相关行业领域中,虽未达到前述指标,但符合下列情形之一的企业申报科创板上市:

(1)发行人拥有的核心技术经国家主管部门认定具有国际领先、引领作用或者对于国家战略具有重大意义;

(2)发行人作为主要参与单位或者发行人的核心技术人员作为主要参

与人员，获得国家科技进步奖、国家自然科学奖、国家技术发明奖，并将相关技术运用于公司主营业务；

(3)发行人独立或者牵头承担与主营业务和核心技术相关的国家重大科技专项项目；

(4)发行人依靠核心技术形成的主要产品(服务)，属于国家鼓励、支持和推动的关键设备、关键产品、关键零部件、关键材料等，并实现了进口替代；

(5)形成核心技术和应用于主营业务，并能够产业化的发明专利(含国防专利)合计50项以上。

三、限制金融科技、模式创新企业在科创板上市。禁止房地产和主要从事金融、投资类业务的企业在科创板上市。

4.《上海证券交易所科创板企业发行上市申报及推荐暂行规定(2024年4月修订)》

第四条 保荐机构应当顺应国家战略和产业政策导向，立足促进新质生产力发展，贯彻高质量发展理念，准确把握科创板定位，推荐拥有关键核心技术，科技创新能力突出，科研成果转化运用能力突出，行业地位突出或者市场认可度高，具有较强成长性的“硬科技”企业申报科创板。

第五条 申报科创板发行上市的发行人，应当属于下列行业领域的高新技术产业和战略性新兴产业：

(一)新一代信息技术领域，主要包括半导体和集成电路、电子信息、下一代信息网络、人工智能、大数据、云计算、软件、互联网、物联网和智能硬件等；

(二)高端装备领域，主要包括智能制造、航空航天、先进轨道交通、海洋工程装备及相关服务等；

(三)新材料领域，主要包括先进钢铁材料、先进有色金属材料、先进石化化工新材料、先进无机非金属材料、高性能复合材料、前沿新材料及相关服务等；

(四)新能源领域，主要包括先进核电、大型风电、高效光电光热、高效储能及相关服务等；

(五)节能环保领域，主要包括高效节能产品及设备、先进环保技术装备、先进环保产品、资源循环利用、新能源汽车整车、新能源汽车关键零部件、动力电池及相关服务等；

（六）生物医药领域，主要包括生物制品、高端化学药、高端医疗设备与器械及相关服务等；

（七）符合科创板定位的其他领域。

限制金融科技、模式创新企业在科创板发行上市。禁止房地产和主要从事金融、投资类业务的企业在科创板发行上市。

第六条　支持和鼓励科创板定位规定的相关行业领域中，同时符合下列4项指标的企业申报科创板发行上市：

（一）最近三年研发投入占营业收入比例5%以上，或者最近三年研发投入金额累计在8000万元以上；

（二）研发人员占当年员工总数的比例不低于10%；

（三）应用于公司主营业务并能够产业化的发明专利7项以上；

（四）最近三年营业收入复合增长率达到25%，或者最近一年营业收入金额达到3亿元。

采用《科创板上市规则》第2.1.2条第一款第（五）项规定的上市标准申报科创板的企业，或按照《关于开展创新企业境内发行股票或存托凭证试点的若干意见》等相关规则申报科创板的已境外上市红筹企业，可不适用前款第（四）项指标的规定；软件行业不适用前款第（三）项指标的要求，研发投入占比应在10%以上。

第七条　支持和鼓励科创板定位规定的相关行业领域中，虽未达到本规定第六条指标，但符合下列情形之一的企业申报科创板发行上市：

（一）拥有的核心技术经国家主管部门认定具有国际领先、引领作用或者对于国家战略具有重大意义；

（二）作为主要参与单位或者核心技术人员作为主要参与人员，获得国家自然科学奖、国家科技进步奖、国家技术发明奖，并将相关技术运用于主营业务；

（三）独立或者牵头承担与主营业务和核心技术相关的国家重大科技专项项目；

（四）依靠核心技术形成的主要产品（服务），属于国家鼓励、支持和推动的关键设备、关键产品、关键零部件、关键材料等，并实现了进口替代；

（五）形成核心技术和应用于主营业务，并能够产业化的发明专利（含国防专利）合计 50 项以上。

5.《上海证券交易所股票发行上市审核规则》（2024 年 4 月发布）

第三条 发行人申请首次公开发行股票并上市，应当符合相关板块定位。

……

科创板面向世界科技前沿、面向经济主战场、面向国家重大需求，主要服务于符合国家战略，拥有关键核心技术，科技创新能力突出，主要依靠核心技术开展生产经营，具有稳定的商业模式，市场认可度高，社会形象良好，具有较强成长性的企业。

第五条 本所发行上市审核基于板块定位，重点关注并判断下列事项：

（一）发行人是否符合中国证监会规定的股票发行条件；

（二）发行人是否符合本所规定的股票上市条件；

（三）发行人的信息披露是否符合中国证监会和本所要求。

第十九条 发行人申请首次公开发行股票并在主板上市的，应当结合主板定位，就主营业务所属行业内发行人是否具有较高地位，经营规模在同行业排名是否靠前，主营业务密切相关的核心技术和工艺是否相对成熟、符合行业趋势、能够促进稳定经营和转型升级等事项，进行审慎评估。

发行人申请首次公开发行股票并在科创板上市的，应当根据中国证监会和本所相关规定，结合科创板定位，就是否符合科创属性要求等事项进行审慎评估。

保荐人应当就发行人是否符合板块定位进行专业判断，并出具专项说明。

本所在发行上市审核中，将关注发行人的评估是否客观，保荐人的判断是否合理，可以根据需要就发行人科创属性相关事项向本所设立的科技创新咨询委员会咨询。

6.《监管规则适用指引——法律类第 2 号：律师事务所从事首次公开发行股票并上市法律业务执业细则》（2022 年发布）

第七条 发行人由有限责任公司整体变更设立股份有限公司的，律师应当查验整体变更是否符合法律法规的规定，具体查验内容包括：

……

（三）自然人股东在整体变更过程中是否需要缴纳所得税，以及是否存在税收违法的情形；

……

第五十三条　律师应当根据发行人的具体情况及所处行业情况，确认报告期内发行人执行的主要税种、税率是否符合法律法规的规定，发行人是否依法纳税。

第五十四条　律师应当查验报告期内发行人享受税收优惠和财政补贴情况，发行人享受的税收优惠和财政补贴的法律法规及政策依据是否合法合规。发行人享受的税收优惠到期后，律师应当对照相关规定对发行人继续享受优惠是否存在重大法律障碍进行专业判断并发表明确意见。

7.《公开发行证券的公司信息披露内容与格式准则第 57 号——招股说明书》（2023 年发布）

第五十五条　发行人应披露报告期母公司及重要子公司、各主要业务适用的主要税种、税率。存在税收优惠的，应按税种分项说明相关法律法规或政策依据、批准或备案情况、具体幅度及有效期限。

……